AF464352

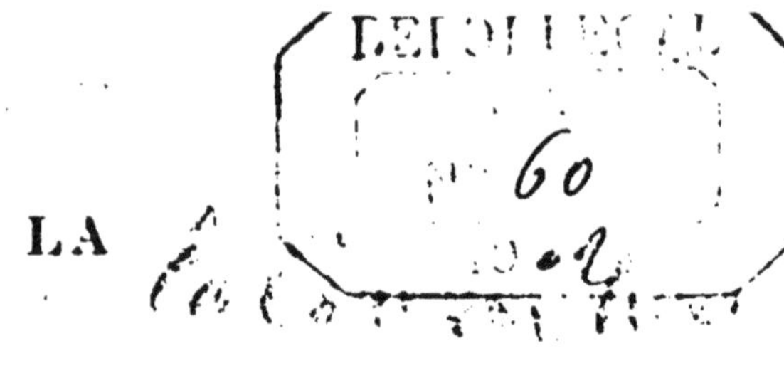

LA

SOCIÉTÉ FRANÇAISE

DU XVIe SIÈCLE AU XXe SIÈCLE

PAR

VICTOR DU BLED

3e SÉRIE

XVIIe SIÈCLE

LES DIPLOMATES — LES GRANDES DAMES DE LA FRONDE
LA COUR, LES COURTISANS, LES FAVORIS

Librairie académique PERRIN & Cie.

LA SOCIÉTÉ FRANÇAISE

DU XVIe AU XXe SIÈCLE

XVIIe SIÈCLE

OUVRAGES DU MÊME AUTEUR

Histoire de la Monarchie de Juillet, avec une introduction sur le droit constitutionnel aux États-Unis, en Suisse, en Angleterre, en Belgique. 2 volumes in-8°. Calmann-Lévy, éditeur.
Couronné par l'Académie française.

Les Causeurs de la Révolution. 1 vol. in-12. Calmann-Lévy.
Couronné par l'Académie française.

Le Prince de Ligne et ses contemporains. 1 vol. in-12. Calmann-Lévy.

Orateurs et Tribuns. 1 vol. in-12. Calmann-Lévy.

La Société française avant et après 1789. 1 vol. in-12. Calmann-Lévy.

La Comédie de société au XVIIIe siècle. 1 vol. in-12. Calmann-Lévy.

La Société française du XVIe au XXe siècle, XVIe et XVIIe siècles. 1 vol. in-12. Librairie académique Perrin et Cie.

La Société française du XVIe siècle au XXe siècle, XVIIe siècle, 2e série. 1 vol. in-12. Librairie académique Perrin et Cie.

LA

SOCIÉTÉ FRANÇAISE

DU XVIe SIÈCLE AU XXe SIÈCLE

PAR

VICTOR DU BLED

3e SÉRIE

XVIIe SIÈCLE

LES DIPLOMATES — LES GRANDES DAMES DE LA FRONDE
LA COUR, LES COURTISANS, LES FAVORIS

PARIS
LIBRAIRIE ACADÉMIQUE DIDIER
PERRIN ET Cie, LIBRAIRES-ÉDITEURS
35, quai des Grands-Augustins, 35
1902

A MONSIEUR FERDINAND BRUNETIÈRE

de l'Académie française

HOMMAGE RESPECTUEUX DE SON ADMIRATEUR ET AMI

VICTOR DU BLED.

PRÉFACE

« La tâche de la diplomatie, disait Talleyrand, est bien ingrate ; on ne connaît guère que ses échecs, on ne parle jamais de ses succès. » En effet, la diplomatie repose sur la discrétion et sur le silence qui survit même aux fonctions ; elle doit s'envelopper de mystère, condition difficile à remplir avec le gouvernement libre, qui exige la publicité, et qui, au premier abord, semble ne pouvoir vivre que dans une maison de verre. Mais, pour ne pas perdre la confiance des autres cabinets, pour rendre possible le succès des négociations engagées, combien de détails un ministre des Affaires étrangères ne devra-t-il pas se garder de révéler à la tribune ou dans le *Livre Jaune!* Escamoter ou ajourner une interpellation embarrassante, entremêler si habilement le vrai et le faux que députés, journalistes ne puissent s'y reconnaître et croient néanmoins avoir été initiés, se montrer obscur et lumineux dans le même discours, presque dans la même phrase, rester impénétrable avec un abandon apparent, contenter à la fois son pays et l'étranger, donner à celui-là l'impression d'un homme qui sait où il va, qui s'avance sur la route de la gloire et de l'intérêt national, à celui-ci la certitude qu'on n'est ni dupe ni dupeur, et qu'on saura se maintenir dans des bornes raisonnables, ce n'est là qu'une partie des qualités nécessaires en un poste si difficile. Dans ses odyssées diplomatiques, semées d'écueils, où les sirènes jouent aussi leur rôle, l'homme d'État, ministre ou ambassadeur, apparaît comme un capitaine vigilant qui, la nuit, dirige son navire battu de la tempête : le lendemain matin, le soleil brille, les passagers montent sur le pont, ignorant les obstacles surmontés, les angoisses du chef qu'ils accuseront peut-être de lenteur et de timidité. Comme cet officier, l'homme d'État doit se taire souvent, ne pas prononcer la parole libératrice qui le ferait acclamer : mais il lit dans l'avenir, songe stoïquement que, dans vingt, trente ans, ses successeurs recueilleront le fruit de sa prudence et de sa réserve : quelques-uns sentiront le bienfait, la foule restera indifférente. Car les succès rapides, foudroyants, d'un Bismarck, d'un Cavour, sont rares; les victoires de la diplomatie ne ressemblent guère à celles des champs de bataille : ce sont des victoires à longue échéance; entre les semailles et la récolte, s'écoulent souvent de longues années, parfois même des siècles entiers.

Est-ce à dire que la diplomatie soit devenue plus difficile, avec le régime représentatif, le chemin de fer, le télégraphe, le téléphone? Les uns affirment, les autres nient. Le comte de Beust, dans les conversations familières, *sous la rose*, s'amusait à développer cette idée que le téléphone rendrait bientôt inutiles dépêches, rapports, archives, dossiers, ambassadeurs officiels et occultes : tout se passerait entre chefs de gouvernement, un phonographe recueillant l'entretien, le répétant avec docilité, les cylindres enregistreurs promus à la dignité de textes authentiques. Et le paradoxe a une mine si séduisante, que beaucoup de personnes l'ont considéré comme la vérité de demain. N'oublient-elles pas ces facteurs essentiels des traités : le caractère, l'autorité des services, la connaissance profonde de l'échiquier européen, l'art de plaire, de découvrir des expédients heureux pour les cas imprévus? Rien ne remplace la présence réelle, l'homme, et en diplomatie, rien, à certains moments, ne remplace la grâce de la femme. Oui, les ministres des Affaires étrangères causeront au moyen du téléphone, mais, dans l'ombre, par le charme et la persévérance, par des conversations habiles et l'emploi judicieux des moyens de séduction, leurs agents auront adouci d'avance les volontés, préparé les esprits ou même les cœurs, et cette causerie téléphonique ne sera qu'une apparence, un décor. Comment ne pas tenir compte du talent, du génie, forces qu'on ne peut ni peser, ni évaluer dans leurs miraculeux effets? Lorsque l'on commença d'employer les machines dans l'industrie, les ouvriers protestèrent violemment : aujourd'hui, grâce aux machines, le nombre des ouvriers à peut-être quintuplé. Après César, Condé, Turenne, Frédéric II, il semblait que l'art militaire eût dit son dernier mot : Napoléon est venu. Gluck, Mozart, Beethoven, Meyerbeer paraissaient avoir porté la musique à sa plus haute expression : Wagner a créé un autre idéal exprimé par des formes nouvelles. Nos poètes, nos peintres, nos statuaires du XIXe siècle ont attesté les droits éternels de la personnalité humaine, l'action de celle-ci sur son temps. De même, la représentation diplomatique, qui n'a cessé de se développer avec les progrès de la civilisation, continuera de s'affirmer avec éclat, tant qu'il y aura des peuples ayant des intérêts distincts.

Sous l'ancien régime, et pendant une grande partie du XIXe siècle, le corps diplomatique se recrutait en partie parmi les membres de la noblesse française : celle-ci n'y faisait pas moins bonne figure qu'à l'armée et à la Cour. On peut s'en convaincre pleinement d'après les livres de nos historiens ; on le verra un peu aussi, j'espère, en parcourant mon étude sur les diplomates. Celle-ci embrasse plusieurs siècles ; car dans une histoire de la société française, il y a des sujets d'ordre général en quelque sorte, comme celui-ci, qu'il vaut mieux, semble-t-il, traiter d'un seul coup, — et des sujets particuliers à telle ou telle époque, *Les Grandes dames de la Fronde, la Cour de Louis XIV*, etc... qu'il convient d'examiner au fur et à mesure.

Le rôle politique de l'aristocratie française, dont il est souvent question dans ce volume, semble fini, et l'on en peut parler aujourd'hui avec la même impartialité que du Sénat romain et de la Seigneurie vénitienne : c'est ainsi que, dans deux ou trois cents ans, d'autres générations parleront de l'aristocratie britannique, destinée, elle aussi, à disparaître comme classe dirigeante, après avoir rempli magnifiquement, pendant de longs siècles, sa fonction de gouvernement et d'éducation.

La noblesse française n'a pas eu, hélas ! cette grandeur utile : elle a laissé derrière elle le souvenir d'un brillant décor de civilisation élégante, plutôt que d'une aristocratie nationale. Mais ce décor fut fait de tant de charme, de grâce, de bravoure, de folie généreuse, que l'historien se sent désarmé, et oublie les fautes, l'absence d'esprit politique, pour ne voir que cet assemblage unique de qualités sociales qui demeureront à jamais la parure de la vie française avant la Révolution.

Le malheur de l'aristocratie française a été d'avoir l'âme plus féodale que nationale, plus chevaleresque encore que guerrière. Ne lui reprochons pas trop d'avoir en général méconnu l'idée abstraite et très noble de patrie, pour s'attacher surtout à celle d'un pouvoir incarné dans une personne, le roi. Qui la concevait alors, cette idée, dans toute son étendue et son rayonnement ? Un Saint Louis, une Jeanne d'Arc, un Louis XI, un Louis XIII, un Richelieu ! Pour monter à une telle hauteur, il eût fallu s'élever au-dessus de son temps, presque au-dessus de l'humanité.

Mais la noblesse française eut l'âme féodale, c'est-à-dire qu'elle eut d'abord l'idée de tribu, de clan, d'un petit groupement qui était tout, alors qu'il devait être seulement quelque chose. On se donnait à un chef dont, par point d'honneur, par intérêt aussi, on suivait la fortune bonne et mauvaise. Un petit gentilhomme *était* à un plus grand, et, dans la première moitié du XVIIe siècle, même sous Richelieu, un duc d'Épernon disposait de tout un état-major aveuglément dévoué à sa fortune, et ne demandant même pas où on le menait ; ainsi se formèrent dans le royaume ces associations redoutables qui, après avoir fait les guerres de la régence de Marie de Médicis, feront la Fronde : ce sera du reste leur fin et celle de l'esprit féodal.

L'idée féodale ne reposait pas, comme en Écosse, sur une distribution des forces vives de la nation en groupes cimentés par le temps, et constitués géographiquement. Le clan n'existait plus en France ; le parti d'un prince, d'un personnage puissant, n'était qu'une confédération artificielle, dangereuse assurément, mais point enracinée dans les profondeurs du sol national. Louis XIV acheva l'œuvre de Henri IV, de Richelieu, de Mazarin, brisa les cadres à jamais, et, s'il n'a pas dit la fameuse parole-programme, vraie comme un mot historique, c'est-à-dire parfaitement fausse, « L'État, c'est moi », il l'a pratiquée pendant plus d'un demi-siècle ! L'esprit féodal changea d'objet, il s'ennoblit en ne prenant que la royauté pour guide, et l'on ne vit plus cette disparate singulière : des nobles faisant la guerre au roi en personne sous prétexte de le servir.

L'autre malheur de la noblesse française a été l'esprit chevaleresque. Ne jouons pas sur les mots, ne prenons pas au pied de la lettre des apparences qui recouvrent d'assez médiocres réalités. D'abord la chevalerie errante est un rêve de romancier et de poète : la plupart des chevaliers qui traversent l'histoire ressemblaient fort peu à Eviradnus ; Richard Cœur-de-Lion, si chanté par les imaginations anglaises, avait un cœur féroce, et, dans les guerres de la Croisade, il n'est point sûr que Saladin ne garde pas l'avantage de l'humanité, de la générosité. Seulement l'Évangile renferme une vertu de progrès étrangère à l'Islam ; les chrétiens ont marché, les musulmans ont retrogradé. En réalité, le chevalier d'autrefois se montre un être de proie : il n'y a guère eu dans l'histoire que deux chevaliers errants réalisant l'idéal rêvé : le premier, c'est don Quichotte ; le second, c'est le gendarme.

De l'esprit chevaleresque la noblesse française a connu surtout la folie de la bravoure. Pour elle, la guerre n'est pas le moyen d'obtenir au moindre prix possible un avantage marqué, mais une occasion d'exécuter quelques-uns de ces beaux coups que l'on raconte plus tard avec complaisance aux dames. C'est toujours l'idée de la joute, du tournoi, de la belle charge lances couchées ; cela mène à Crécy, puis à Poitiers. Ce jour-là, 19 septembre 1356, le roi Jean tient le Prince Noir étroitement assiégé : l'Anglais n'a ni vivres ni eau ; encore quelques jours, et la victoire va d'elle-même aux Français. Mais ce serait un triomphe sans gloire : on combat, et on sait le reste. Le soir, le roi Jean prisonnier aura cette consolation d'entendre les Anglais proclamer poliment qu'il a été le *mieux faisant de la journée*. A Nicopolis, 1396, la folie chevaleresque du Comte de Nevers et de la noblesse bourguignonne amène l'écrasement de l'armée chrétienne ; de même à Azincourt, à la journée dite des Harengs, où une charge intempestive transforme une victoire assurée en désastre. L'impéritie et la chevalerie de Charles le Téméraire le font battre à Granson ; à Pavie, François Ier charge devant son artillerie, et perd tout, fors l'honneur : ce qui ne l'empêche pas d'oublier la belle règle stoïcienne : *qui mavult vult*, et, pour sortir de captivité, de manquer à la parole donnée. Et puis, il s'imagine, qu'avec de la magnificence et de la courtoisie, on désarme les politiques, se fait duper, moquer par Charles-Quint, et lui sacrifie les Gantois révoltés.

Au XVIIe siècle, l'esprit chevaleresque se perpétue dans l'absurde point d'honneur, dans ces duels qui fauchent la noblesse française en sa fleur. Seul Louis XIV viendra à bout de cette folie meurtrière, et il ne faut pas s'étonner si le serment contre les duellistes faisait partie de la cérémonie du sacre.

Ce règne de Louis XIV fut, à tout prendre, un beau temps pour la noblesse française : ne voir en elle qu'une troupe de courtisans vivant à la cour, sous l'œil du maître, cherchant à écrémer les grâces et les places, serait une véritable injustice.

D'abord cette noblesse de cour se montre aussi brillante à la guerre que dans les salons ; — or cette guerre, elle la fait à ses dépens et le métier militaire coûte fort cher à cette époque. De même dans les ambassades, où l'on se ruinait galamment pour faire honneur au roi qui payait, et plutôt mal, des appointements insuffisants. Puis la noblesse de Versailles n'était qu'une minorité dans le second ordre de l'État : la plupart des gentilshommes revenaient de la guerre, appauvris de corps et de biens, pour reprendre la vie noble dans leur gentilhommière de province. Il y avait là une réserve de braves gens dévoués au roi, ayant « les fleurs de lis au cœur », formant une classe solide, méritante, qu'un peu plus d'esprit public aurait transformée en classe dirigeante rurale, — ce qui a toujours manqué à la France.

Le XVIIIe siècle marque l'apogée de l'esprit de société, et cette « douceur de vivre » ne se limitait pas à la France seule ; Rome, sous des papes intelligents, lettrés et sages, fut aussi l'asile de la bonne grâce qui s'incarna dans le cardinal de Bernis, un Français. Mais la légèreté nationale se tourna en bel air philosophique, qu'il ne faut confondre ni avec la liberté, ni avec la démocratie ; et l'on vit une société creuser, de gaieté de cœur, le gouffre où elle s'allait engloutir. Libertinage, désir du nouveau, recherche de sensations inconnues, esprit d'opposition à un gouvernement bonhomme qui laissait faire, voilà, plus que l'esprit de sacrifice et de vrai libéralisme, les motifs de ce vertige d'apostolat auquel s'abandonnent tant de gentilshommes. Puis vient le règne de Louis XVI, et l'on assiste au plus étrange spectacle : la noblesse de cour faisant campagne, et quelle campagne ! contre le roi, contre la reine surtout, démolissant pierre à pierre l'édifice monarchique, sans s'apercevoir qu'il s'écroulerait sur elle. C'est la noblesse qui se rue au *Mariage de Figaro*, et rit aux éclats lorsqu'on l'exécute en effigie sur la scène.

N'y avait-il pas cependant des éléments meilleurs, plus sérieux, propres à constituer une aristocratie, non seulement sociale, mais politique? Oui sans doute, la noblesse française présente des unités qui pouvaient devenir des centres de ralliement : le duc de Béthune-Charost, le duc de La Rochefoucauld-Liancourt, sont des types de grand seigneur qu'envierait l'Angleterre ; les Lameth méritent aussi de figurer en cette bonne compagnie, et la noblesse de province était en général sage, libérale même. Quoi de plus beau enfin que ce duc de Broglie, condamné à mort par le tribunal révolutionnaire, recommandant à son fils de demeurer invariablement fidèle à cette même liberté au nom de laquelle on le frappait? L'enfant a tenu toute sa vie la parole donnée.

La grande illusion de la noblesse en ce temps-là fut l'émigration, l'émigration de bel air, celle qui commence au lendemain du Quatorze Juillet. Quand on tient tout ou presque tout, le lâcher pour chercher à le reprendre est un acte insensé. Puis, cette autre faute, plus grave que la première : l'alliance avec les armées qui envahirent la France. Faute sans excuse, mais non sans circonstances atténuantes, et il faut chercher celles-ci dans cette confusion de la patrie avec la personne du roi, qui, pour beaucoup, était un dogme absolu. Ensuite ce furent ces provocations imprudentes qui amenèrent en partie la Terreur : les émigrés agirent comme une armée assiégeante qui bombarderait avec acharnement le bâtiment où sont enfermés ses prisonniers et ses blessés. Ici l'imprévoyance dépasse toutes les bornes : les émigrés s'imaginaient que, trop heureux de leur venir en aide, les alliés ne réclameraient aucune récompense, aucun avantage. Du moins, lorsque, vingt ans plus tard, ils rentreront en France, reprendront-ils, au contact du sol natal, ce sentiment national si longtemps obscurci. Louis XVIII se montra le roi sage, libéral et clément qu'il fallait à la France, et ce fut pour nous une chance inespérée que la royauté légitime restaurée eût un tel représentant. D'anciens émigrés comme le duc de Richelieu, Chateaubriand, cent autres, devinrent les agents loyaux, patriotes et vraiment libéraux de l'œuvre entreprise sous les auspices de Louis XVIII : l'épreuve du pouvoir, si funeste à certains hommes, fut favorable à ceux-ci.

Après la Révolution de 1830, due à l'aveuglement de Charles X et de ses ministres, la noblesse bouda, et, pendant tout le règne de Louis-Philippe, fit campagne avec les républicains contre la monarchie nouvelle ; elle ne comprit pas que, dans les alliances conclues par les modérés avec les partis extrêmes, ceux-là servent toujours ceux-ci qui seuls en profitent. Les uns écrivent, les autres dictent, selon le mot de Michelet. La noblesse croyait n'atteindre que la personne royale, elle atteignait, elle frappait, elle tuait cette personne abstraite qui était le roi de France : en politique comme en hygiène, il y a plus de suicides que de meurtres.

Sous la Restauration, elle s'était mise au travail, non certes d'une manière bien énergique, mais enfin elle commençait de remplir les places, et c'était un acheminement. 1830 rompit tout : elle reprit l'habitude de la vie noble, et ne s'aperçut pas qu'il est dangereux d'émigrer à l'intérieur, d'habituer les gens à se passer de vous, de s'endormir du sommeil d'Épiménide dans un siècle où les événements avec leurs principes, leurs causes et leurs conséquences, semblent prendre le train express comme les personnes : au réveil, on court le risque de ne plus comprendre son époque, ne la comprenant pas de ne pas l'aimer, ne l'aimant pas de n'en être pas aimé, de se voir condamné à d'énormes efforts pour regagner la confiance. Et il est triste de penser que tant de forces vives en intelligence, en dignité morale, en richesse matérielle, demeurent non seulement inutiles, mais trop souvent suspectes aux masses.

D'ailleurs, la longue oisiveté de la noblesse a commencé de lui peser. Toujours elle a fourni un contingent sérieux et honorable à l'armée, à la littérature et à l'art; depuis 1870, elle a essayé de rentrer dans la politique, et, comme Antée, elle a repris de la vigueur en touchant la terre, en habitant davantage la campagne, en se mêlant à la vie rurale. On pourrait citer une foule de gentilshommes qui ne dédaignent nullement d'exploiter eux-mêmes leurs propriétés, en tirent bon parti, reconnaissent que l'agriculture est la plus grande des industries; d'autres qui, ne voulant pas faire de mariages d'argent, redoutant la stérilité fâcheuse de la vie intensive de cercle, vont chercher fortune au Canada ou ailleurs, sollicitent des emplois dans des administrations financières. Ainsi beaucoup luttent par l'exemple, contre l'invasion des

« arrivistes », des « déracinés », contre l'avénement de ce qu'un membre fort spirituel de cette aristocratie appelle crûment : « *L'Age du mufle.* » Soit, mais cet âge-là n'est jamais venu, ne viendra jamais pour certaines gens ; or ceux-là sont plus que légion, et ils forment même la majorité dans notre pays : d'ailleurs les romanciers, les auteurs dramatiques ne se chargent guère de décerner des prix Montyon, et le public pense avec eux que la peinture des travers et défauts est plus amusante que celle de la vertu. Elles se compteraient par milliers aussi, les femmes de l'aristocratie qui collaborent avec leurs maris par le dévouement, l'esprit de sacrifice, la science de l'éducation et l'art du gouvernement intérieur, en même temps qu'elles manifestent leur action sociale dans les innombrables œuvres de charité et de prévoyance.

Et voilà un dernier trait de cette noblesse française qui, sans privilèges, sans influence même, n'en exerce pas moins une véritable fascination sur le monde entier, et dont l'éclat éclipse celui de la pairie anglaise, de la grandesse espagnole, des princes romains eux-mêmes, et de la vieille aristocratie germanique ; elle se montre largement, inépuisablement charitable. Cela est bien, cela est beau, d'autant plus beau que c'est très souvent la charité faite par la main droite et qu'ignore la main gauche, la charité sans ostentation, toute humaine et vraiment divine.

Il y a dans notre haute société française une sorte de fanfaronnade de vices, pour emprunter un coup de pinceau à Louis XIV, mais aussi un fond spiritualiste, ferme et sain, qui ne se montre pas, parce que seul se voit l'extérieur des choses. Quand une pareille réserve d'idéal et de bonté existe chez une classe d'hommes, celle-ci offre de la ressource et de l'avenir. Que la noblesse française comprenne un peu mieux son temps, qu'elle fasse amitié avec la démocratie des villes comme elle fait avec la démocratie des campagnes, qu'elle subisse avec cette bonne grâce qui est en elle « la manière », l'évolution inévitable des choses et des formes, — et, forte de son passé si brillant malgré quelques taches, de son intelligence, de son honneur intact en dépit des défaillances individuelles, elle pourra occuper encore une place d'honneur dans la société du xxe siècle, concourir utilement à l'éclat et à la grandeur de la France.

Victor DU BLED.

LES DIPLOMATES
ET
LA SOCIÉTÉ FRANÇAISE

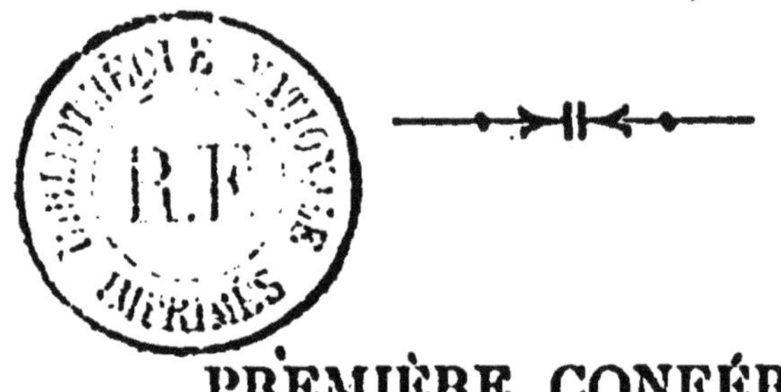

PREMIÈRE CONFÉRENCE

LES AMBASSADEURS VÉNITIENS ; SPANHEIM

Mesdames, Messieurs,

La société française, sous certains rapports, ressemble à ces institutions qui grandissent, se développent, se complètent et se transforment avec le temps. Au début, c'est-à-dire au xvie siècle, elle a pour foyers la Cour, puis les châteaux, palais des princes du sang et des courtisans empressés, comme toujours, à imiter le maître. Aux tournois, ballets, carrousels, danses et conversations, viennent s'ajouter les académies, le spectacle, la comédie de société, ce délicieux déduit qui adhère en quelque sorte à nos mœurs, et devait charmer à tel point nos aïeux, qu'en 1760 on ne compte pas moins de cent soixante théâtres particuliers à Paris seulement. Puis c'est le goût des bibliothèques, les cabinets de curiosités ou collections, la passion des voyages, et cette sorte d'éducation esthétique de la beauté qui permet de juger et d'admirer avec discernement. A mesure que l'on monte vers les temps modernes, la richesse de la nation et des particuliers augmente, et, avec elle, le loisir de ces larges existences qui réunissent dans une synthèse harmonieuse toutes les grâces de la civilisation. Au XVIe siècle, par exemple, les magistrats ne se mêlent pas beaucoup à la vie mondaine; au XVIIe siècle, ils y participent davantage; au XVIIIe siècle, on ne les distingue plus des autres classes. Financiers, partisans entrent tout d'abord dans les salons par la petite porte, heureux si on les y tolère au XVIIe siècle; et, bien que Saint-Simon ait appelé le règne de Louis XIV un long règne de vile bourgeoisie, la distinction des rangs est assez sévèrement observée; on n'aurait pas alors entendu le mot indigné d'une grande dame, à propos d'un bal de Louis-Philippe : « Il y avait des notaires ! » Cependant le Tiers-État monte, ses membres deviennent fermiers généraux, intendants, conseillers d'État, ministres; les fils des ducs et pairs recherchent les filles de ceux-ci. Louis XIV lui-même, dans un pressant besoin d'argent pour le Trésor public, fera sa cour à Samuel Bernard : la plus brillante compagnie fréquente chez ce dernier; on vante ses fêtes, ses mots, sa réponse à certain grand seigneur qui l'aborde en ces termes : « Je vais bien vous étonner : je ne vous connais pas et je viens vous emprunter cinq cents louis. — Je vous étonnerai bien davantago, je vous connais, et je vais vous les prêter. » Au XVIIIe siècle, les financiers ont leurs salons, et la noblesse la plus authentique, celle qui se perd dans la nuit des temps, daigne d'autant mieux prendre part à leurs réceptions, qu'eux-mêmes s'empressent de se parer des titres des terres seigneuriales qu'ils achètent à beaux deniers comptants.

Quant aux diplomates, il semble bien qu'avant le XVIIIe siècle leur horizon social ne s'étende guère au-delà de la Cour : et ceci, bien entendu, ne s'applique pas à notre diplomatie française, qui demeure partie intégrante de la société, de l'aristocratie en général, la suit dans toutes ses évolutions, et, par sa dignité d'attitude, son intelligence, sa grâce, son art de plaire, représente noblement la royauté, contribue à la grandeur, au prestige de la France. Ce ne serait pas trop de plusieurs volumes pour portraiturer nos diplomates spirituels ; quelques-uns seulement trouveront place dans ce travail, d'autres seront esquissés au fur et à mesure : les belles études du duc de Broglie, de MM. Albert Vandal, Émile Ollivier, Albert Sorel, Lavisse, Frédéric Masson, Rothan, de Maulde, Léonce Pingaud, etc..., édifieront pleinement le lecteur curieux de pénétrer à fond le sujet. Quant aux étrangers, leur abstention presque universelle s'explique par cette raison, qu'au XVIIIe siècle seulement les salons commencent d'exercer une influence politique, qu'on y fait l'opinion, les succès, qu'on y improvise de faux grands hommes, et que plus d'un ministre comme Brienne ou Calonne, n'a d'autre mérite que d'avoir cultivé les boudoirs, plu à quelques femmes.

Sous Henri IV, Richelieu, Louis XIV, tout se prépare dans le cabinet du maître ou de ses confidents. Absolutisme royal, absence de salons politiques, beaucoup plus d'ambassadeurs extraordinaires ayant un but déterminé, et disparaissant après l'avoir atteint, moins de ministres résidant d'une manière régulière auprès du Roi, — tout concourait d'abord à détourner les diplomates de fréquenter la société proprement dite.

Leur champ d'observation et de combat demeurait assez vaste. La Cour n'est-elle pas le miroir de la nation, son abrégé et son diamant, cette cour qui, sous Louis XIV, avec la maison militaire du roi et des princes, finit par comprendre environ dix mille personnes? Ne faut-il pas s'assurer les bonnes grâces des entours, cultiver la maîtresse en titre, deviner le favori de demain, rester impénétrable avec un abandon apparent, plaire à tous ceux qui valent la peine d'être conquis? Car les rois absolus, les premiers ministres ont des amis, des subalternes auxquels ils livrent leurs pensées de derrière la tête, et l'on ne saurait trop méditer l'axiome de Cavour : « Les peuples sont gouvernés par des antichambres, des chambres à coucher, ou des chambres parlementaires », sauf, bien entendu, quand ils ont à leur tête un grand homme. Voilà, ce semble, assez de tablature pour un diplomate; beaucoup autrefois le pensaient, et n'éprouvaient ni le besoin ni le désir de sortir de ce cercle enchanté.

La Cour, voilà donc leur objectif : ils l'étudient avec une rare sagacité, et il y aurait plaisir à suivre les Ambassadeurs vénitiens, les Résidents de Florence, les

Nonces dans leurs pénétrantes analyses. Comme ces La Bruyère de la diplomatie décomposent le pantin humain, comme le secret des caractères les conduit à pressentir les mobiles, avant-coureurs des actions, à deviner dans cette forêt ondoyante de pensées, de forces et de silences, dans cette mêlée multicolore des rivalités et des ambitions, celui qui s'élèvera au-dessus de tous, celle qui régnera, c'est là une leçon instructive pour ceux qui veulent s'initier à la science politique, ou plus simplement comprendre le merveilleux spectacle des âmes et des volontés aux prises, le flux et le reflux des effets et des causes. De tout temps les diplomates ont envoyé dépêches, rapports à leurs puissances respectives ; ceux de Venise font mieux encore. Un décret leur enjoint de présenter au Sénat, dans les quinze jours qui suivent leur retour, un discours détaillé, une *Relazione* sur l'État auprès duquel ils sont accrédités : discours lu solennellement, destiné à rester secret, et gardé avec soin dans les archives de la principauté. Coutume excellente qui prend naissance à la fin du XIIe siècle, se perpétue jusqu'en 1797, d'où sortit un magnifique ensemble de travaux, et qui n'a pas laissé de contribuer à la grandeur de Venise, en fondant une école de science politique dans un temps où presque partout celle-ci était encore dans l'enfance. Connaître ainsi, tous les trois ans, les ressources matérielles et intellectuelles de chaque nation, voir naître et grandir les princes étrangers, les ministres, étudier leurs avatars, le développement de leurs énergies, pouvoir comparer ce qui était hier, ce qui est aujourd'hui, quoi de plus captivant pour ces nobles

Vénitiens, façonnés dès l'enfance aux affaires publiques, doublement obligés à un éternel qui-vive pour maintenir une domination un peu artificielle? Titien a peint quelques-uns de ces patriciens avec la magie divinatoire de son talent; en contemplant ces yeux pleins d'infini, pensifs et profonds, ces physionomies froides, un peu hautaines, on sent qu'ils représentent une caste gouvernementale, on cherche involontairement dans leurs mains pâles, effilées, ces rapports, ces Relations (1) qui étaient en quelque sorte le symbole de cette puissance.

---

(1) *Relazioni Venete.* — DE MAULDE : *La Diplomatie au temps de Machiavel.* 3 vol. — SPANHEIM : *Relation de la Cour de France.* — ZELLER : *Le Connétable de Luynes, Montauban et la Valteline.* 1 vol., 1879; *Richelieu et les Ministres de Louis XIII.* 1 vol., Hachette. — Duc DE BROGLIE : *Histoire et Diplomatie; Frédéric II et Louis XV; Maurice de Saxe et le Marquis d'Argenson; La Paix d'Aix-la-Chapelle; Marie-Thérèse impératrice; Le Secret du Roi; Voltaire avant et après la Guerre de Sept ans; Études d'histoire diplomatique; L'Alliance autrichienne; La Diplomatie et le droit nouveau; Voltaire avant et pendant la Guerre de Sept ans; Frédéric II et Marie-Thérèse; La Mission de M. de Gontaut-Biron à Berlin.* — Albert VANDAL : *L'Odyssée d'un Ambassadeur, les Voyages du Marquis de Nointel.* Plon, 1900; *Louis XV et Élisabeth de Russie.* Plon, 1882. — G. HANOTAUX : *Le Cardinal de Richelieu.* — Auguste BOPPE : *Journal du Congrès de Munster par François Ogier.* 1 vol., Plon, 1893. — Georges GAUDY : *Venise et sa diplomatie*, dans *Revue des Questions historiques*, tome X. — Charles GÉRIN : *Relation d'Angelo Corraro, ambassadeur vénitien à Rome en 1660*, dans *Revue des Questions historiques*, tome XXVII. — DEGERT : *Le Cardinal d'Ossat, sa vie, ses négociations à Rome.* 1894. — *Lettres du Cardinal d'Ossat.* — *Lettres inédites du Cardinal d'Ossat.* — Brémond D'ARS : *Jean de Vivonne, sa vie et ses ambassades.* — DE CALLIÈRES : *Manière de négocier avec les Souverains.* — Léonce PINGAUD : *Choiseul-Gouffier, La France en Orient sous Louis XVI.* 1 vol., 1887. — *Caractères de la Bruyère.* — *Nunziatura di Francia.* Firenze, Felice Le Monnier, 4 vol., 1865. — *Souvenirs du baron de Gleichen.* — Duc DE LÉVIS : *Sou-*

Aussi appelle-t-on Venise « l'école et la pierre de touche des ambassadeurs », car c'est là que les princes mettent leurs sujets à l'épreuve pour en savoir le juste prix. Il fallait, en effet, exposer à haute voix l'objet de la mission devant un conseil assemblé, soutenir une véritable lutte d'éloquence contre les prétentions rivales de l'Espagnol ou de la maison d'Autriche, faire assaut de talent dans la diction, de pénétration dans l'exposé des motifs. L'ambassadeur était un grand avocat politique ; il devait jouer un rôle d'orateur. Au XVIIe siècle, par exemple, le comte d'Avaux fut un des plus remar-

---

venirs et Portraits. — GEFFROY : *Gustave III et la Cour de France.* — *Correspondance* DE GRIMM, DE LA HARPE. — *Mémoires de Torcy, d'Estrade, d'Avaux, d'Ablancourt, du Marquis de Valori,* de la baronne D'OBERKIRCH, DE SAINT-SIMON, DE CASANOVA, de MARMONTEL, du duc DES CARS, de CHEVERNY, de l'abbé DE CHOISY, du duc DE CROY, de MORELLET. — SÉNAC DE MEILHAN : *Œuvres choisies.* — E. FRÉMY : *Un ambassadeur libéral sous Charles IX et Henri III.* — VALFREY : *La Diplomatie au XVIIe siècle, Hugues de Lionne, ses ambassades.* 2 vol. — DE LA FERRIÈRE : *Les Projets de mariage de la reine Elisabeth.* — WALCKENAER : *Mme de Sévigné,* t. III. — AUERBACH : *La Diplomatie française et la Cour de Saxe,* 1648-1680. — Ludovic BASCHET : *Les Archives de Venise; Histoire de la Chancellerie secrète.* Plon, 1 vol.; *La Diplomatie vénitienne.* 1 vol. — Amelot DE LA HOUSSAYE : *Histoire du gouvernement de Venise.* — WICQUEFORT : *L'Ambassadeur et ses fonctions.* 2 vol., 1715. — GACHARD : *Les Monuments de la diplomatie vénitienne.* — RUSKIN : *The Stones of Venise.* — *Mémorial de Norvins.* — Comte DE RAMBUTEAU : *Lettres du Maréchal de Tessé.* — *Capefigue, Les Diplomates européens.* 4 vol. — Si des incendies fréquents, des spoliations, n'avaient détruit une partie des archives de Venise, l'Occident et l'Orient, selon l'observation de Ludovic Baschet, auraient là « leurs annales, leurs mémoires, rapportés pendant six siècles par des témoins oculaires, observateurs sagaces et pénétrants, sages politiques, bons écrivains, et bien placés pour ne rien ignorer du mobile des faits et de la raison des choses ». Tels que demeurent ces documents, les historiens modernes y ont largement puisé.

quables ambassadeurs de France à Venise. Au XVIIIe siècle, l'abbé comte de Bernis se consolait de n'avoir pas de pesantes questions à traiter, en constatant avec esprit que « l'Europe n'est heureuse que quand les ambassadeurs n'ont rien à faire ». Observons ici la situation bizarre des ambassadeurs étrangers soumis à une sorte d'ostracisme vis-à-vis des patriciens : une loi du XIVe siècle interdit à ceux-ci, sauf dans certains cas prévus, d'avoir avec eux aucun rapport social. Les uns se plaignaient de cette sévérité, les autres s'en accommodaient fort bien : témoin Hurault de Maisse qui écrit en 1583 à Mlle de Chatellerault : « Et la demeure est si douce et si belle, que, qui s'ennuiera à Venise, malaisément pourra passer sa vie ailleurs. » Antoine Séguier mande, en 1598, au ministre Villeroy : « La vie, au surplus, est icy fort aisée et tranquille... Vous auriez besoin, pour quelques heures du jour, du repos qui se jouit en Italie, et particulièrement à Venise ; si j'avais l'honneur de vous y tenir, nous jetterions dedans le grand canal et en la pleine mer une partie de vos soucis. » Les mœurs corrigent souvent la rigueur des lois, les respectent en les tournant un peu. Venise avait chaque année deux saisons de carnaval, et, grâce au masque de toile blanche, au manteau rouge ou noir, à la coiffe de soie noire à dentelle, au petit tricorne sans ornement qui constituent l'habit vénitien en ces temps de liesse, les ministres étrangers (tel Roméo chez le père de Juliette) ne se font point faute d'éluder les défenses, de fréquenter les fêtes patriciennes, de converser avec tel ou tel sénateur ami de la France. Le comte de Froullay écrit le 9 octobre 1734 : « Nous avons été à la Place, aux spectacles, et partout en public ensemble, en masque, suivant l'usage du pays. M. le Nonce a été de la partie ; les spectacles et les masques viennent de recommencer icy jusqu'au Caresme, et quelquefois cela n'est pas inutile pour les affaires. » Le comte abbé de Bernis, racontant les fêtes pour l'inauguration de Luigi Pisani dans la charge de Procurateur de Saint-Marc, dit : « J'ai eu occasion, pendant les fêtes, de communiquer avec toute la noblesse, et d'*avoir deux entretiens sous le masque avec le Doge*. Dans ces grandes assemblées, j'ai reçu et donné les témoignages les plus flatteurs d'estime et d'amitié réciproque... J'ai même formé quelques liaisons dont je pourrai tirer parti dans la suite. » Souvent aussi les diplomates étrangers emploient des médecins, des moines, des nonnes, des commerçants, pour nouer des intrigues avec les patriciens. Mais, en dehors du carnaval, les ambassadeurs n'ont d'autre ressource que la société des étrangers, ne communiquent avec le gouvernement et la noblesse que par des agents subalternes, sont entourés d'espions de qui ils doivent cependant tirer leurs informations, et ne peuvent préparer par la conversation les matières qui entrent dans leurs mémoires au Sénat : « Cette vie sombre et solitaire, que les lois de la République font mener aux ministres étrangers, a souvent dérangé des têtes faibles, affirme Bernis, et plus souvent aigri et aliéné les esprits. »

Ce Sénat est le prince qui gouverne ; il nomme les ambassadeurs ordinaires ou extraordinaires à la majorité des voix; ceux-ci ne peuvent refuser, sous peine d'une amende considérable; seule la prêtrise est un motif légitime d'excuse, dispense et même exclut, car Venise n'admet point qu'un religieux connaisse de ses affaires temporelles. On pense à ces fonctions municipales rendues obligatoires dans l'Empire romain pour assurer le paiement de l'impôt. Le nombre des ambassadeurs à la Cour de France augmente d'âge en âge, presque de règne en règne : saint Louis, Philippe le Hardi, Philippe le Bel, reçoivent chacun une ambassade vénitienne; Louis XI, Charles VIII en eurent six; Louis XII, dix-sept. Avec François Ier s'ouvre l'ère des ambassades régulièrement établies : dix-neuf ambassadeurs ordinaires se succèdent auprès de lui, six extraordinaires lui sont envoyés. Louis XIV reçoit dix-huit ambassadeurs ordinaires et deux extraordinaires, qui envoient à leur Gouvernement 7,758 dépêches. Sous Louis XV, un ambassadeur extraordinaire, quinze ordinaires; sous Louis XVI, quatre ambassadeurs ordinaires. Leurs entrées à Paris s'accomplissent de manière très solennelle, et faite pour frapper le plus possible les imaginations; le prédécesseur s'avance au-devant du successeur, avec une nombreuse escorte, tandis que des officiers de la maison du Roi viennent le complimenter de la part des princes et princesses. L'audience demandée, le jour fixé, la cérémonie a lieu en grand apparat au Louvre, parfois hors Paris, dans les châteaux où réside la Cour; on sait que celle-ci, surtout jusqu'au XVIIe siècle, est volontiers nomade, qu'elle sent l'écurie bien plus que le bureau. Le lendemain de l'audience publique, l'ambassadeur a un entretien particulier avec le Roi, et, jusqu'à Louis XIII, les audiences ordinaires sont fréquentes. Ces diplomates prennent soin d'accompagner partout la Cour (1), ce qui facilite singulièrement leurs moyens d'information.

On rembourse leurs dépenses, mais ils doivent rendre compte au Sénat de la dépense officielle ; dans celle-ci figurent les frais de sûreté pour les voyages d'aller et de retour, mousquetaires, capitaines d'escorte, les deuils de cour, etc... Sous les Valois, on compte un peu plus de dix mille ducats pour une ambassade de trente-cinq mois : Sigismondo di Cavalli dépense environ 87,879 francs ; Zuane Dolfin, du 29 août 1584 au 7 mars 1588, dépense 12,815 ducats, soit 110,868 francs. Sous Louis XIV, pendant un séjour de trois ans sept mois et sept jours, Contarini dépense 39,830 ducats ; les frais du port des dépêches et du voyage des courriers en absorbent 8,131, le loyer annuel de l'hôtel 800. On pense bien que les dépenses secrètes devaient atteindre un chiffre respectable, car la corruption, l'espionnage, la délation, au dehors comme au dedans, jouent un rôle considérable dans ce gouvernement vénitien atteint de paganisme politique.

« Dès leur jeune âge, dit Baschet, les patriciens apprenaient, qu'à moins de se faire moines ou abbés, ils auraient inévitablement accès aux choses de l'État, qu'inévitablement ils devraient en être les serviteurs.

(1) Ceci n'est pas particulier aux Vénitiens, tous les ambassadeurs suivent la Cour dans ses déplacements.

Toute l'éducation qu'ils recevaient tendait à les diriger vers cette voie du service administratif et politique. A vingt et un ans, les plus aptes étaient quelquefois élus *savii alli ordini,* c'est-à-dire *sages aux ordres* ou auditeurs au Conseil, admis à entendre toutes les discussions des ministres qui préparaient les communications à faire au Sénat. A vingt-cinq ans, ils entraient de droit au *Grand Conseil,* c'est-à-dire dans l'assemblée de tous les patriciens, et dès ce jour prenaient part à l'élection des charges. Le plus souvent, à l'issue de leur adolescence, beaucoup accompagnaient en leurs missions et à titre libre, les ambassadeurs ou les provéditeurs; c'était de toute façon faire une bonne école. Ils apprenaient ainsi l'usage des Cours, la manière de traiter, l'art de négocier, et s'exerçaient à écrire en consignant sur des *diarii* ou journaux personnels, le résultat de leurs observations. »

« Venise, on l'a observé justement, avait créé et empreint du cachet de son esprit cette science nouvelle de la diplomatie. » Ces fiers patriciens ont formulé d'avance la théorie de Carlyle sur les héros, sur les hommes représentatifs qui, par la force ou l'habileté, accouchent les grandes questions : ils savent que la science de l'homme est la vertu diplomatique, et quel rôle jouent dans les affaires de ce temps les passions, les sentiments des princes et des premiers ministres; aussi les étudient-ils avec un soin infini, les mettent-ils en scène, reproduisent-ils dialogues et confidences, de telle sorte que relations et dépêches ont souvent le charme des mémoires, grâce aux portraits et anecdotes dont ils sont émaillés (1). Ce ne sont pas seulement rois et secrétaires d'État qui posent devant leur objectif, mais aussi courtisans, généraux, fêtes, chasses, favorites, et ces subalternes actifs dont Chamfort disait plaisamment : « Il vaut mieux avoir offensé le ministre que l'homme qui le sert dans sa garde-robe. » Pietro Duodo, ambassadeur auprès de Henri IV après le traité de Vervins, divise ainsi la *relazione* qu'il vient lire au Sénat : « Les points principaux de ma relation sont les suivants : le royaume, le chef de l'État, les princes et la noblesse, le clergé, le peuple, le conseil du cabinet, les princes du sang, la personne du roi, les conditions et le caractère de sa politique. »

Voici, par exemple, la lettre d'un ambassadeur vénitien à l'*Excellentissime Conseil des Dix* (1er avril 1516). Deux seigneurs (anglais) incriminent la duplicité de la politique vénitienne ; l'un d'eux va jusqu'à dire : « Ces Vénitiens sont des pêcheurs. »

« Je me contins alors, observe Sebastiano Giustiniano, avec une force dont je ne me serais pas cru capable, et je fis le plus grand effort pour ne pas lui adresser des paroles dont la vivacité aurait pu être nuisible à la Seigneurie. Je lui répondis simplement que s'il était venu à Venise, et qu'il eût vu notre Sénat et notre noblesse vénitienne, il ne parlerait pas de la sorte ; que s'il avait

---

(1) La seule correspondance des Vénitiens *ambassadeurs* ou *Ballos* à Constantinople, comprend 242 volumes ; celle de Florence, 78 ; celle de France, 276 ; Allemagne, 292 ; Gênes, 30 ; Angleterre, 139 ; Milan, 231 ; Mantoue, 20 ; etc.

bien lu notre histoire, tant celle de notre origine que celle de notre ville et celle des actes de la Seigneurie, il aurait vu que ni des actions ni des origines de pêcheurs ne sont les nôtres. Et d'ailleurs, ajoutai-je, ne sont-ce pas des pêcheurs qui ont fondé la foi chrétienne? Nous avons été les pêcheurs qui l'ont protégée contre les forces des infidèles. Nos barques de pêcheurs furent des galères et des vaisseaux de guerre, nos hameçons furent nos trésors, nos amorces furent le sang de nos concitoyens morts pour la foi chrétienne... Ce n'est pas de l'histoire ancienne, mais ce sont de récents souvenirs, et les témoignages de nos guerres contre les Turcs, ce sont les villes et les États que nous leur avons pris en défendant la chrétienté, Négrepont, Lépante, Modon, Coron, Durazzo, avec une grande partie de l'Albanie... » L'ambassadeur a-t-il dit toutes ces belles choses? *Forse.* Peut-être aussi a-t-il développé sa réplique. Quoi de plus fréquent que l'éloquence de l'escalier, que l'esprit de l'escalier?

Catherine de Médicis est un des personnages que ces Vénitiens ont le plus curieusement étudiés : selon les temps, selon le peintre, selon que celui-ci regarde de face ou de profil, de reflet ou de réverbère, les portraits varient. Un trait général et commun, c'est que ces ambassadeurs se tiennent à égale distance de l'adulation servile et de la satire : l'impartialité leur semble coutumière, comme si leur fonction même et le caractère de leur gouvernement les inclinaient à l'éclectisme. Et l'on pourrait, grâce à eux, raconter cette vie étape par étape, ses évolutions morales et politiques, son attitude très humble devant Diane de Poitiers quand celle-ci gouverne Henri II, sa fermeté, son éloquence dans de graves circonstances, après la panique de 1557, son désespoir de rester sans enfants pendant neuf années, sa longue domination sous le règne de ses fils. Baschet, dans ses doctes volumes sur la diplomatie vénitienne, note les impressions de ses représentants depuis 1533, alors que Catherine quitte Florence pour épouser un fils de France, jusqu'en 1588, quand Alvise Mocenigo pour la dernière fois traitait avec elle des affaires du monde. Voici quelques lignes de leurs *Relazioni* : celles-ci font tableau, nous montrent le branle de la Cour, le jeu des intrigues, des sympathies et des haines, les détails et les ensembles :

« La Reine, écrit en 1552 Contarini, ne pouvait souffrir, dès le commencement de son règne, un tel amour et une telle faveur de la part du Roi pour la duchesse de Valentinois ; mais depuis, sur les prières instantes du Roi, elle s'est résignée, et elle supporte avec patience. La Reine fréquente même continuellement la duchesse qui, de son côté, lui rend les meilleurs offices dans l'esprit du Roi, et souvent c'est elle qui l'exhorte à ne pas la négliger. »

Giovanni Capello, successeur de Lorenzo Contarini, écrit : « La Reine est aimée et respectée, et mérite de l'être de chacun pour ses qualités personnelles et pour sa bienveillance ; le royaume entier est de cet avis. Elle est belle femme lorsqu'elle a le visage voilé ; je m'exprime ainsi parce qu'elle est grande, que sa taille est élégante et que sa peau est fine ; quant à son visage, il n'est point beau, la bouche trop grande et les yeux gros et blancs. Beaucoup disent qu'elle est le portrait de son oncle Léon X. Elle s'habille richement et avec le plus grand goût ; mais lorsque le Roi va au camp, elle prend le deuil et le fait prendre à toutes les dames de la Cour... »

Notons encore la physionomie morale et physique de la reine-mère en 1560, d'après Giovanni Michieli :

« Elle a quarante-trois ans... de la plus vive intelligence, affable, capable de toutes négociations, politique avant tout... Elle ne perd pas le Roi de vue, ne tolérant qu'aucun autre couche dans sa chambre. Elle sait qu'étant étrangère, elle est enviée... Elle tient tout dans sa main, les charges, les bénéfices, les grâces ; elle est le garde des Sceaux, et elle tient le cachet du Roi. Dans le conseil, elle laisse d'abord parler, mais son avis est en dernier ressort... Ses desseins sont profonds, et difficilement on peut les pénétrer. Dans son mode matériel de vivre, elle a peu de règle ; son appétit est énorme. Elle recherche les exercices, marchant beaucoup, montant à cheval, très active ; elle chasse avec le Roi son fils, le pousse dans les taillis, le suit avec une intrépidité rare... Son teint est olivâtre, elle est déjà grosse femme. Son douaire est de 300,000 francs par an, double de celui des autres reines douairières. Elle dépense largement et libéralement... »

Et, avec d'autres ambassadeurs, nous assistons aux efforts de Catherine, efforts assez stériles, pour « rhabiller doulcement tout ce que la malice du temps peult avoir gasté en ce royaume ». On comprend l'intérêt de tels documents pour le Sénat de la Sérénissime République, et combien ces ambassadeurs psychologues servaient utilement leur pays : tels d'entre eux sont des Saint-Simon au petit pied qui, s'ils ne possèdent pas le pinceau, le don d'évocation de ce merveilleux coloriste, montrent plus de perspicacité, de mesure, et ces qualités si précieuses aux politiques : le tact, la prévoyance qui guident à travers le labyrinthe des cours, et conjurent parfois les catastrophes. « Il est d'un sage, disait le poète grec, d'adorer Némésis et d'humilier son cœur devant elle. » — « Les anciens, observe Cherbuliez à propos de la diplomatie de Napoléon Ier, représentaient cette fille de la nuit comme une divinité ailée qui tenait une équerre à la main. Elle est la déesse de l'infaillible mesure, elle rabaisse ce qui lui paraît trop grand, elle châtie les volontés superbes et les désirs infinis, ses vengeances sont aussi rapides que le vol d'un oiseau, et ses ailes font si peu de bruit qu'on ne l'entend pas venir. »

Les audiences du cardinal de Richelieu, ses conversations politiques avec les ambassadeurs vénitiens devaient, dans le travail préparé par Baschet, former deux gros volumes. En ses heures de colère ou de défaillance, le cardinal se laissait aller à prendre pour confidents les Vénitiens, se plaignant de tout et de tous, pestant contre ses meilleurs collaborateurs, contre le P. Joseph lui-même. Le 8 octobre 1630, il s'emporte de la sorte devant Alvise Contarini qui note une bien singulière conversation, terminée par ces paroles textuelles : « Vous voyez quelles sont nos fatigues pour bien conduire cette barque, qu'à travers tant d'écueils on ne peut cependant pas dire être allée si mal jusqu'à présent. Mais maintenant le malheur veut que ces nautoniers, qui s'estimaient les plus experts et les plus pratiques, nous fassent aller de travers et nous mettent en péril de naufrage. Je veux assurément me retirer dans un cloître, et me libérer de ces continuels soucis, qui pour moi sont autant de peines de mort. »

N'est-il pas curieux de constater que les plus grands hommes, les plus fermes caractères, un Richelieu, un Mazarin, un Cavour, un Bismarck, ont leurs heures ou leurs minutes de dépression morale et d'abandon? Napoléon Ier n'a-t-il pas déclaré un jour que, vis-à-vis de sa famille, *il n'avait été qu'une poule mouillée?*

Moins précieux sans doute que les *Relazioni Venete,* les rapports des Nonces, des Résidents de Florence, constituent cependant une source d'informations fort utile. Par exemple, Ottavio Corsini, nonce pontifical à la Cour de France, fournit des renseignements neufs sur le duc de Luynes, la recherche du chapeau de Cardinal par Richelieu, la politique du Saint-Siège au début de la guerre de Trente Ans : il nous montre aussi le contrecoup des intérêts temporels sur les intérêts de la religion. Le résident florentin Giovanni Battista Gondi a l'art de pénétrer et de nous promener agréablement dans le dédale des intrigues des cours ; longtemps accrédité à la Cour de France, il contribue à l'annulation du mariage de Henri IV et de Marguerite de Valois, analyse avec finesse les affaires où se trouve mêlée la reine Marie de Médicis, montre autant de prudence que d'habileté dans sa conduite. M. Zeller constate d'ailleurs que Corsini, Gondi, d'autres ambassadeurs tels que Giovanni da Pesaro, Anselmo Contarini, Girolamo Priuli, Matteo Bartholini, ne brillent pas par la correction littéraire : ils rédigent à la hâte leurs dépêches, se montrent exubérants, prolixes, leur phrase est souvent lourde, mal construite, mais la hardiesse, l'imprévu de l'expression, la sagacité, l'esprit de ces diplomates compensent largement ce défaut. Citons du moins quelques lignes de la *Relation générale* que donna de sa nonciature Ottavio Corsini :

... « Au milieu d'une Cour adonnée aux plaisirs et sujette à tant de changements, je tiens pour uniquement immuable la vertu du roi (Louis XIII), et je puis dire que, s'il est très notablement gêné pour s'exprimer, il n'en a pas moins l'esprit merveilleusement orné de mille qualités excellentes (1). Dans la fleur de sa jeunesse, devenu roi absolu en France, il n'a donné aucune occasion de surprendre en lui quelqu'un de ces vices ou de ces licences qui, s'il est permis de le dire, se trouvent d'ordinaire inséparables de la possession d'un grand pouvoir. Ni l'amour du jeu, ni la passion des femmes, ni les emportements de la colère ne le font se détourner du sentier de l'innocence. Il est plein de douceur et donne beaucoup de créance aux bons conseils. Il est

---

(1) On peut rapprocher de cette appréciation une excellente page de M. Louis Batiffol dans son étude sur *Louis XIII enfant* ; *Revue de Paris*, septembre 1901.

contempteur des dangers, dur à la fatigue, ami passionné de la gloire. Tous ses amusements, tous ses plaisirs, il les a réduits à l'exercice de la chasse ; et l'on pourrait seulement, si l'on voulait se montrer sévère, demander qu'il s'y livrât avec plus de modération, pour vaquer, avec une assiduité plus grande, au soin du Gouvernement. Deux sortes de personnes ont de l'influence sur lui : les ministres d'État en qui il a confiance, et ses compagnons de chasse... »

Celui que Louis XIII appelait, sans jalousie aucune, *le roi Luynes,* dont Richelieu a fait un portrait magnifique, mais peu impartial, dans ses *Mémoires,* le connétable de Luynes, est apprécié sévèrement par le nonce Corsini :

« Pour l'heure, le duc de Luynes, qui s'est élevé d'un bond à une si haute faveur, par le moyen d'amusements et de passe-temps enfantins, et qui n'a jamais eu auparavant l'occasion de mettre à l'épreuve un génie que la nature a fait absolument incapable du maniement d'aussi grandes affaires, ne peut apporter au gouvernement de ce royaume la prudence nécessaire ; d'où il suit que les affaires souffrent, que beaucoup sont lésés, et que le royaume va à sa perte. Pour lui, il est d'un naturel non pas méchant, mais léger, sans esprit de suite, démesurément ambitieux, au point... qu'il ne tient compte et ne fait cas de rien, et jusqu'aux princes étrangers eux-mêmes, il les juge inférieurs à lui. Il est poussé par l'avidité de l'argent, dominé par la vaine gloire, et depuis quelque temps il est devenu au même point superbe et intraitable... Il n'a confiance en personne, il craint tout, soupçonne chacun, et, par suite, veut tout faire par lui-même et embrasser le tout. Néanmoins, il prend conseil de quelques amis en diverses affaires. Ce sont ses deux frères, d'abord, puis M. de Modène et M. d'Esplans... »

La Cour de Rome ne rencontrait pas dans Luynes l'homme dont elle avait besoin, bien que Corsini le proclamât bon catholique : mais il faut convenir que le connétable s'évertue vainement à faire prendre au sérieux son rôle de ministre dirigeant ; esprit léger, superficiel, cherchant avant tout à maintenir son crédit auprès de Louis XIII, il commet des fautes capitales en 1621, et vis-à-vis de l'Autriche, et dans la question de la Valteline. M. Hanotaux a prononcé sur lui un jugement définitif : « Il n'est pas homme de guerre, il n'est pas homme d'État ; il reste ce qu'il est, un favori, un fauconnier. »

Le baron Ezéchiel Spanheim, envoyé de l'Électeur de Brandebourg auprès de Louis XIV, a, lui aussi, écrit en 1699 une fort curieuse *Relation de la Cour de France*, où il prend visiblement pour modèles les Vénitiens, et s'inspire des recueils de caractères ou portraits fort à la mode depuis 1650 ; d'aucuns même paraissent bien avoir été démarqués ou même copiés par ce diplomate. Mais il ne s'en tient pas à la Cour : son érudition, sa belle bibliothèque, le mettent en rapport avec les savants ; il aide Madame (la Palatine) pour ses médailles ; le Père de la Chaise le consulte sur la numismatique, et accorde des grâces à ses protégés ; il fréquente les réunions savantes qui se tiennent chez le duc d'Aumont chaque semaine, et dans lesquelles on s'est imposé la tâche d'écrire la vie des empereurs romains au moyen des médailles frappées sous leur règne. Bref, pour parler le langage de Bayle, Spanheim « s'acquitte de ses négociations comme ferait un homme qui n'aurait autre chose en tête que cela, et il écrit comme un homme qui aurait pu employer tout son temps à l'étude et dans le cabinet. Il n'était savant que quand il fallait l'être, et il n'entrait dans le commerce de ceux qui ne savent ce que c'est que science, qu'autant que cela était nécessaire pour faire réussir ses négociations. » Il nous apparaît comme un type de savant aimable, courtisan habile, fort complimenteur, menant de front l'étude, le grand monde, les affaires, se délassant des unes par les autres : type assez rare au XVIIe siècle, mais qui, dans la suite, s'est reproduit à de nombreux exemplaires ; pas plus que les poètes, les savants n'ont manqué pour prétendre à la direction du char de l'État.

Comme les Vénitiens, Spanheim rend compte de tout; ayant comme eux, le savoir, le savoir-vivre et le savoir-faire, il regarde loin, pense profondément, traduit bien ce qu'il a vu. Et tous les personnages de la Cour défilent dans sa *Relation*, avec leurs traits caractéristiques, avec des observations qui confirment, modifient et quelquefois contredisent le témoignage des contemporains ; et après les personnages, voici des analyses pénétrantes des ministres d'État, du Conseil des finances, du Conseil des dépêches, du Conseil de conscience, des armées de terre et de mer, des portraits en pied du P. de la Chaise, du grand aumônier, des principaux prélats, du clergé, des généraux français, des favorites, princesses et grandes dames.

Voulez-vous savoir comment il juge Bossuet, pour lequel il manifeste peu de sympathie, tout en rendant hommage à son génie et à ses vertus? On sent ici le protestant qui ne peut pardonner à l'évêque son attitude dans la *Révocation de l'Édit de Nantes*. Spanheim s'était employé avec un zèle extrême en faveur de ses coreligionnaires, leur ouvrant son hôtel à Paris, facilitant par tous les moyens possibles leur sortie du royaume, faisant répandre en France un édit par lequel l'Électeur promettait asile, secours et protection à ceux qui viendraient s'établir dans ses États.

« ... Il s'était d'ailleurs rendu recommandable à la Cour, et, ce qui avait aussi fait la planche de sa promotion à son premier évêché de Condom, par le don de la prédication n'étant encore que l'abbé Bossuet..., comme aussi par la régularité de la vie et des mœurs, et par l'ardeur d'un zèle qu'il faisait paraître à reprendre hardiment les vues de la Cour et des courtisans, sans distinction de personnes...

« On lui doit accorder le mérite ou les qualités d'un esprit vif, net et ardent, d'une imagination prompte et féconde, de beaucoup d'éloquence pour la chaire, d'une facilité, d'une clarté et d'une justesse assez grandes d'expression et de tour dans ses ouvrages. Il parut même avoir de la modération, de l'honnêteté et du ménagement dans les premiers qu'il mit au jour sur les affaires de religion... Il n'en usa pas de même dans ceux qu'il publia ensuite, au temps des conversions forcées et depuis l'abolition de l'édit de Nantes... en sorte qu'on ne peut qu'y apercevoir un grand air de confiance dans la manière et le tour qu'il y donne, une présomption égale répandue dans tout le corps de l'ouvrage, et tout l'emportement même d'un auteur qui ne se croit plus en droit de garder aucunes mesures avec le parti qu'il combat, et qu'il juge aux abois par l'état où la force venait de le réduire en France... Après tout, on ne peut lui refuser l'éloge d'une vie et d'une conduite plus réglées et plus ecclésiastiques, et ainsi d'une réputation plus établie du côté des mœurs, que celle de ces deux autres archevêques de Cour ou de quelques-uns des cardinaux mêmes dont je viens de parler : Harlay de Champvallon, le cardinal de Bonsy, l'archevêque de Reims, frère de Louvois, le cardinal d'Estrées. »

Et ailleurs : « Il y eut dimanche passé, le 14 novembre 1681, l'ouverture solennelle de l'assemblée générale du clergé de France dans l'église des Augustins, où... l'évêque de Meaux fit un sermon de deux heures sur l'unité de l'Église, la louange du clergé de France... et de Sa Majesté, à l'occasion de la prise de Strasbourg, avantageuse pour l'État et la religion. Sur quoi j'apprends que l'ambassadeur d'Espagne, qui n'y fut pas présent, mais l'a su, aurait dit : « Qu'est-ce que la prise de Strasbourg a à faire avec le Saint-Esprit ? »

Notre Allemand ne manque pas de s'étendre longuement sur Louis XIV, ses favorites, la famille royale ;

pour faire court, voici quelques lignes sur les qualités et défauts du Roi :

« ... En sorte qu'on peut déjà recueillir de ce que je viens d'en dire que Sa Majesté, sans avoir rien ni de brillant, ni de vaste, ni de fort éclairé dans l'esprit, en a cependant assez pour remplir les fonctions d'un grand roi ; qu'il est réglé dans son assiette, qu'il a du choix, du discernement, et de la pénétration suffisante pour ne se laisser pas aisément surprendre, et pour faire justice au mérite où il en trouve. Aussi n'est-il naturellement ni chagrin, ni emporté, ni railleur, ni même qui prenne plaisir qu'on raille en sa présence aux dépens du prochain ; ce qui est d'autant plus rare dans une Cour et nation pleine d'ailleurs de gens de ce caractère. Sans être savant ni s'appliquer à la lecture, ou s'y être jamais attaché, il écrit bien, justement ; il aime les beaux-arts et les protège ; il se connaît particulièrement en musique, en peinture et en bâtiments... Maître, comme j'ai déjà dit, de son secret, et jaloux qu'on le lui garde, il s'en est heureusement servi comme d'un des principaux instruments du succès de ses entreprises ; d'où vient qu'il n'a point eu de retour pour ceux qu'il honorait de son affection, et qui, par indiscrétion ou par faiblesse, se sont trouvés avoir manqué à sa confidence... Il parle peu, mais à propos, s'exprime avec justesse et avec dignité, et se ménage dans les rencontres d'éclat ou d'audience qu'il donne, pour s'y renfermer dans les bornes qu'il se prescrit... »

Après l'endroit, l'envers de la médaille : « Il ne s'est tiré depuis de cette médiocrité que la naissance lui avait donnée, et que l'éducation lui avait laissée, que par les changements qu'il trouva à faire dans le gouvernement... et ensuite par les longs et heureux succès de son règne : d'où il s'est fait un art de régner, moins par science et par réflexion, que par les conjectures et par habitude, en sorte qu'on peut dire, sans offenser le Roi, et malgré les éloges outrés de ses panégyriques, que ce n'est pas un de ces génies de premier ordre qui voit, qui pénètre, qui résout, qui entreprend tout par lui-même, qui en forme le plan et en exécute le projet... De là vient aussi une capacité du Roi aussi bornée dans le fond des affaires, qui le rend aisé par là à être préoccupé par les personnes où il prend confiance, et qu'il croit instruites; et, après tout, un attachement, ou, pour mieux dire, un entêtement, qui n'est pas moins grand, pour l'exécution des desseins ou des projets formés ou conseillés par un ministre violent et artificieux. On y peut joindre une jalousie ou une aversion véritable, mais cachée, pour tout ce qui peut entrer en concurrence de grandeur, de puissance et de mérite, ou être l'objet de l'estime et de la vénération publiques; d'où il arrive qu'il règle plus souvent ses desseins et ses opérations par ses forces et par sa convenance, que par la bonne foi et la justice... L'idée qu'il a de sa grandeur le prévient aisément et l'occupe, et il réfléchit bien plus sur les succès de son règne, que sur les prétextes et les voies dont on s'y est servi, ou bien sur les favorables conjectures qui, d'ailleurs, y ont eu le plus de part. Après tout, s'il a assez de talent pour comprendre les grandes affaires, on peut dire qu'il ne s'en occupe pas assez pour les diriger et pour les envisager par tous les biais qu'elles peuvent avoir... Comme il est plus porté à se faire considérer de ses peuples en maître qu'en père, il se paye plutôt de leur soumission que de leur inclination...

« Mais il a surtout des attachements qu'il a fait trop éclater, et qui ont eu et ont encore des suites trop funestes pour la religion, pour l'état de l'Europe, ou même pour celui de la France ; à savoir : une dévotion, ou, pour mieux dire, une superstition aveugle, une passion démesurée et sans bornes pour la gloire, et une autre passion criminelle, à laquelle il n'a été que trop sensible, et qui a fait assez de bruit dans le monde pour n'en pas faire quelque mention en cet endroit... »

Et ici Spanheim entame le chapitre de la vie privée du Roi, tout en oubliant de dire que, sur ce terrain aussi, il trouvait de nombreux imitateurs parmi les princes de la Confédération germanique. Aussi bien nous ne pouvons demander à un étranger de sentir comme nous, de comprendre les raisons de sensibilité, de dignité qui nous font admirer et aimer Louis XIV, malgré certaines fautes très graves. Comme disait ce paysan du Rouergue, « il nous a fait bien de l'honneur », et, pour les Français, cela est énorme. Ce sentiment d'orgueil, de grandeur, ce patriotisme ombrageux, cet amour de la gloire, gardent, même dans leurs excès, quelque chose d'infiniment respectable : ils sont en quelque sorte les résultantes de l'idéal, ils sont de l'idéal condensé, cristallisé ; et ce culte de l'idéal qui entretient chez un peuple le foyer de l'enthousiasme, lui dicte à certaines heures les inspirations généreuses, les élans sublimes, les saintes colères libératrices, les vertus qui ressuscitent. Mais la réflexion du vieux paysan a un sens profond, et va bien plus loin que le jargon matérialiste de certains perroquets d'économie politique, grands sectateurs de la doctrine de l'intérêt immédiat : car cet honneur représente aussi de la grandeur; cette grandeur avec le temps se résout en force, en prospérité, par une de ces étonnantes opérations de chimie morale que l'histoire constate mieux qu'elle ne les explique. Ainsi le peuple qui, de lui-même, ou sous la conduite d'un homme supérieur, suit la route de l'idéal, pratique sans le savoir la politique de ses véritables intérêts : à côté, au-dessus de l'usine, du phalanstère, de la Bourse, il y a les doctrines spiritualistes, réserves inépuisables de dévouement, d'héroïsme et d'espérance, éternelles matrices des âmes.

Parmi les nombreux portraits de femmes qui agrémentent la *Relation* de Spanheim, j'ai remarqué celui de Madame, seconde femme du duc d'Orléans, la fameuse *Palatine*, fille de l'Électeur palatin Charles-Louis, qui, dans sa correspondance, raconte ce qu'elle voit, ce qu'elle sent, avec une rude franchise, en un style fort cru. Avant d'épouser le duc d'Orléans, elle avait dû changer de religion à Metz, et Spanheim, après avoir laissé entendre qu'elle abjura du bout des lèvres, par raison d'État, non de pensée et de foi, continue ainsi : « ...Pour la personne de Madame, elle porta en France, avec l'âge de dix-neuf ans, une taille belle et libre, un port dégagé, un air ouvert et aisé, un visage qui, sans avoir les traits d'une beauté délicate et régulière, ne laissait pas d'avoir de l'agrément, de la noblesse et de la douceur. Elle y joignit des manières franches, libres, honnêtes, éloignées entièrement d'affectation et d'artifice, d'ailleurs peu portées à vouloir plaire par sa parure ou le grand soin de son ajustement. Son esprit tenait aussi du même caractère, vif, prompt, aisé, commode, ennemi sur toutes choses de la contrainte et de la dissimulation; ses inclinations s'y trouvèrent entièrement conformes, douces, bienfaisantes, incapables d'intrigue ou d'un penchant également opposé et à son naturel et à son devoir. Aussi s'aperçut-on bientôt qu'elle avait le meilleur cœur du monde, droit, sincère, sensible à l'amitié pour les personnes qu'elle en jugeait dignes, à la tendresse pour ses proches et pour sa maison, et à une considération particulière pour les gens de sa maison et de son pays. Au reste, insensible à des commerces et attachements, d'ailleurs assez ordinaires dans la Cour et la condition où elle se trouvait; on ne lui en vit même de véritables, et auxquels elle prit un goût particulier, que pour les parties de chasse où elle accompagnait toujours le Roi, et faisait également paraître son adresse et sa vigueur à courre le cerf et à soutenir toutes les fatigues durant un jour entier. Aussi ces qualités suppléèrent aisément à celles assez différentes de feu Madame, qui, avec un air plus fin et plus engageant, des manières plus polies, un esprit plus éclairé, plus délicat et plus occupé dans le commerce du monde, y avait joint aussi, comme il a été touché ci-dessus, plus de penchant à l'intrigue et à la galanterie...; en sorte que Monsieur n'eut point de peine à se trouver plus satisfait de la conduite et des sentiments de sa nouvelle épouse, qu'il n'avait été de ceux de la première... »

Et toutefois « cette bonne princesse a eu le malheur de se voir exposée par tous les endroits susdits à des déplaisirs sensibles, (calomnies, intrigues des favoris de Monsieur) qui aussi, quelque bonne mine qu'elle tâche de faire, ont troublé et troublent tout le repos et toute la douceur de sa vie ; à quoi se sont joints, en dernier lieu, ses regrets et ses larmes pour la cruelle désolation du Palatinat... ainsi qu'elle m'a fait l'honneur de me le témoigner plus d'une fois avec toutes les marques d'une douleur extrême ».

Si Spanheim ne mentionne pas la haine violente de la Palatine contre Mme de Maintenon, il indique fort bien que sa franchise extrême contribua sans doute à diminuer l'affection du Roi pour elle. Enfin, observe-t-il, « je ne puis m'empêcher d'ajouter ici cette dernière réflexion sur le sujet de Madame, savoir : qu'il a plu à la Providence divine de confondre hautement les vues de la politique humaine dans le mariage de cette princesse. C'est qu'au lieu des suites avantageuses que l'Électeur son père avait cru trouver pour la sûreté de ses États et l'agrandissement de sa maison, et en sacrifiant d'ailleurs les intérêts de la conscience et de la religion, il est arrivé que ce même mariage en a causé la ruine totale, et une désolation d'autant plus funeste et mémorable à tous les siècles, qu'il a été le flambeau fatal qui a allumé les feux malheureux qui ont embrasé et réduit en cendres la plus belle province d'Allemagne... »

Comme on voit, Spanheim dit tout ce qu'il veut exprimer ; mais il écrit dans un style assez pénible, lent, pataud ; après certaines périodes, on a envie de crier : Ouf ! S'il a pris à d'autres le fond de certains portraits, il a gardé sa forme et comme un parfum de terroir germanique.

Parmi les rares diplomates étrangers qui fréquentent les salons parisiens au XVIIe siècle, j'aperçois encore le Comte de Tott, ministre de Suède. Mlle de Scudéry le nomme parmi ses visiteurs, Loret le célèbre dans la *Muse historique* du 31 juillet 1661 :

Le grand comte Tot, qui ne cède
A pas un des grands de Suède,
En ce que doit avoir d'honneur
Tout brave et généreux Seigneur,
C'est-à-dire en esprit, courage,
Grâce, politesse et lignage,
Lundi dernier, jour assez beau,
Arriva dans Fontainebleau,
Suivi d'une nombreuse presse
De gens de cour et de noblesse,
Desquels tous il fut escorté
Par ordre de Sa Majesté.

Voici venir le XVIIIe siècle, et avec lui la grande métamorphose. Les femmes dirigent, les femmes règnent, n'ont plus le droit de répéter le mot de l'une d'elles : « On voit bien, à la façon dont nous sommes traitées, que Dieu est un homme. » La dictature de l'éventail s'affermit, la grâce, l'esprit, la courtoisie, le grand art de plaire, sont plus que jamais à l'ordre du jour ; l'homme que prônent les belles dames arrive à la fortune, à l'Académie, au ministère, obtient privilèges, abbayes, évêchés, ambassades. Chaque salon devient une petite cour; et ces cercles, infiniment nombreux, ont chacun leur grand homme ou leurs grands hommes, accrédités auprès du Roi, dispensateurs d'opinion publique. Ne pas les ménager serait une lourde erreur que les diplomates n'ont garde de commettre. Donc ils fréquentent les salons, ils y font leurs affaires, y trouvent une charmante douceur de vivre; et c'est là qu'ils se perfectionnent dans l'art des imprudences calculées, qu'ils apprennent que beaucoup de grands joueurs ne perdent la partie que parce qu'ils n'ont pas le respect des petites cartes. Et comment ne les auraient-ils pas cultivés? Rois et Altesses, Joseph II, le comte et la comtesse du Nord, le roi de Danemark, Gustave III de Suède, s'y empressent lorsqu'ils viennent à Paris; Catherine II échange pendant cinq ans des lettres avec Mme Geoffrin, et, de retour dans ses États, le roi de Suède entretient une correspondance amicale avec Mmes d'Egmont, de Boufflers, de Lamarck, de Noailles, etc., qui attisent en son honneur le feu sacré de l'enthousiasme; le prince Henri de Prusse fait sa partie de violon dans les concerts mondains de Mme Vigée-Lebrun. Et la comtesse du Nord conquiert les esprits avec les mots qu'elle prononce ou qu'on lui prête, celui-ci entre autres à propos de Buffon qui se trouva absent lorsque la princesse lui rendit visite : « J'irai donc faire ma cour à son cabinet, ne pouvant pas la lui faire moi-même. »

En vérité, l'on n'a d'autre embarras en pareille occurrence que celui des richesses, tant l'évolution est universelle, tant les diplomates s'y trouvaient singulièrement préparés par la nature même de leurs fonctions, par ces traditions de haute courtoisie qui font de la diplomatie européenne une sorte de grande famille, et comme une représentation des mœurs les plus raffinées. Observons que quelques-uns, comme Bernstorff, Kaunitz, d'Aranda, Schouvalof, ont gouverné leur pays, que d'autres ont écrit des livres charmants, que Franklin, notre hôte en France pendant dix ans, a conclu avec les ministres de Louis XVI les traités qui ont préparé l'indépendance des États-Unis. Contentons-nous donc de rappeler quelques traits de quelques-uns, et, puisque l'esprit est le dieu du XVIIIe siècle, leur culte à cette aimable divinité.

Un des plus originaux, Kaunitz, ne soutient pas à Paris l'opinion qu'on avait conçue de lui à son arrivée. Négligeant fort le grand monde, il fréquente chez la Popelinière, chez des bourgeoises comme Mme Geoffrin, ne reçoit que les personnes de son goût, se contente d'un train assez modeste, bien qu'il eût loué pour 25,000 livres, somme énorme pour l'époque, le palais de la duchesse de Bourbon. Un de ses familiers, Marmontel, lui en fait un jour la remarque, et lui de répondre : « Mon cher, je ne suis ici que pour deux choses : pour les affaires de ma souveraine, et je les fais bien ; pour mes plaisirs, et, sur cet article, je n'ai à consulter que moi. La représentation m'ennuierait et me gênerait ; voilà pourquoi je m'en dispense. Il n'y a pas à Versailles une intrigante qui vaille la peine d'être gagnée. Qu'irais-je faire avec ces femmes ? Leur triste cavagnol ? J'ai deux personnes à ménager, le Roi et sa favorite ; je suis bien avec tous les deux. »

Ce favori de Marie-Thérèse éleva l'égoïsme à la hauteur d'une religion, et se fit de bonne heure une sorte de dogme de ses manies. D'après ses contemporains, il nous apparaît avisé, plein de jugement, haut comme les monts, érudit, protecteur des artistes, très économe de son travail et paraissant prodigue de son temps, observant sa maxime de ne jamais rien faire de ce qu'un autre aurait pu faire à sa place : « J'aimerais mieux découper du papier, disait-il, que d'écrire une ligne qu'un autre pourrait écrire aussi bien que moi. » Un des meilleurs moyens de se concilier ses bonnes grâces était de le voir travailler à son manège, et de lui lancer quelque compliment adroit : il se croyait de bonne foi le premier écuyer du monde. Ne se gênant pour personne, ayant habitué Marie-Thérèse à ses excentricités, fermant les fenêtres chez elle et prenant sa capote s'il jugeait la température trop froide, ou quittant à onze heures la partie de billard de l'empereur ; ne supportant pas qu'on lui parlât de la mort, ni de la vieillesse, détestant les odeurs au point de dire à une femme : « Allez-vous-en, Madame, vous sentez mauvais » ; voulant qu'on l'amusât, et grondant tout haut la comtesse Clary, chargée des invitations dans sa maison : « Il faut avouer qu'aujourd'hui vous m'avez invité bien sotte compagnie » ; se plaçant au milieu de son salon comme un monarque, et nommant les personnes qu'il admettait à sa conversation particulière, jugeant despotiquement les hommes et les choses, rembarrant sans façon ceux qui lui déplaisaient, aimant fort à humilier les prétentions. Ainsi, un jour que certain ambassadeur, dînant chez lui pour la première fois, se trouvait en retard, le prince ne l'attendit pas une minute, et se mit aussitôt à table ; en revanche, il retardait le lendemain son repas pour le maître de ballets Noverre. Il ne voulait pas que la conversation tombât, préférant entendre des sottises plutôt que de ne rien entendre du tout. Là-dessus, un de ses amis, le comte de Mérode, s'écria : « Il faut avouer que M. Pitt est le plus grand ministre de l'Europe ; êtes-vous content de moi, mon prince ? »

A l'un de ses dîners, figurait un noble Vénitien, nommé *Gradenigo,* que Kaunitz s'amusait à appeler *Grand-Nigaud.* Et de rire, tandis que l'étranger demandait à son voisin l'explication de cette hilarité. C'est, lui dit-on, que Son Altesse aime qu'on soit gai à table. Cependant le Vénitien restait préoccupé, laissant passer les plats, et comme ses distractions gênaient un peu le service, le prince dit tout haut à son maître d'hôtel : « Pourquoi ne lui donnes-tu pas un coup de poing ? » Le comte Charles de Damas prétendait qu'il est quelquefois permis d'avoir mauvais ton, à condition de n'avoir jamais mauvais goût ; ici le mauvais ton et le mauvais goût marchaient de pair, et Kaunitz eût décidément fait triste figure dans certains salons de Paris.

A la fin de son dîner, on lui apportait miroir, bassin, brosses, et il recommençait sa toilette du matin devant toute la compagnie. Et quels soins de sa santé, de sa personne ! En tout il avait une étiquette particulière, et tant pis si elle contrecarrait l'étiquette générale. Il s'enduisait la peau d'un jaune d'œuf afin d'enlever le hâle, et, pour se faire poudrer, il avait une pièce spéciale où quatre valets de chambre, armés chacun de soufflets et placés aux quatre coins, remplissaient la chambre de poudre : il ne faisait que la traverser et en sortait poudré d'une manière harmonieuse. Même aux audiences de Louis XV, et bien qu'on ne dût ni cracher ni se moucher devant le Roi, il prenait son mouchoir et appuyait le plat de ses mains de chaque côté du nez, avec une gravité sacerdotale qui faisait sourire toute la Cour.

Comme il rencontrait peu de personnes assez osées pour lui rompre en visière, il alla au bout de son insolence et de ses défauts. Peut-être se vengeait-il sur les timides des petites avanies que lui attirait sa morgue. Le comte de Charolais, par exemple, le mit au pas d'une manière assez plaisante. Ce prince lui rendait, en compagnie de l'introducteur des ambassadeurs, sa visite d'étiquette ; tout se passe à merveille jusqu'au départ, Kaunitz descend en bas de l'escalier, met le prince en voiture et remonte ; mais les chevaux résistent, et le comte de Charolais de lui crier : « Monsieur l'ambassadeur, ce n'est pas là votre place, et vous devez me voir partir. » Kaunitz fait volte-face sans sourciller, revient à son poste, et le prince de se féliciter : « Voilà, dit-il à Dufort de Cheverny, comme il faut mener les gens qui font les insolents ! Ce n'est pas pour l'exactitude du cérémonial, c'est pour lui apprendre que nous ne sommes pas ses égaux. »

Parfois aussi ses successeurs payaient pour lui. Ainsi le comte de Stahrenberg venant visiter le duc de Choiseul nouvellement nommé ministre des Affaires étrangères, attend fort longtemps dans l'antichambre, si longtemps qu'il se fait annoncer de nouveau et menace de se plaindre au Roi. « Monsieur le duc, s'écrie-t-il en entrant, depuis une heure vous faites faire antichambre à l'ambassadeur de S. M. l'Empereur, mon maître ; sont-ce les nouvelles instructions de votre politique? Sur quel pied dois-je regarder cette insulte déguisée? Étiez-vous donc occupé? — Je vous avouerai, répondit Choiseul en souriant, que je n'étais guère occupé, car je cherchais le mot d'un logogriphe ; mais j'ai voulu rendre hommage en votre personne aux usages de la Cour de Vienne, n'ayant pas oublié qu'en pareille circonstance le prince de Kaunitz m'a fait attendre ainsi plus d'une heure dans son antichambre ; j'ai cru ne pouvoir mieux faire que de l'imiter. » L'ambassadeur ne put s'empêcher de rire, et la glace fut rompue. On peut croire, d'ailleurs, que le superbe Choiseul n'avait pas attendu si longtemps pour riposter à Kaunitz, lui qui tenait tête au Pape, et disait un jour au Dauphin : « Monseigneur, j'aurai peut-être le malheur d'être votre sujet, mais je ne serai jamais votre serviteur ! »

En 1791, une émigrée posa cette question à Kaunitz : « Prince, pourriez-vous me dire si je rentrerai bientôt en France? Est-ce que la Révolution française durera longtemps? » Il répondit avec un profond soupir : « Ah! Madame, la Révolution française durera longtemps, peut-être toujours. »

Puisque j'ai cité le duc de Choiseul, je voudrais rappeler un de ses fidèles amis, le baron de Gleichen. Né en 1735 à Nemendorf, chambellan de la margrave de Bayreuth, sœur de Frédéric II, Gleichen entre, grâce à la protection de Choiseul, au service du roi de Danemark, est son ministre pendant sept ans en France, pendant trois ans en Espagne; on l'envoya ensuite à Naples, à Stuttgart; après sa mise à la retraite, il se retira à Ratisbonne, où il écrivit de piquants *Souvenirs*, et mourut en 1807. C'était un homme d'esprit, mais fort silencieux, qui ne prenait la parole que lorsqu'il croyait avoir une pensée intéressante à exprimer : on disait qu'avec lui les interlocuteurs avaient l'air de servir seulement de remplissage. « Après le dîner, écrit l'abbé Barthélemy, il se place auprès de la *Grand'maman* (Mme de Choiseul), où il ferme les yeux, la bouche, les oreilles, et reste impassible. » Une autre fois, l'abbé le définit plaisamment : « une espèce d'aventurier qui va de pays en pays, débitant ses agréments et son esprit, et, quand il a gagné tous les cœurs dans une ville ou dans un château, il les laisse là et s'en va d'un autre côté. » C'est lui qui, lors de l'expulsion des Jésuites d'Espagne, si habilement concertée par le comte d'Aranda, disait avec un air humble et fin : « Il faut convenir que l'art de chasser les Jésuites se perfectionne de plus en plus. » Causant avec un philosophe qui tenait de beaux propos hors de propos, celui-ci demande comment les Danois ont pu déférer un pouvoir sans bornes, absolu, à leurs rois : « C'est que, repart Gleichen, de tous les rois de l'Europe, les nôtres sont ceux qui savent le mieux que leur puissance vient du peuple. »

Il venait de reconduire à la frontière le roi de Danemark qui avait rendu visite à Louis XV en 1768, et jouait un soir aux échecs avec la duchesse de Choiseul. Celle-ci, croyant qu'il n'y avait plus personne au salon, lui dit : « On prétend que votre roi est une tête... » Gleichen, voyant quelqu'un derrière elle, répondit en baissant les yeux : « couronnée ». Elle comprit qu'on écoutait : « Pardon, reprit-elle, vous ne m'avez pas laissé achever ; je voulais dire que votre roi est une tête qui annonce les plus belles espérances. » Gleichen était l'adorateur discret et timide de Mme de Choiseul, de cette duchesse « si supérieure à toutes les duchesses de la terre », une des bonnes fortunes morales du XVIIIe siècle. Les recherches hyperscientifiques, l'alchimie, le passionnaient : Saint-Germain, Cagliostro, Lavater, Saint-Martin, avec leurs systèmes et leurs incursions dans l'inconnu, exerçaient une vive attraction sur son intelligence. Assez mélancolique et porté à la tristesse, il écrivait à la duchesse, à l'abbé Barthélemy, des lettres qui leur semblaient des chapitres détachés des lamentations de Jérémie ; il ne se sentait vraiment heureux qu'en France. L'ennui de Copenhague lui paraissait plus terrible encore que l'ennui espagnol ou l'ennui napolitain. « Il est aussi épais que l'eau qu'on y boit et l'air qu'on y respire. » Et vainement, Mme de Choiseul lui indique-t-elle sa recette contre l'ennui, contre la tristesse : se les cacher à soi-même ; vainement observe-t-elle qu'il n'appartient qu'à Hercule de vaincre la Chimère, que le ciel nous a donné les passions comme les ressorts de notre âme et non comme ses tyrans ; Gleichen était persuadé, non guéri. C'est que la mélancolie, l'ennui, sont plus que des défauts, sont des maladies organiques du caractère qui empoisonnent la volonté et l'empêchent de réagir; maladies qui admettent des palliatifs, auxquelles les médecins de l'âme administrent bien rarement des remèdes efficaces. Conseiller à un homme mélancolique de se voiler à lui-même sa tristesse, c'est proprement une pétition de principes, c'est résoudre la question par la question : et puis la mélancolie a ses bienfaits, sa grandeur et presque sa sainteté. Ne lui devons-nous pas des chefs-d'œuvre?

L'excellent Gleichen divertit ses amis les Choiseul en leur contant les exploits de sa chatte Ermelinde, qui mérite une place distinguée dans l'histoire des animaux par la logique raisonnée de ses actes. Par exemple, il la voyait sans cesse occupée à se mirer devant la glace, s'en approcher en courant, gratter curieusement autour des cadres. Un jour, Gleichen eut l'idée d'établir un miroir de toilette au milieu de la chambre. Approchant, reculant tour à tour, Ermelinde commence par s'assurer qu'elle se trouve devant une glace pareille à l'autre; puis, passant derrière à plusieurs reprises, courant toujours plus fort, elle se place au bord du miroir, constate que le chat insaisissable ne peut être ni avoir été de l'autre côté. Et pour cela, elle se dresse, allonge les deux pattes afin de mesurer l'épaisseur, et, ayant acquis la conviction qu'elle ne suffit pas à contenir un chat, elle se retire lentement : comprenant alors qu'il y a là un phénomène hors de sa portée, oncques ne regarda aucune glace. Gleichen appelait Ermelinde le Kant des chats : voilà un chat précurseur inattendu des doctrines positivistes.

Parmi les anecdotes qui abondent dans les *Souvenirs* de Gleichen, je rappellerai ce trait de politesse du duc d'Ormont. Son ami, le chevalier d'Airague, était auprès de lui pendant sa dernière maladie. Quand le duc se sentit à l'agonie, il lui dit : « Hélas ! mon ami, je vous demande pardon d'être obligé de mourir devant vous. » L'autre, pénétré, confondu de tant de courtoisie, ne sut que balbutier : « Ah ! Milord, pour l'amour de Dieu, ne vous gênez pas ! » Puis ces jolies formules de démentis diplomatiques : « Je le crois, puisque vous me le dites ; mais vous qui me le dites, vous ne le croyez pas. — Je le crois, puisque vous l'avez vu ; mais si je le voyais moi-même, je ne le croirais pas. » — Le mot de l'abbé Galiani entendant dire que la nouvelle salle d'Opéra était sourde : Galiani, qui ne pouvait souffrir la musique française, s'écria : « Qu'elle est heureuse ! » La réplique de Voltaire à un jeune auteur qui se présente en ces termes : « Je suis garçon athée, pour vous servir. Et moi, j'ai l'honneur d'être maître déiste. » Celle de Bonaparte au marquis Manfredini, ministre du grand-duc de Toscane : « Vous pouvez toujours compter sur ma parole militaire, mais ne comptez jamais sur ma parole politique. »

Si l'on en croit le duc de Lévis, le comte d'Aranda, qui fut ambassadeur en France après avoir rempli les fonctions de premier ministre en Espagne, brillait plus par le jugement que par l'esprit, par le caractère que par la grâce : une fermeté inébranlable, de la dignité sans arrogance, de la gravité sans lenteur, une âme de fer que la légèreté française, la persévérance allemande, l'astuce italienne ne pouvaient émouvoir ; pas un instant de la journée où il cessât ses fonctions (contrairement à cette maxime humoristique qu'un roi ne doit régner qu'une fois par semaine), la prévoyance poussée à tel point que, pour ne subir aucun retard, jour et nuit il avait un carrosse tout attelé dans sa cour. Afin de s'assurer le secret dans l'affaire de l'expulsion des Jésuites espagnols, il n'avait pas eu recours aux bureaux ; mais pendant trois mois il employa plusieurs pages à transcrire des dépêches, si bien que rien ne transpira ; les intéressés ne purent faire jouer aucune machine pour détourner le coup, et le même jour, à la même heure, tous leurs couvents furent fermés. On lui demandait comment il s'y était pris pour empêcher son projet de s'ébruiter : « D'abord, répondit-il, en n'en parlant pas, comprenez-vous ? » Il répétait sans cesse ces derniers mots, et, un jour qu'il jouait au pharaon chez la princesse de Lamballe, comme le banquier refusait de lui payer un coup contesté, que tous deux s'entêtaient dans leurs dires, d'Aranda saisit un énorme candélabre, et, menaçant, s'écrie : « Comprenez-vous que voilà un chandelier, et qu'il est pour vous jeter à la tête ? Comprenez-vous ? » Le banquier s'enfuit éperdu, et l'on eut grand'peine à le ramener. Un autre eût excité la verve railleuse de nos compatriotes, mais cet homme-là n'était pas moquable.

S'il n'avait pas l'esprit de mots, cette faculté qui voit

vite, brille et frappe, il possédait l'esprit de finesse, et voici une réflexion qui va loin : « Le oui et le non viennent du ministre, le quand et comment du commis, le pupitre et le papier de la nation, le Roi n'y met du sien que la plume et l'encre. »

Il initiait en un quart d'heure le comte Louis de Ségur aux secrets de la diplomatie : « Regardez cette carte ; vous y trouvez tous les États européens, grands et petits, quelles que soient leur étendue, leur dimension. Examinez bien : vous verrez qu'aucun de ces pays ne nous présente une enceinte bien régulière, un carré complet, un parallélogramme exact, un cercle parfait. On y remarque toujours quelques saillies, quelques renfoncements, quelques brèches, quelques échancrures. Vous sentez bien à présent que toutes ces puissances veulent conserver leurs saillies, remplir leurs échancrures, s'arrondir enfin selon l'occasion. Eh bien ! mon cher, une leçon suffit, car voilà toute la politique. » J'imagine que d'Aranda indiquait aussi le moyen de la faire réussir, cette politique, et qu'il comptait singulièrement sur l'intelligence de son élève : il avait raison, car Ségur réussit à merveille dans ses ambassades : l'esprit, le talent, semblent héréditaires dans cette famille, comme chez les Mortemart, les Castellane, les Noailles, les Mérode et les Broglie.

Le duc de Croy décrit en ces termes *le Café* de l'ambassadeur d'Espagne, comte d'Aranda, en 1774 : « Ce Café de l'ambassadeur était un divertissement bien choisi pour le temps du deuil (mort de Louis XV) : ce n'était pas trop fête, et cependant c'était fort beau.

C'était un grand salon, en manière de tente, dans un bel endroit sauvage de la futaie où on jouait, et où, tandis qu'une très bonne musique se faisait entendre, on servait à profusion glaces et rafraîchissements. Il en donna comme cela trois ou quatre, honorés de la présence de la reine, des princes et des princesses. On s'amusa là gaiement tandis que le Chancelier (Maupeou) et le Contrôleur général (Terray) s'en allaient tristement, et que la joie se déclarait à Paris de leur disgrâce. »

D'Aranda eut sans doute maille à partir avec Favier, un irrégulier de la diplomatie, homme de plaisir et d'étude, manquant d'esprit de conduite, composant pour les ministres de savants mémoires sur les affaires du temps, chargé de missions à l'étranger. Favier vivait en épicurien, ne songeait qu'à l'heure présente, était cher à ses amis qui l'admiraient et l'écoutaient comme un oracle. Vers la fin de sa vie, menacé à chaque instant d'apoplexie, il disait en se levant, surpris et charmé d'avoir encore un jour à vivre : « Voilà une gratification extraordinaire. » Il se trouvait à l'audience de M. de Malesherbes, où l'on parla du livre de l'*Esprit :* « Il est temps d'éclairer le monde », opina Malesherbes sur le ton de l'enthousiasme. Alors Favier, se retournant vers son ami : « Ce n'est pas avec un bout de chandelle. » Il était né railleur, ne pouvait contenir sa langue, même en face de ceux qu'il lui importait le plus de se rendre favorables. Un jour, à l'audience du duc de Praslin, tandis que le valet de chambre met une perruque dans un étui, et la serre dans une armoire :

« Nous ne verrons pas le ministre aujourd'hui, dit Favier aux autres solliciteurs, le voilà qui rentre dans son cabinet. » Le baron de ***, ambassadeur à Constantinople, proclame dans une explosion d'ambition : « Quand, dans mon métier, on n'est pas parvenu à quarante ans à être ministre d'État, il faut se brûler la cervelle. » Le lendemain, pendant un dîner diplomatique, on parla d'âge ; chaque ambassadeur dit le sien, et le baron de ***, interrogé à son tour, confessa qu'il avait quarante ans moins trois mois. Favier, du bout de la table, lui crie brusquement : « Amorcez, Monsieur le baron ! » C'est encore de lui ce mot si plaisant à un quidam qui l'agaçait par sa persistance à le fixer : « Suis-je connu de vous ? Et quelles sont vos raisons pour me regarder ainsi ? — Un chien regarde bien un évêque. — Qui vous a dit que j'étais un évêque ? »

Il ne ménageait pas davantage les philosophes, les encyclopédistes, les économistes : « Ils ont, disait-il, érigé en système dogmatique, revêtu d'un jargon mystérieux, et publié avec l'emphase de la plus rare découverte, que la supériorité, en population et en production du sol, fait la seule puissance et les seules richesses réelles. »

Et voici pour Diderot qui s'était peint lui-même sous le nom de Dorval, dans le *Fils naturel* :

Le grand Dorval, tout bouffi d'égoïsme,
D'abord s'est peint, et puis il s'est jugé,
Pour nous prouver sur un ton d'aphorisme,
Que, qui le lit, doit en être affligé....

Ami Dorval, le plus sot fanatisme
Est la fureur d'être martyr du rien.
J'aime encor mieux lire mon catéchisme
Que m'ennuyer pour n'être pas chrétien.

Marmontel, dans ses *Mémoires*, raconte un trait assez plaisant de Favier : « ... Je m'entends appeler du haut d'un second étage. C'était un Languedocien, nommé Favier, fort connu depuis, qui, par sa fenêtre, m'invitait à monter chez lui. Je monte, et, dans sa chambre, autour d'une table couverte d'huîtres, je trouve cinq ou six Gascons. « Mon ami, me dit-il, une petite incommodité « m'oblige de garder la chambre. Ces messieurs veulent « bien m'y tenir compagnie ; nous déjeunons ensemble ; « déjeunez avec nous. » Sa petite incommodité était une sentence des consuls qui portait contrainte par corps. Favier était noyé de dettes ; mais comme il avait encore ce jour-là crédit chez le marchand de vin, le boulanger et l'écaillère, il nous donnait des huîtres et du vin de Champagne aussi amplement et aussi gaiement que s'il eût été dans l'opulence. L'insouciance d'un sauvage, avec la plus profonde dissolution des mœurs, formait le caractère de cet homme, d'ailleurs aimable, plein d'esprit et de connaissances, parlant bien et facilement, doué du talent des affaires, et tel, qu'avec moins d'indolence et moins d'abandon de lui-même, il eût été capable de remplir les plus grands emplois. Je le fréquentais peu, mais il m'intéressait par sa franchise, sa gaieté, son éloquence naturelle, et, puisqu'il faut le dire, par cet épicurisme qui, chez lui comme dans Horace, avait un attrait dangereux. »

Si l'anecdote est la miniature et la quintessence de l'histoire, ces petits récits témoignent, ce semble, en faveur des diplomates. Et les actes, les ingénieuses reparties qu'ils rapportent ont souvent avancé bien plus leurs auteurs dans la faveur des rois ou des reines que les plus savantes dissertations : c'est quelquefois avec la petite histoire qu'on fait la grande. Il y a des mots qui valent mieux que des diplômes, des attitudes, des gestes qui balaient toute l'érudition, tous les textes du monde, des compliments et des sourires qui détruisent ou édifient des traités d'alliance. Comme ces réflexions de Voltaire méritent qu'on les médite : « Il fallait une maîtresse. Le choix tomba sur la demoiselle Poisson... Je la connaissais assez ; je fus même confident de son amour... Cela me valut des récompenses qu'on n'avait jamais données ni à mes ouvrages ni à mes services. Je fus jugé digne d'être l'un des quarante membres inutiles de l'Académie. Je fus nommé historiographe de France ; et le roi me fit présent d'une charge de gentilhomme de sa chambre. Je conclus que, pour faire la plus petite fortune, il valait mieux dire quatre mots à la maîtresse d'un roi que d'écrire cent volumes. »

Et c'est là une vérité attestée par des milliers de preuves (1). Le duc d'Anjou envoie à la reine Élisabeth Jean de Simier, grand maître de sa garde-robe, « cour-

(1) La Ferrière : *Les Projets de mariage de la reine Élisabeth.* — Albert Vandal : *Louis XV et Élisabeth de Russie.* — Cherbuliez, dans une de ses étincelantes chroniques de la *Revue des Deux-Mondes*, parle d'un prince Kraft de Hohenlohe qui, cherchant à se pousser, réussit à capter les bonnes grâces de la célèbre danseuse

tisan raffiné, qui avait une exquise connaissance des gaîtés d'amour et attraits de la Cour ». Simier fait merveille, plaît à Élisabeth qui bientôt ne peut se passer de lui, l'appelle familièrement : son petit singe; il excite si fort la jalousie du favori Leicester, que celui-ci essaie à deux reprises de le faire assassiner; et peu s'en faut qu'Élisabeth ne se décide à épouser le duc d'Anjou, malgré l'opinion publique anglaise.

Après la mort de Madame, sœur de Charles II, Hugues de Lionne, l'ambassadeur de France à Londres, d'autres personnages ourdissent une véritable intrigue pour donner une maîtresse au roi d'Angleterre : ils ont choisi une jeune fille bretonne, Louise de Kéroualle, fort jolie, très honnête; elle résiste, les dépêches de l'ambassadeur, annotées par Louis XIV, racontent chaque jour les incidents de ce galant complot; enfin l'assiégée capitule, la raison d'État l'emporte, et l'Angleterre, grâce à Louise de Kéroualle, demeure la fidèle alliée de la France.

Après la mort de Pierre le Grand, on voit se constituer en Russie le gouvernement des favoris qui deviennent premiers ministres, généraux, gouverneurs de provinces, princes souverains, et même rois. Le marquis de la Chétardie, ambassadeur de France, est l'âme d'une

---

Marie Taglioni; les jeunes officiers autrichiens sollicitent la faveur d'être présentés, une sorte de club s'établit chez Taglioni, les nouveaux amis de l'attaché prussien parlent plus librement de jour en jour; il écoute, contrôle leurs bavardages, envoie des rapports, et, en 1834, le roi de Prusse l'attache à sa personne comme aide de camp.

conjuration formée pour placer Élisabeth sur le trône (1741) ; il réussit, et « la France était en bénédiction »; les Russes se rapprochaient de nous, nos modes conquéraient droit de cité à Pétersbourg, l'alliance se nouait naturellement et très heureusement, si le cabinet français n'avait penché pour les Suédois, si la Chétardie avait usé avec ménagement de sa nouvelle fortune, si ses allures superbes n'avaient décélé un favori en titre plutôt que le représentant d'une puissance amie.

M. Albert Vandal a fait un beau portrait de la Chétardie... : « Il nous offre, en les exagérant, les principaux traits du Français mondain au XVIIIe siècle. Tantôt officier, tantôt diplomate, et avant tout homme de Cour, il se faisait remarquer en quelque lieu qu'il se trouvât. Passionné pour la société, où sa bonne mine et sa galanterie lui attirèrent de nombreux succès, il y comptait autant d'amis que d'ennemis, devait les uns à sa bonne grâce et au charme de sa personne, les autres à son humeur mobile et emportée. Doué d'une intelligence prompte et déliée, d'un esprit vif et d'un jugement faux, frivole, aventureux, sûr de lui, bouillant, irréfléchi, il sacrifiait tout au désir de briller et de jouer un rôle, se lançait dans les plus téméraires entreprises sans en prévoir la suite, et perdait par son étourderie le fruit de son adresse. Avec cela hautain, jaloux de son rang, attaché à ses prérogatives de gentilhomme et d'ambassadeur, obstiné sur tout ce qui concernait le cérémonial, il traitait les futilités avec sérieux et les affaires avec légèreté. Où il se montra passé maître, ce fut dans l'art de se ruiner en grand seigneur... On citait ses équipages, ses habits, la beauté de ses réceptions, la tenue de sa livrée... Il eût pu donner aux étrangers des leçons d'étiquette hautaine et d'élégance raffinée ; malheureusement sa politique ressemblait trop souvent à une intrigue de salon, et il eut plus d'une fois à s'en repentir... Il emmena (en Russie) une suite composée de douze secrétaires, huit chapelains, six cuisiniers, cinquante pages et valets de chambre à grande livrée... » C'était réaliser d'avance la recommandation du duc de Choiseul au prince de Beauvau : « Je n'ai d'autre instruction à vous donner que de jeter l'argent par les fenêtres. » Ces gentilshommes ne manquaient certes pas de défauts, mais ils se montraient passionnés pour la gloire du roi, pour la grandeur de leur pays ; ils avaient le *parfum de la chambre des dames*, possédaient la science de ces riens sublimes qui modifient parfois la volonté des tout-puissants. Et enfin beaucoup avaient le sentiment de la nuance, le tact, cette vertu diplomatique par excellence, cet instinct précieux qui évite les mots violents, les démarches téméraires, ce génie délicat fait de réserve, de respect du mérite ou des prétentions des autres, qui maintient l'unité du caractère dans les situations les plus diverses, comme d'autres respectent l'unité de l'amour dans la pluralité des amours : le tact, qui est aussi l'art des concordats entre les paroles et les pensées, l'art du compliment parfumé de goût, d'esprit et d'à propos, la meilleure école de tolérance, le charme et le décor de la vie sociale.

M. Vandal a aussi étudié avec une finesse pénétrante le marquis de Nointel, ambassadeur de France auprès du Sultan (1670-1680) ; l'excellent historien montre Nointel renouant le pacte commercial entre la France et la Porte, mêlé aux tentatives de Colbert pour déplacer la route des Indes, bel esprit, chercheur d'antiquités, grippé universel, comme on disait, voyageur par vocation, hanté d'une soif inextinguible de voir et de connaître à laquelle il sacrifie toute sa fortune et la faveur du Roi, « ce premier bien d'un gentilhomme de son temps », racontant tout ce qu'il voit et par cela même infiniment utile à consulter, observateur réaliste qui ne redoute pas les tableaux hardis, les crudités de langage, et procède plutôt d'un Théophile de Viau, d'un Cyrano, que des classiques ; précieux en même temps jusqu'au maniérisme, et d'un mauvais goût exorbitant dans ses rapports, « d'un pédantisme truculent », donnant des fêtes superbes, parvenant même à faire jouer la comédie à l'ambassade, dans cette ville de Constantinople où l'obscène Karagheuz était le seul interprète de l'art dramatique. Et puis, comme on ne lui payait pas son traitement, il se procure de l'argent par des moyens peu réguliers, est durement disgracié, et meurt presque dans la misère (1685).

Les concours, les écoles préparent d'excellents fonctionnaires, mais ils n'apprennent point la science du monde, l'art de plaire aux hommes, et surtout aux femmes qui, en dépit du régime parlementaire, de la démocratie et du téléphone, joueront toujours un grand rôle dans la diplomatie. Mme de Sévigné prétend qu'une femme ne doit point remuer ses os (voyager), à moins que d'être ambassadrice ; une femme n'a point besoin de remuer ses os pour pratiquer toutes sortes de diplomaties : la diplomatie du cœur, la diplomatie de l'esprit, celle de l'intérêt, de la famille, de l'amitié, du salon. Je sais une politicienne qui, dans un moment d'abandon naïf, s'écriait étourdiment : « Quand mon mari sera *ambassadrice* à Londres... ! » Combien de filles d'Ève sont *ambassadeurs*, ambassadeurs dans toutes les fonctions, soit qu'elles veillent, soit qu'elles dorment, soit qu'elles résident, soit qu'elles voyagent, soit qu'elles aient vingt ans, soit qu'elles aient trois fois vingt ans ! Que de volumes il faudrait écrire, si, au lieu d'une étude sur les diplomates officiels et mondains, l'historien devait conduire le lecteur dans les gracieux méandres de la diplomatie occulte, de la diplomatie des reines de beauté et de séduction !

DEUXIÈME CONFÉRENCE

LES DIPLOMATES AU XVIIIe SIÈCLE

MESDAMES, MESSIEURS,

Il y eut au XVIIIe siècle, entre les princes du sang et les ambassadeurs, une querelle d'étiquette qui dura fort longtemps et altéra les relations de ces derniers avec la bonne compagnie. A la suite d'un premier conflit, un ambassadeur, dînant chez un prince du sang, se fit servir par ses pages ; le prince prétendit à son tour rétablir l'étiquette de Louis XIV, avoir son *cadenas*. Aux occasions solennelles, on posait devant chaque prince ou princesse une boîte fermée avec un cadenas ; le titulaire l'ouvrait, en tirait un couteau à manche d'or ou de vermeil, une salière, une poivrière, un gobelet ; il s'en servait, puis refermait la boîte que l'on emportait en cérémonie. D'où mauvaise humeur des membres du corps diplomatique, dont chacun se regarde comme le représentant immédiat de son souverain particulier, visites aussi rares que possible, absence des ambassadeurs aux fêtes princières, des princes du sang aux réceptions diplomatiques. Voilà bien du bruit pour une bagatelle, observeront les contempteurs jurés des rites sociaux. Sans doute, mais ils oublient aussi que les choses ont l'importance qu'on leur donne, qu'il y a eu de tout temps, qu'il y aura toujours une étiquette, que celle-ci, à tout prendre, est une forme ou un symbole de l'ordre et du respect. L'étiquette, c'est comme une hiérarchie cristallisée; seulement, elle tombe dans le ridicule et dans la caricature d'elle-même si elle dépasse la mesure. Mais n'y a-t-il pas une hiérarchie, par conséquent une étiquette, dans l'Olympe païen comme dans le paradis chrétien? Républiques et monarchies n'ont-elles pas leur protocole? Le besoin de distinguer, d'élever des séparations, semble si naturel à l'homme, qu'il s'empresse de créer de nouveaux règlements, de nouveaux fétiches, dès qu'il a détruit les anciens. Toutes les nations ont leur décret de Messidor an XII. Le costume du magistrat, l'uniforme du soldat, ne sont que des applications de l'étiquette : et celle-ci n'est elle-même que la traduction matérielle d'un des plus profonds sentiments de l'âme, d'un sentiment immortel et tout-puissant, l'amour-propre : c'est de l'amour-propre réglé, codifié, de l'amour-propre renforcé de l'armature légale. Même dans la Salente idéale que rêvent nos abstracteurs de quintessence socialiste, elle garderait ses dévots, puisqu'il y aurait là aussi des gens bien portants et des infirmes, des jeunes et des vieux. On ne baise plus guère la main des femmes, et je le regrette, car c'était la grâce dans les rites sociaux, mais on les saiue, on s'incline devant elles, et c'est encore de l'étiquette. Et nous avons aussi notre étiquette intérieure, des pensées, des sentiments, des sensations qui parfois sont en désaccord, qui le plus souvent se subordonnent et se disciplinent. Qu'est-ce enfin que les cérémonies de la mort, si ce n'est de l'étiquette, l'étiquette du fini devant l'infini? Il y a donc une philosophie, une logique de l'étiquette, et ceux-là semblent tout aussi absurdes de n'en vouloir rien admettre, que certains courtisans d'autrefois qui observaient servilement le rituel, et auraient cru tout perdu s'ils avaient une seule fois manqué de saluer le lit de Sa Majesté en traversant sa chambre.

Le comte de Bernstorff, envoyé extraordinaire du roi de Danemark; le baron de Sheffer, ministre de Suède; Saladin, résident de l'Électeur de Hanovre; lord Bath, correspondent avec la marquise du Deffand, l'aveugle clairvoyante, la *femme Voltaire,* la grande épistolière de son siècle. Très mesuré dans ses démarches, écoutant beaucoup, parlant peu, protestant zélé et pratiquant, d'une galanterie assez universelle mais discrète, aimant fort la société et aimé d'elle, instruit, aimable, tel nous apparaît ce Bernstorff qui fut ensuite premier ministre, et devait se survivre dans une dynastie de diplomates, d'hommes d'État distingués.

« Hélas! nous voilà donc dans les lettres! » s'écrie ce charmant Sheffer, rappelé, lui aussi, après neuf ans de séjour; car un trait distinctif de ces diplomates, c'est qu'ils regrettent sincèrement la France, et ne s'étonnent pas outre mesure qu'un Français donne ce conseil au roi de Prusse : vendre ses États, et venir manger son revenu à Paris. Plus heureux que d'autres, Sheffer devait revenir en France (1771), revoir sa vieille amie, dîner chez elle avec Gustave III. Dans ses lettres à la marquise, il parle fort agréablement de tout et de tous, de Voltaire, du cardinal de Tencin, de d'Alembert, des affaires publiques, montre en un mot que son esprit faisait bon ménage avec son cœur, qu'un diplomate n'est pas seulement un homme qui sait mentir en cinq ou six langues, qu'il faudrait ajouter quelque chose à cette définition versifiée :

> L'ambassadeur d'un roi m'est toujours redoutable :
> Ce n'est qu'un ennemi sous un titre honorable,
> Qui vient, rempli d'orgueil ou de dextérité,
> Insulter ou trahir avec impunité.

« Il est bien vrai, écrit Sheffer (novembre 1753), que le parti que vous avez pris de dîner peut être aussi recommandable pour la société que pour la santé; on s'assemble de meilleure heure, et assez volontiers les gens qui dînent ont acquis une tranquillité fort agréable pour ceux avec qui ils vivent. J'ai vu, en vérité, plus de dîners que de soupers gais : j'ai fait souvent à ces dîners la réflexion que, puisque la gaieté est le partage de ceux qui, pour leur âge ou pour leur santé, ont déjà fait de grands sacrifices, on ne doit pas tant s'effrayer du moment qui amène la nécessité de les faire. De là, je suis venu aussi à penser que Montaigne peut bien n'avoir pas eu raison, lorsqu'il a dit que la mort de la jeunesse en nous est en vérité plus dure que la mort naturelle... Quoi qu'il en soit, l'espérance seule d'assister à vos dîners me garantit du désespoir que j'aurais sans cela, d'avoir quitté le plus agréable de tous les pays, le pays que vous habitez, Madame... »

Mais comment la marquise du Deffand se serait-elle tenu parole, elle dont la *faiblesse herculéenne* n'avait guère besoin de sommeil, elle qui avait lancé cet axiome de gastronomie transcendante : « Le souper est une des quatre fins de l'homme ; je ne me rappelle plus les trois autres ? »

On sait les incursions de Voltaire dans la diplomatie, son voyage à Berlin en 1753, l'amitié du roi de Prusse si tôt déchirée, les pitoyables procédés de Frédéric II, la paix boiteuse et mal assise qui s'ensuivit (1). C'était alors un grand sujet de conversation écrite ou parlée ; Sheffer y revient à plusieurs reprises, et s'étonne grandement que d'Alembert risque la même aventure :

« Le voilà guéri de la folie d'avoir des cordons et des clefs de chambellan, de souper avec les rois et de se croire un seigneur de leur cour : il saura apprécier aujourd'hui la tranquillité et le bonheur d'un homme de lettres, et ses ouvrages n'en vaudront que mieux... On l'a dit mort, et il faut bien qu'il se meure, puisqu'on n'en parle pas davantage... Je prends la liberté de vous

---

(1) Duc de Broglie : *Voltaire avant et pendant la guerre de Sept ans.* — René Doumic : *La Carrière diplomatique de Voltaire.* — Pierre Calmettes : *Une correspondance inédite de Choiseul et de Voltaire* dans *Revue des Deux-Mondes* du 15 janvier 1902.

demander si c'est de votre aveu que M. d'Alembert est allé en Prusse. Il me semble que le caractère de ce savant et sa bonne philosophie devaient le détourner de ce voyage, non pas que je ne sois persuadé qu'il en reviendra tout autrement que Voltaire : sa bonne tête sera à l'épreuve des caresses qui la tournent à tant d'autres, tout comme son âme sera à l'épreuve de l'intérêt par lequel on cherchera à le tenter ; mais je suis fâché de voir courir après les grands un philosophe qui a si justement censuré le commerce des savants avec eux ; je suis fâché de voir le plus illustre des gens de lettres de notre siècle assis, à Potsdam, à côté du marquis d'Argens et de ses pareils. »

Non, en vérité, Voltaire n'était pas corrigé, puisqu'il voulut jusqu'au bout avoir, comme il le disait, *son brelan carré de têtes couronnées*. Mais, s'il pardonnait dans l'intérêt de sa gloriole, il n'oubliait point, et c'eût été pour lui une grande joie d'apprendre que Frédéric II avait trouvé un contradicteur à sa taille dans la personne de Hugh Elliot, ministre d'Angleterre à la cour de Berlin de 1777 à 1782. Un original de premier ordre, ce diplomate, ne faisant rien comme personne ; beaucoup d'esprit, un vif sentiment de sa dignité, misanthrope par boutades, romanesque, inconstant, et toutefois si agréable que les dames de Munich lui firent des avances « vraiment masculines », et se disputèrent à son départ ses vieux habits pour en garder les lambeaux, comme on fait les reliques des saints ; prenant parti dans les occasions les plus graves, sans consulter personne, avec une hardiesse, une indépendance extraordinaires.

Par exemple, il conduisit une véritable révolution de palais en Danemark, aida le jeune prince à renverser la princesse Julie de Brunswick et ses ministres, annonçant hautement que, s'il y avait du trouble, il ferait descendre à terre les équipages des vaisseaux anglais embossés dans le port de Copenhague. Et en 1788, ministre d'Angleterre en Danemark, il vint s'enfermer avec Gustave III de Suède dans la ville de Gothenbourg que l'armée danoise se préparait à investir : « Sire, avait-il dit à Gustave, prêtez-moi votre couronne, et je vous la rendrai avec éclat. » Puis il s'interpose entre les deux princes, leur persuade qu'il n'agit que pour le bien de leurs peuples, et les réconcilie si heureusement que ceux-ci lui décernent solennellement le titre d'*ami commun du Nord*.

A la nouvelle du traité conclu entre le Gouvernement français et les Colonies d'Amérique, un malappris s'avise-t-il de lui dire d'un ton méprisant : « Voilà un fameux soufflet que la France donne à l'Angleterre ! » Elliot le frappe en plein visage et observe froidement : « Voilà le soufflet que l'Angleterre rend à la France ! » On comprend qu'un tel personnage ne se montrât nullement disposé à supporter avec patience l'humeur hargneuse et les coups de griffe de Frédéric II. Aussi la guerre des sarcasmes ne tarde-t-elle pas à éclater, et Elliot ne manque-t-il pas une occasion de se venger. La reine s'étonnant naïvement qu'il ait osé revenir de Londres en passant par Paris, la veille des hostilités : « Oh ! Madame, répond-il négligemment, il y a longtemps que la France est un pays civilisé où l'on n'arrête plus personne. » Le coup faisait balle sur Frédéric II, qui avait arrêté son ami Voltaire avec tant de fracas. Le comte Lusi, homme fort décrié, avait été envoyé à Londres par esprit de rancune et de mauvais vouloir; le roi s'avisa de demander à l'envoyé anglais : « Eh bien! Monsieur Elliot, que pense-t-on à Londres de mon nouveau ministre? — Sire, réplique Elliot avec une profonde révérence, on pense que c'est un digne représentant de Votre Majesté. » Frédéric II croit tenir sa revanche à propos d'un nouveau revers de l'Angleterre : « Monsieur Elliot, qui donc est cet Hyder-Ali qui arrange si bien vos compatriotes aux Indes? — Sire, c'est un vieux despote qui a beaucoup pillé ses voisins; mais heureusement il commence à radoter. » — « Monsieur, disait le lendemain Elliot à l'un de ses collègues, j'ai goûté là une vengeance que Satan aurait enviée (1). » — Mais voici le bouquet, et cette fois l'Anglais n'eut pas le dernier mot. Hyder-Ali ayant été mis en déroute par Sir Eyre Coote, Elliot s'empresse d'apporter au roi le rapport de ce général, rapport où, selon l'usage, il rendait grâces à Dieu et à la Providence. Le roi parcourt le rapport, le rend au ministre, ajoutant d'un ton sardonique : « Il est beaucoup question de Dieu là-dedans; je ne vous connaissais pas cet allié-là. — Nous comptons cependant beau-

(1) *A Memoir of the right honourable Hugh Elliot*, by the Countess of Minto. Edinburgh, 1868. — Le comte d'Haussonville a consacré à cet ouvrage une pénétrante étude dans la *Revue des Deux-Mondes* du 15 mai 1869.

coup sur lui, Sire, bien que ce soit le seul que nous n'ayons jamais payé. — Aussi vous en donne-t-il généralement pour votre argent. »

Entre tous les diplomates amis de Mme du Deffand, c'est le Genevois Saladin, homme d'un esprit très fin, théoricien et praticien de sérénité, qui a le mieux analysé le caractère de cette *débauchée d'esprit,* son ennui et les impatiences amères d'une âme ardente qui ne savait se reposer nulle part : ses lettres font songer à celles de la duchesse de Choiseul qui, mieux que les autres, avait l'art de consoler sa vieille amie. Il voulait, lui aussi, qu'elle eût le cœur aussi philosophe que l'esprit, qu'elle fît du courage, comme on fait de la tapisserie, point par point.

« Vous savez, du reste, que quand vous parlez aux autres ou des autres, personne ne vous égale en lumières et en sagacité : je laisse à part l'agrément. Mais vous n'avez ni la même justesse ni la même justice, quand il s'agit de vous juger ; vous vous humiliez de ce qui ne devrait faire que l'humiliation des autres... Vous vous faites un tort du malaise que vous éprouvez quelquefois, qui ne vient sûrement que du vice de votre estomac, dont vous n'êtes pas responsable ; et dans le temps que chacun pèche par se croire plus d'esprit qu'il n'en a, vous vous accusez d'orgueil quand vous n'êtes que déraisonnablement humble. Sachez, Madame, une fois pour toutes, que vous avez tiré le gros lot en fait d'esprit. S'il y avait quelque chose à désirer pour vous à cet égard, ce serait d'en avoir moins, et beaucoup moins, parce que vous seriez moins sûre du vice et du néant des autres... Daignez considérer cependant combien dans votre vie il vous a fait passer d'agréables moments, combien il vous a élevée au-dessus des autres, combien il vous a attiré d'hommages. »

Et, dans les lettres de juillet, d'août 1751 :

« Je ne suis pas assez présomptueux, Madame, pour croire que j'aie pu contribuer, par mes réflexions, à vous rendre plus contente de vous-même et de votre position ; mais je suis charmé de voir que, vous rendant enfin plus de justice, vous ne formerez plus de plans nouveaux, et que vous vous laisserez aller au cours naturel de la vie de Paris et de vos sociétés, dont on ne sent jamais mieux l'agrément intrinsèque et le besoin qu'à une certaine distance, et après un certain temps passé ailleurs.

« Je ne pense pas, comme vous, que les femmes soient des enfants éternels ; elles cessent de l'être avant nous, et d'ailleurs elles se retirent plus tôt que nous d'une certaine dissipation. Il est aussi commun aux hommes d'avoir des vapeurs qu'aux femmes. Celles de Paris m'ont toujours paru moins frivoles que les hommes. Vous ne vous taxez de frivolité, d'enfance, que parce que vous descendez en vous-même, et qu'il peut vous arriver de vous prendre sur le fait. Madame, au nom de Dieu, comparez, et ne vous lassez pas de me répondre... » On sait la réplique de Maury à ce personnage qui lui demande s'il croit valoir beaucoup : « Très peu quand je me considère, beaucoup quand je me compare. »

« Il faut, pour bien faire, conclut Saladin, regarder ce monde comme une comédie ; et, pourvu que le corps ne souffre pas, on ne souffre pas trop à être persuadé qu'on n'a pas tiré un trop mauvais billet. »

Ce dernier trait rappelle une boutade du subtil et sage écrivain qui a nom Jules Lemaître : « Mon Dieu, épargnez-moi les souffrances physiques ; quant aux souffrances morales, j'en fais mon affaire. »

Les diplomates suédois à Paris se font au XVIIIe siècle une réputation toute particulière d'esprit et d'amabilité. Après Sheffer, voici le comte de Kreutz, le baron de Staël (1). Ami des gens de lettres, de Suard en particulier et de Marmontel qui l'a peint dans son conte des *Solitaires de Murcie* (2), connaissant à merveille la cour et la ville, intermédiaire habituel entre Gustave III et ses belles correspondantes ; démêlant et notant si bien le jeu des choses et des personnes, que sa correspondance forme un vivant tableau de la première partie du règne de Louis XVI ; accueilli, fêté dans les salons de l'aristocratie comme dans ceux de la bourgeoisie ; bel esprit et poète, instruit dans toutes les sciences, à la fois bonhomme, enthousiaste et réfléchi, aimant de passion le

(1) On peut ajouter que, de notre temps, les Suédois soutiennent dignement leur prestige séculaire : tel M. Duë qui nous a quittés il y a trois ans, causeur charmant, musicien distingué, homme de salon accompli.

(2) *Mémoires de Marmontel.* — GARAT, *Mémoires historiques sur le XVIIIe siècle*, tome II. — GEFFROY, *Gustave III et la Cour de France*, tome Ier, pp. 209, 297 et suiv. — *Voyages, études et travaux de Grétry racontés par lui-même ;* un vol. Delagrave, 1889.

beau moral et la musique, possédant le don de peindre avec un coloris puissant tout ce qui frappait son âme ou son imagination; souvent distrait, pensif, mélancolique, mais jamais assez pour oublier les devoirs de sa charge, le comte de Kreutz (1726-1785) laissa autant de regrets qu'il en éprouva, lorsqu'en 1783, après un long séjour, il quitta la France pour occuper à Stockholm le ministère des Affaires étrangères.

Il protégeait les musiciens, témoignait à Grétry une sollicitude vraiment paternelle, aimait à le voir composer, respectait, encourageait son travail. Le compositeur trouvait-il un bon motif, Kreutz marquait aussitôt son admiration. Quelque importun arrivait-il, l'ambassadeur avait donné des ordres et de l'argent aux domestiques pour l'empêcher d'entrer. Et puis, il usait de mille petites ruses, piquait l'amour-propre de son jeune ami pour réveiller sa muse endormie. Assistant à toutes les répétitions, accommodant les choses lorsque Grétry avait malmené quelque acteur, c'était lui au moins autant que l'auteur qu'on félicitait après un nouveau succès. Ses distractions elles-mêmes assuraient le secret de l'État, loin de le compromettre. On lui parlait de la révolution de Suède; on essayait de l'*interviewer*, il écoute patiemment, et, tout d'un coup, prenant Grétry par la main : « Vous ne connaissez pas sa musique, dit-il à son interlocuteur, si vous n'avez pas entendu le morceau qu'il composa hier. »

Un soir, au spectacle, il accroche et emporte avec la garde de son épée la perruque du vieux maréchal de Richelieu. Un matin, il tire violemment toutes les sonnettes du logis; le valet de chambre se précipite : « Allez vite chercher le secrétaire d'ambassade. » Celui-ci arrive : « Ah! mon ami, vous étiez hier chez Grétry; ne pourriez-vous pas vous rappeler un trait que je ne puis retrouver? » — Chargé d'annoncer à Louis XVI le mariage d'un prince de Suède, il fouille dans sa poche, et présente sa main au roi; mais les lettres de la cour sont restées à son hôtel. Il entre dans la loge de Mme Laruette : « Dépêchez-vous, Madame, on va commencer l'ouverture. » Et de sortir, et de fermer la porte à double tour, en emportant la clef.

« Son rang, remarque Grétry, était le seul obstacle qui m'empêchât de me livrer à mon penchant pour lui. « Vous me félicitez bien froidement, mon ami, me disait « il un jour, des bontés don't mon roi vient de m'hono- « rer. » — « Ah! m'écriai-je, vos cordons et vos titres vous éloignent de moi. Comment voulez-vous que je les aime? »

Grand complimenteur devant l'Éternel, il jurait à chaque femme qu'elle était *un anche*, et lorsqu'on célébrait devant lui le roi son maître, il semblait tout emparadisé.

Caraccioli et l'abbé Galiani, deux volcans d'esprit (leur conversation était à celle des autres ce qu'un orchestre est à un violon, un orgue à une flûte), faisant des gestes comme huit, du bruit comme vingt, d'une gaieté contagieuse, tour à tour profonds et plaisants, inépuisables en saillies, en contes familiers, en apologues pittoresques. « En France, disait la duchesse de Choiseul, nous avons de l'esprit en petite monnaie ; en Italie ils l'ont en lingot. » On appelait Galiani l'homme des jours de pluie, tant sa verve communicative parvenait à dérider les plus sombres pensées dans les jours les plus maussades ; et son compatriote méritait le même compliment. Il adorait les arts, fit venir Piccini en France et le protégea énergiquement. Avant d'être l'ambassadeur du roi de Naples à Paris, il l'avait été à Londres, et le roi d'Angleterre, qui s'amusait de ses boutades, s'avisa, un jour que le brouillard ne sévissait pas, de lui demander s'il ne se croyait pas à Naples : « Ah ! Sire, la lune du roi mon maître vaut mieux que le soleil de Votre Majesté. » Il prétendait aussi que les seuls fruits mûrs qu'il eût mangés à Londres étaient des pommes cuites. Mettant en scène les ridicules de tous les pays qu'il avait habités, il caractérisait finement la passion des Anglais pour le jeu : « Un jour que je montais un cheval difficile, je suis emporté sur la grand'route assez près d'une barrière. Deux Anglais qui galopaient derrière moi imaginent de parier dix guinées, l'un que je tomberai, l'autre que je ne tomberai pas. Moi cependant de crier au secours ; les gens de la barrière se mettent alors en devoir de la fermer, je me crois sauvé ; mais un des parieurs ayant crié : « Ne la fer- « mez pas, il y a un pari », on la rouvre tranquillement, et mon cheval ne s'arrête qu'à un mille plus loin. »

Une Anglaise lui demande s'il était vrai que les femmes de Paris fussent plus propres que les Anglaises. « Milady, répond-il, les Anglaises le sont infiniment à mes yeux; mais, je l'avouerai, je crois les Françaises plus propres encore devant Dieu. »

Le duc d'Orléans ayant épousé la marquise de Montesson, sans avoir pu obtenir du roi que le mariage fût publié, Caraccioli lance cette boutade qui fait en un clin d'œil le tour des salons parisiens : « M. le duc d'Orléans, ne pouvant faire Mme de Montesson duchesse d'Orléans s'est fait lui-même M. de Montesson. » — « Avant d'être à Paris, disait-il encore, je me faisais de l'Amour l'idée du monde la plus séduisante ; je me le peignais comme un dieu charmant ; je croyais vraiment lui voir des ailes d'azur, un carquois brillant, des flèches d'or. J'ai bien ouvert les yeux, j'ai vu que ce n'était qu'un vilain petit Savoyard qui courait le matin, laissant des billets de porte en porte. »

On n'esquisse pas de tels hommes en quelques lignes, et Galiani, à lui seul, fournirait un volume. Il y a de tout dans sa correspondance avec Mme d'Épinay, publiée par Gaston Percy et Lucien Maugras, avec une substantielle préface : des théories métaphysiques, économiques, politiques, morales et immorales, des regrets, des conseils, des tableaux de la cour de Naples et des salons de Paris, des mots-médailles et des contes, le tout parfumé d'un certain humour qui n'est qu'à lui, d'une gaieté mélancolique qui va au tréfonds, évoque les choses et les personnes. A seize ans, il envoie à l'Académie des Émules, dont il fait partie, un mémoire sur l'*Amour platonique*, et un autre mémoire sur « l'état de la monnaie à l'époque de la guerre de Troie ». A Naples, il fréquente chez la princesse de Belmonte et la duchesse d'Erce, entre en relations avec les savants et littérateurs italiens, est nommé membre de l'Académie d'Herculanum, des Académies della Crusca et della Columbaria, obtient des abbayes, compose des travaux scientifiques, des satires, des poésies légères ; en 1759, le voilà officier du secrétariat d'État et de la Maison Royale, puis secrétaire d'ambassade à Paris. Il venait d'avoir trente ans. Le croirait-on? Cet abbé, aussi peu abbé que possible, qui allait devenir un héros des ruelles parisiennes, qui devait s'y plaire autant qu'il plaisait, commence par une impression toute contraire. Il se sent obscur, raillé, méconnu ; sa taille lilliputienne lui attire quelques brocards, les courtisans ont souri quand il est présenté à Louis XV ; cependant il avait mis les rieurs de son côté en disant : « Sire, voici l'échantillon du secrétaire de Naples, le secrétaire vient après. » Aussi trouve-t-il l'air mauvais, l'eau détestable, et sollicite-t-il son rappel dans ses lettres au premier ministre. Mais le charme opère, un second mot de l'abbé fait fortune : un singe favori ayant renversé l'huile d'une lanterne sur l'ambassadeur comte de Cantillana revêtu de son habit de gala, celui-ci ordonne qu'on le tue : « Gardez-vous-en bien, Monseigneur, supplie Galiani, l'âme de Leibnitz a passé dans son corps, et il cherchait à résoudre l'oscillation du pendule en s'accrochant à la chaîne de cette lanterne. » Le voilà prôné, causeur favori chez Mmes d'Épinay, du Marchais, Geoffrin, le baron d'Holbach, la duchesse de Choiseul, ébouriffant les plus hardis par l'inattendu de ses paradoxes, disciple de Machiavel, ne cachant nullement son goût pour le despotisme cru, vert, dans toute sa force, dans toute son âpreté, pourfendant avec sa plume les économistes, raillant la fausse sensibilité et toutes les affectations, décochant des apologues familiers contre les faiseurs de galimatias et de tintamarre, contre les apôtres du contrat social dont « la liberté n'est que le droit de se mêler des affaires d'autrui » ; d'ailleurs ami fidèle, ayant la pudeur de ses bienfaits et de ses sentiments, un peu comme Mérimée, cet autre épistolier de génie, qui cachait son cœur derrière un cynisme voulu de conversation. Son amitié avec Mme d'Épinay ne fit que s'accroître avec les années, résista à l'absence, se confirma par la fidélité épistolaire : « C'est une amitié dont l'histoire parlerait, si elle parlait d'autre chose que des sottises et des malheurs des hommes. »

L'abbé était un des familiers du baron d'Holbach. Un jour que Diderot et consorts avaient tenu des propos à faire tomber le tonnerre sur la maison, il prit à la fin la parole : « Messieurs les philosophes, dit-il, vous allez bien vite. Je commence par vous dire que, si j'étais pape, je vous ferais mettre à l'Inquisition, et, si j'étais roi de France, à la Bastille ; mais comme j'ai le bonheur de n'être ni l'un ni l'autre, je reviendrai jeudi prochain, et vous m'entendrez comme j'ai eu la patience de vous entendre. »

Marché conclu. Le jeudi suivant, après le dîner, l'abbé s'assied dans un fauteuil, les jambes croisées en tailleur, selon son habitude, et il commence :

« Je suppose, Messieurs, celui d'entre vous qui est le

plus convaincu que le monde est l'ouvrage du hasard, jouant aux trois dés, je ne dis pas dans un tripot, mais dans la meilleure maison de Paris, et son antagoniste amenant une fois, deux fois, trois fois, quatre fois, enfin constamment, rafle de six. — Pour peu que le jeu dure, mon ami Diderot, qui perdrait ainsi son argent, dira sans hésiter, sans en douter un seul moment : « Les dés sont pipés, je suis dans un coupe-gorge. » Ah ! philosophe ! Comment ? Parce que dix ou douze coups de dés sont sortis du cornet de manière à vous faire perdre six francs, vous croyez fermement que c'est en conséquence d'une manœuvre adroite, d'une combinaison artificieuse, d'une friponnerie bien tissue ; et, en voyant dans cet univers un nombre si prodigieux de combinaisons mille et mille fois plus difficiles, et plus compliquées, et plus soutenues, et plus utiles, etc., vous ne soupçonnez pas que les dés de la nature sont aussi pipés, et qu'il y a là-haut un grand fripon qui se fait un jeu de vous attraper ! Si tout était régi par le hasard, il n'y aurait pas d'injustice dans le monde. Rien n'est si juste que le hasard ; c'est sa nature même d'être juste. Il tombe à droite, à gauche, toujours neutre, toujours indifférent, toujours égal, toujours compensé, mais c'est *que les dés sont pipés,* et voilà le diable. »

Et il continua longtemps de la sorte, avec cette verve coutumière qui faisait de sa conversation le plus piquant des spectacles.

Diderot, peignant avec verve le salon de la Chevrette chez Mme d'Épinay, met en scène notre héros :

« ... L'abbé Galiani entra, et avec le gentil abbé la gaieté, l'imagination, l'esprit, la folie, tout ce qui fait oublier les peines de la vie. Dieu sait les contes qu'il fit! Il disait à propos des faux jugements que nous portons tous... qu'un voiturier, qui menait avec ses chevaux et sa chaise le public, fut appelé au couvent des Bernardins pour un religieux qui avait un voyage à faire. Il propose son prix, on y tope; il demande à voir la malle, elle était à l'ordinaire. Le lendemain, de grand matin, il arrive avec ses chevaux et sa chaise; on lui livre la malle, il l'attache. Il ouvre la portière, il attend que son moine vienne s'y placer. Il ne l'avait point vu, ce moine; il vient enfin. Imaginez un colosse en longueur, largeur et profondeur : à peine toute la place de la chaise y suffisait-elle. A l'aspect de cette masse de chair monstrueuse, le voiturier s'écrie : « Une autre fois, je me ferai montrer le moine. » Tous les jours nous demandons à voir la malle, et nous oublions le moine... L'abbé est inépuisable de mots et de traits plaisants. Je disais des arbres de Versailles qu'ils étaient hauts, droits et minces. « Comme des courtisans », ajouta l'abbé. — Si l'on faisait des abbés Galiani chez les tabletiers, tout le monde voudrait en avoir à la campagne. »

Quant à Mme Geoffrin, qui l'aimait beaucoup aussi, sa réserve un peu trop timorée impatiente parfois l'abbé, au point qu'il observe : « Elle aura eu un érysipèle, parce que quelque étourdi se sera avisé de vouloir donner une nouvelle chez elle. » Il a d'ailleurs la reconnaissance de l'estomac, et lui rappelle le bon temps : « Voilà le temps arrivé où je puis écrire à ma chère Mme Geoffrin, et où, lisant ma lettre, elle sentira moins le regret de m'avoir perdu que le plaisir de m'avoir retrouvé. Me voici donc tel que toujours, l'abbé, le petit abbé, votre petite chose. Je suis assis sur un bon fauteuil, remuant des pieds et des mains comme un énergumène, ma perruque de travers, parlant beaucoup et disant des choses sublimes qu'on m'attribuait. Ah ! Madame, quelle erreur ! Ce n'était pas moi qui disais tant de belles choses ! Vos fauteuils sont des trépieds d'Apollon, et j'étais la Sibylle. Soyez sûre que sur des chaises de paille napolitaines je ne dis que des sottises. »

Et voici un croquis charmant du salon de Mme Necker : « Il n'y a point de vendredi que je n'aille chez vous en esprit. J'arrive, je vous trouve, tantôt achevant votre parure, tantôt prolongée sur cette duchesse. Je m'assieds à vos pieds : Thomas en souffre tout bas, Morellet en enrage tout haut ; Grimm, Suard, en rient de bon cœur, et mon cher comte de Kreutz ne s'en aperçoit pas... On annonce qu'on a servi. Nous sortons, les autres font gras, moi je fais maigre, je mange beaucoup de cette morue verte d'Écosse que j'aime fort, je me donne une indigestion, tout en admirant l'adresse de l'abbé Morellet à découper un dindonneau. On sort de table, on est au café, tous parlent à la fois. L'abbé Raynal convient avec moi que Boston et l'Amérique anglaise sont à jamais séparées d'avec l'Angleterre, et, dans le même moment, Kreutz et Marmontel conviennent que Grétry est le Pergolèse de la France.

M. Necker trouve tout cela bon, baisse la tête et s'en va. Voilà mes vendredis... »

Galiani se plaisait à rabrouer les prétentions outrecuidantes des faiseurs de systèmes, à railler leur myopie intellectuelle, leur philanthropie déclamatoire. « Êtes-vous exportiste, oui ou non? » demande le marquis dans les *Dialogues sur les Blés*. « Je ne suis pour rien, répond le chevalier, je suis pour qu'on ne déraisonne pas. L'exportation du sens commun est la seule qui me fâche. » Et ailleurs : « Que chacun parle selon ses intérêts, et on ne disputera plus dans le monde. Le galimatias et le tintamarre viennent de ce que tout le monde se mêle de plaider la cause des autres, et jamais la sienne. L'abbé Morellet plaide contre les prêtres, Helvétius contre les financiers, et tous pour le plus grand bien du prochain. Peste soit du prochain ! Il n'y a pas de prochain ! Dites ce qu'il vous faut, ou taisez-vous ! »

Comme il a le don de l'apologue, il a aussi celui du mot buriné qui fait image et se grave dans la mémoire. On disputait devant lui sur le mérite de Vico : « Vico, dit-il, osa tenter de passer à gué le fleuve des ténèbres métaphysiques; il s'est noyé, mais il a servi de pont aux penseurs plus heureux qui ont voulu passer après lui. » A propos d'un pic fort élevé, il lance : « Cette montagne où le soleil marche seul. » La finesse de son jugement lui dicte des prophéties pénétrantes, des almanachs, comme disaient ses amis : « Attendez, écrit-il en 1764, vous verrez avec quelle adresse, quel enchaînement admirable, le destin (cet être qui en sait bien long), au meilleur roi possible, au mieux intentionné, escamotera tous ses desseins, détournera toutes ses bonnes intentions, et fera tout ce qu'il voudra et tout ce que nous ne voudrions pas. Arrêtez-vous de grâce devant un rôtisseur, regardez un tournebroche. Voyez-vous ce magot, en haut, qui paraît, avec une force et une application étonnantes, s'employer à faire tourner la roue ? Eh bien ! c'est là l'homme. Le contrepoids caché est le destin, et ce monde est le tournebroche. Nous croyons le faire aller, et c'est lui qui nous mène. »

Galiani remplissait à merveille ses fonctions ; ses lettres à Tanucci témoignent d'un observateur perspicace, feraient honneur au diplomate le plus exercé ; mais il avait le caractère un peu entier, trop indépendant aussi. Lui-même le confessait plaisamment : « Je ne puis me donner à personne, pas même au diable ; je suis à moi, cela empêchera toujours ma fortune. » Et Mme Necker rapportait une prophétie semblable : « L'abbé Galiani ne réussira pas à la Cour, il pense trop haut et parle trop bas. » Le duc de Choiseul, qui flairait en lui un adversaire de sa politique, réclama son rappel avec tant d'insistance qu'il finit par l'emporter (1769). Personne ne saurait peindre la douleur de Galiani comme il l'a fait lui-même : ses lettres à Mme Geoffrin, à d'Alembert, à Grimm, à Mme d'Épinay, respirent un véritable désespoir : « Oui, Paris est ma patrie, on aura beau m'en exiler, j'y retomberai... On m'a arraché de Paris, on m'a arraché le cœur... Je deviens stupide de jour en jour, d'heure en heure, de minute en minute... Oh ! Madame ! quel affreux désert que 500,000 Napolitains ! Il vaut mieux mourir à Paris que vivre à Naples !... » Et lorsqu'il apprend en 1783 la mort de sa fidèle amie Mme d'Épinay : « Elle n'est plus, écrit-il à Mme du Bocage, j'ai donc aussi cessé d'être !... Mon cœur n'est plus parmi les vivants, il est dans un tombeau ! A l'âge où l'amitié devient plus nécessaire, j'ai perdu tous mes amis ; j'ai tout perdu ; on ne survit point à ses amis !... » Et ce fanfaron de vices s'était vanté de n'avoir jamais pleuré, de n'aimer que l'argent de ses amis et le... canapé de ses amies !

Cependant il retrouve à Naples quelques salons, ceux du chevalier Hamilton, de lady Oxford, de la princesse de Belmonte et de la princesse Ferolite. On le recherche, on le fête ; mais son pays est devenu pour lui une terre d'exil; il vivra, les yeux sans cesse tournés vers sa patrie d'élection, causant avec sa chatte angora, composant divers traités, revêtu de nombreuses et importantes charges, grand collectionneur d'objets rares et de femmes, car, observe le comte de Hartig, « aussi galant et tendre qu'Ovide et Chaulieu, les belles l'occupent encore plus que les Muses ». Lui-même professait que la galanterie est la pierre ponce qui polit les nations.

Petit à petit, il arrange sa vie napolitaine, se console un peu, malgré la perte de ses dents, la mort de sa chatte, se donne l'illusion de quelque douceur de vivre ; son esprit, sa bonté réelle, la considération générale, les honneurs, les lettres des amis parisiens ont amorti le chagrin d'avoir été exilé de sa patrie adoptive ; mais il y pense toujours avec émotion : « J'ai arrangé ici un échantillon de Paris. Gleichen, le général Koch, un résident de Venise, le secrétaire d'ambassade de France et moi, nous dînons ensemble, nous nous rassemblons, et nous jouons le Paris, comme Nicolet joue Molière à la foire. Mais nos vendredis deviendront des vendredis napolitains, et s'éloigneront du caractère et du ton de ceux de France, malgré tous les efforts du baron et les miens ; il n'y a pas moyen de faire ressembler Naples à Paris, si nous ne trouvons une femme qui nous guide, qui nous *geoffrinise.* » Et lorsque le baron de Gleichen quitte Naples : « Vous ne sauriez croire combien cette perte m'attriste. Je suis comme un homme condamné à une prison perpétuelle, qui a amené avec lui dans sa prison un chien et un chat. La mort de ce chien, sa dernière et seule compagnie, l'attriste plus que la perte de la société entière sur laquelle il s'était enfin consolé, et avait pris son parti... »

Galiani, comme on voit, ne ressemble guère à ce portrait de diplomate citoyen de l'univers, au cœur cérébral et magnifiquement impassible, esquissé par Adrien Marx : « Il faut avoir été dressé à la diplomatie tout jeune, comme les tigres de Bidel ou les acrobates de Franconi aux exercices d'agilité... Le diplomate de profession passe, sans attraper un rhume, du tropique au pôle Nord. Il quitte le Brésil pour la Russie, comme nous quittons Paris pour Asnières. La masse nomme exil ce qu'il appelle un déplacement. Il a l'insouciance spéciale aux nomades. Ses yeux, faits aux horizons nouveaux, ne s'ouvrent jamais plus grands qu'il ne convient. Son palais adopte toutes les cuisines, ses instincts se moulent sur tous les usages. Il cause dans tous les salons, comme il dort dans tous les lits. Il n'est dépaysé nulle part, puisque son pays est partout, et il sait combattre en n'importe quel point de la terre, puisque le globe est son champ de bataille. Les moins difficiles voient dans leur changement l'unique ennui de se défaire d'un mobilier incommode à traîner au travers des continents... Le type de l'ambassadeur n'a pas sensiblement changé depuis des siècles. Il n'est peut-être plus tel que nous l'a dépeint Beaumarchais; l'ère des tabatières et des jabots a disparu. Aujourd'hui, Figaro fera d'aussi bonne besogne que jadis Almaviva, mais, en somme, la différence n'est pas essentielle... L'ambassadeur se lève de bon matin, lit les gazettes, se fait traduire les journaux, et se rend compte, non pas de l'état politique local, mais de l'état politique européen. Puis il déjeune avec ses attachés célibataires qui sont des manières de chambellans. A ce premier repas succède une longue conférence avec le premier secrétaire, qui aide son chef dans l'expédition des dépêches. Si le poste est peu important, le premier secrétaire représente l'élève flâneur qui répondait au pion furieux : « Mon camarade ne fait rien, et je l'aide. » M. de Persigny, alors qu'il était ministre à Vienne, avait un coadjuteur dont la paresse était imperturbable. « Mais, Monsieur, s'écria un jour le ministre impatienté, à quoi servent donc les premiers secrétaires ? — A remplacer l'ambassadeur quand celui-ci est destitué. » Sans qu'il y paraisse, l'ambassadeur d'importance mène une existence étrange, composée d'un travail latent et d'oisiveté apparente...

On peut assurément faire d'excellente diplomatie dans un dîner, dans un boudoir, dans un bal, pendant une promenade ; le malheur est qu'il devient bien difficile de savoir où finit la véritable paresse, où commence le travail enrubanné de plaisirs, enveloppé d'apparences gracieuses, comme un diamant caché dans une gerbe de roses.

Catherine II fait grand cas de l'abbé Galiani, lui recommande ses enfants le comte et la comtesse du Nord ; altesses et souverains ne traversent point Naples sans se le faire présenter. Joseph II ne veut d'autre cicerone que lui. Vient-il passer un mois à Rome, il loge à l'ambassade d'Espagne, et nobles, cardinaux, gens de lettres recherchent à l'envi sa conversation. Il mourut le 30 octobre 1787, à l'âge de cinquante-huit ans, regretté de tous, partant pour le grand voyage avec une admirable fermeté d'âme, fidèle à son caractère, et continuant jusqu'au bout son personnage. « Les morts s'ennuient à périr là-bas, disait-il à ses amis ; ils m'ont envoyé une lettre d'invitation pour aller les rejoindre le plus tôt possible, et les égayer un peu. » La veille de sa mort, le Dr Gatti lui consacrait sa soirée : « Voyez si je vous suis attaché, observe-t-il ; l'ambassadrice de France m'a fait demander de l'accompagner à l'Opéra, et j'ai préféré vous tenir compagnie. — Et vous prétendez à un remerciement, reprend Galiani; mais, mon ami, vous me regardez comme Arlequin, dont les lazzis vous égaient bien plus que les concetti de l'Opéra, et vous venez pour jouir du dernier amusement que je puisse vous procurer. » La reine Caroline lui avait écrit une longue lettre pour l'exhorter à réparer ses fautes par une fin édifiante. Il la remercia en l'assurant qu'il avait eu la foi sans les œuvres.

Et, non content de se confesser, il s'habille en costume de gala, se fait amener dans son salon, et là, devant sa famille et ses amis, prononce une courte allocution, reçoit le viatique; puis, porté dans les bras de ses serviteurs, il accompagne le Saint-Sacrement jusqu'à la porte de son palais, observant qu'on peut bien se déranger pour le bon Dieu, après s'être tant de fois dérangé pour les hommes. Peut-être l'argument des dés pipés avait-il produit quelque impression sur son esprit.

Parmi tant de diplomates, qui mériteraient les honneurs d'une monographie complète (plus d'un a été l'objet d'études approfondies), voici encore lord Chesterfield, ce *grand prêtre des grâces*, comme on l'appelait. Ambassadeur en Hollande, vice-roi d'Irlande, ministre, orateur distingué, membre de la Chambre des Pairs, membre libre de notre Académie des Inscriptions, correspondant de Frédéric II, Fontenelle, Voltaire, ami d'Addison, Swift, Pope et Gray, ayant reçu une éducation toute française, cultivé les salons parisiens, il semble un duc de Nivernais, un prince de Ligne frotté d'humour britannique; et, par ses lettres à son fils, à son neveu, lettres qu'on a comparées, non sans exagération, à celles de Mme de Sévigné, il figure parmi les bons épistoliers du XVIIIe siècle. A coup sûr, comme le dit dans une brillante étude Mme Dronsart, il est, avec Hamilton, le plus Français des Anglais. Johnson, dans un moment de mauvaise humeur, déclara qu'il enseignait la morale d'une courtisane et les manières d'un maître à danser. S'il veut avant tout former ses pupilles pour le grand monde, la tribune, les ambassades, perpétuer une dynastie d'élégance et de courtoisie, il n'oublie pas une seule des qualités ou des moyens nécessaires pour y arriver; et, tout en variant avec autant de finesse que de patience la forme de ses sermons, tout en prêchant la retenue, le bon ton, l'urbanité, il recommande l'effort continuel sur soi-même, la probité, le culte de l'honneur, le travail, l'ambition naturelle d'exceller en toute chose, car « ce qu'on appelle une teinture de tout constitue infailliblement, selon lui, un fat ». Confessons toutefois qu'il tombe, lui aussi, du côté où il penche, qu'on s'aperçoit, en le lisant, qu'il se proposait dans sa jeunesse d'obtenir de tout homme son amitié et de toute femme sa tendresse, qu'il préconise la morale utilitaire de Locke, malgré les savants correctifs dont il l'enveloppe, qu'il insiste plus qu'il ne sied sur l'art du *flirt* et des plaisirs élégants : sans doute estime-t-il qu'il vaut mieux les commenter soi-même, que d'en laisser le soin à des camarades de débauche. C'est la morale d'Alcibiade, d'Aristippe ou d'Atticus; mais il ne faut pas condamner un homme sur quelques pages, et l'ensemble est animé d'un véritable esprit de tendresse et de prévoyance; tout au moins formule-t-il un concordat subtil entre le devoir et le plaisir (1). Et puis, ce même homme qui réduit toute morale au principe de l'intérêt personnel, qui professe que le plus honnête homme est celui qui s'aime le mieux, se montre parfaitement fidèle dans ses amitiés, vaut beaucoup mieux que ses doctrines.

Veut-on connaître quelques-uns de ses préceptes diplomatiques et sociaux?

« Pour conduire une négociation avec habileté et succès, il faut d'abord, écrit Chesterfield à son fils, avoir des connaissances claires et sûres dans toutes les transactions du même genre... En conséquence de ce principe, vous lirez l'histoire, les mémoires, les anecdotes, etc. Les autres talents nécessaires pour les négociations sont le grand art de plaire; gagner le cœur et la confiance non seulement de ceux avec qui l'on marche, mais même de ceux qu'il faut contrecarrer; cacher vos pensées et vos vues, découvrir celles des autres; gagner la confiance par une franchise apparente et un air ouvert et serein, sans aller un pas plus loin; se concilier la faveur personnelle du roi, du prince, des ministres ou de la maîtresse absolue de la Cour où vous êtes envoyé; commander à votre caractère et à vos gestes, de sorte que la colère ne vous fasse pas dire, ou

(1) Marie Dronsart, *Portraits d'outre-Manche.* — Cherbuliez (Valbert), *Revue des Deux-Mondes*, 1er octobre 1890. — Sainte-Beuve, *Causeries du Lundi*, tome II. — *Lettres de Chesterfield à son fils*, 2 vol. — *Letters of Philip Dormer fourth earl of Chesterfield, to his godson and successor*, Oxford, 1890.

que votre physionomie ne vous fasse pas trahir ce qui doit rester secret; vous familiariser, vivre en famille dans les meilleures maisons de l'endroit, de sorte que vous y soyez reçu plutôt comme ami que comme étranger. Si vous avez ces principes constamment dans la tête, tout ce que vous ferez et tout ce que vous direz tendra de façon ou d'autre à ce but, et la conversation est la route qui vous y conduira... De la même façon que vous vous faites un ami, que vous vous mettez en garde contre un ennemi, vous ferez un traité avantageux, vous déconcerterez ceux qui vous contrecarreront, et vous gagnerez la faveur de la cour où vous serez envoyé... Plaisez à tous ceux qui valent la peine d'être conquis, n'offensez personne... les plus habiles négociateurs ont toujours été les hommes les plus polis et les mieux élevés du monde; ils ont même été ce que les femmes appellent des hommes charmants... La dissimulation à un certain degré est aussi nécessaire dans les affaires de l'État que les vêtements dans la vie civilisée; un homme qui montrerait sa pensée à nu serait aussi imprudent que serait indécent un homme qui exposerait sa personne sans vêtements; si la dissimulation n'est que défensive et non offensive, c'est un bouclier contre les rusés et les violents... »

« Quand un homme bien élevé, qui a une affaire à débattre, rencontre dans le monde son adversaire, il a deux manières de s'y prendre : ou de le regarder en face pour le terrasser, ou de se jouer de lui en le couvrant de fleurs. »

« Dans les détours de ce labyrinthe des cours, il faut

que la science du monde, le discernement des caractères, la souplesse, la légèreté d'esprit et d'élégance dans les relations soient vos guides. Il faut que vous sachiez comment apprivoiser et endormir les monstres qui gardent la Toison d'Or, comment flatter et gagner les belles qui la possèdent. Les Français ont quelque chose de plus liant, de plus insinuant, de plus attirant que nous. Un ministre anglais aura résidé sept ans près d'une cour sans y avoir formé aucune liaison particulière, et sans être intime et familier dans aucune maison ; il est toujours le ministre anglais et n'est jamais naturalisé... Un ministre français, au contraire, n'a pas été six semaines dans une cour sans s'être insinué par mille petites attentions dans la faveur du prince, de son épouse, de sa favorite, de son favori ou de son ministre. Il s'est établi sur un pied de familiarité dans les meilleures maisons... il se trouve partout chez lui, et sait le persuader aux autres. Par ce moyen, il sait l'intérieur de ces cours, et peut presque écrire des prophéties à la sienne... On regardait à Rome le cardinal d'Ossat comme un Italien, et non comme un cardinal français. M. d'Avaux, partout où il fut envoyé, ne fut jamais regardé comme un ministre étranger, mais comme un homme du pays et un ami personnel... Il faut gagner le cœur pour soumettre l'esprit... »

Voici maintenant quelques conseils mondains à son fils, lorsque celui-ci arrive à Paris, où il passa deux ans, en qualité d'attaché à l'ambassade de lord Albemarle :

« Un homme qui n'établit pas solidement et ne mérite pas en réalité une réputation de loyauté, de probité, de bons principes, dès son début dans le monde, peut en imposer et briller quelque temps comme un météore, mais il disparaîtra bien vite sous le mépris. On pardonne aisément aux jeunes gens les entraînements des sens, mais jamais le moindre vice du cœur. Le cœur ne s'améliore jamais avec l'âge... Que ni conversation, ni exemple, ni mode, ni bon mot, ni absurde désir de paraître au-dessus de ce que les coquins et les sots appellent des préjugés, ne vous entraîne jamais à expliquer, excuser, trouver plaisante, aucune atteinte aux principes d'honneur...

« Portez votre savoir comme votre montre dans une petite poche réservée ; ne la tirez point, et ne la faites point sonner uniquement pour faire voir que vous en avez.

« J'espère, mon fils, que vous n'aurez pas de vices, mais si vous en avez, je vous supplie de vous contenter des vôtres ; les vices d'adoption sont les moins pardonnables de tous...

« Semblable au caméléon, prenez toujours la couleur de la compagnie où vous êtes...

« Nous sommes par l'imitation plus de la moitié de ce que nous sommes.

« Se montrer bien élevé, voilà le seul moyen de prévenir les gens en votre faveur à première vue ; les grands talents exigent plus de temps pour se laisser voir.

« Vous paraissez croire que, depuis Ève jusqu'à nos jours, les femmes ont fait beaucoup de mal ; pour ce qui est de cette *dame-là*, je vous l'abandonne ; mais, depuis son temps, l'histoire vous apprend que les hommes ont fait dans le monde beaucoup plus de mal que les femmes ; et, à vrai dire, je vous conseillerais de ne vous fier ni aux uns ni aux autres, qu'autant que cela est absolument nécessaire. Mais ce que je vous conseille de faire, c'est de ne jamais attaquer les corps entiers, quels qu'ils soient : les individus pardonnent quelquefois, mais les corps et les sociétés ne pardonnent jamais.

« Les femmes sont les vraies raffineuses de l'or masculin ; elles n'y ajoutent pas de poids, mais elles y donnent de l'éclat et du brillant.

« Dans toutes les cours, il faut vous attendre à des liaisons sans amitié, à des aversions sans haine, à de l'honneur sans vertu.

« En contez-vous à quelque belle ? Faites-moi votre confident ; vous ne trouverez pas en moi un censeur sévère ; au contraire, je sollicite l'emploi de ministre de vos plaisirs ; je vous en indiquerai, et même j'y contribuerai. » Chesterfield professe que les plaisirs élégants sont le seul antidote à la débauche, que la femme du monde seule peut préserver le jeune homme de la courtisane.

« Ce sont les femmes, ajoute-t-il, qui forment les jeunes gens. Avez-vous trouvé une bonne décrotteuse ? Les femmes qui donnent le ton décident de la mode et de la réputation... On m'assure que Mme de Blot est jolie comme un cœur, et que, nonobstant cela, elle s'en est tenue scrupuleusement à son mari, quoiqu'il y ait déjà plus d'un an qu'elle soit mariée. Elle n'y pense pas; il faut décrotter cette femme-là. Décrottez-vous donc tous les deux réciproquement... Que vous dit Mme Dupin?... Pour un attachement, je la préférerais à Mme ... ; mais pour une galanterie, je donnerais la préférence à la dernière. Tout cela peut s'arranger ensemble, et l'un n'empêche pas les autres...

J'ai hésité à reproduire le passage précédent, je l'ai maintenu comme trait de caractère : il aide à comprendre ce qu'il y eut de foncièrement grossier dans les dessous de ce XVIIIe siècle qui nous paraît si élégant, si moelleux à la surface. Cela est vrai surtout du XVIIIe siècle anglo-saxon; chez l'Anglais, l'homme brutal reparaît vite, plus vite sans doute que chez le Français : le XVIIIe siècle britannique est dur, d'une sensualité féroce qui s'incarne dans le Lovelace de Richardson; et lord Chesterfield se montre poli à la façon du marbre, parce qu'il est dur.

Il enseigne à ses élèves que la confiance est un revenu admirable, qu'il y a des qualités, des excès et des défauts utiles. « Le colonel de Chartres, qui est, je crois, le plus insigne et le plus fieffé gredin des trois royaumes, était si sensible aux inconvénients d'une mauvaise réputation, que je lui ai entendu dire qu'il ne donnerait pas un liard de la vertu, mais qu'il donnerait bien 10,000 livres pour avoir une bonne réputation, parce qu'elle lui servirait à en gagner 100,000. »

« Comment les Jésuites ont-ils fait leur chemin dans le monde? Ils ont toujours étudié l'art de plaire?

« Mon cher enfant, ayez une tendresse scrupuleuse

pour votre caractère moral, évitez tout ce qui pourrait y jeter une tache, si légère qu'elle fût. En toute occasion, soyez l'avocat, l'ami de la vertu, sans en être le matamore.

« Ne faites jamais qu'une chose à la fois, et soyez tout entier à ce que vous faites. Quand vous lisez Puffendorf, ne pensez pas à Mme de Saint-Germain, et quand vous parlez à Mme de Saint-Germain ne pensez jamais à Puffendorf.

« Souvenez-vous que les livres vivants valent encore mieux que ceux des morts.

« Adressez-vous en général aux sens, au cœur et aux faibles des hommes, rarement à leur raison... Toutes les fois que vous voudrez persuader ou entraîner, adressez-vous aux passions...

« Le désir de plaire fait au moins la moitié de l'art d'y réussir.

« Des manières simples, un vêtement simple et un langage simple, ne sont pas plus de mise dans le monde que des glands, des herbes et de l'eau de la source voisine, le seraient à table.

« Les hommes les plus forts ont bien des côtés faibles, et ne sont réputés tels que relativement au gros du troupeau.

« Les femmes sont toutes machiavéliques, en ce sens qu'elles ne sont jamais bonnes ou mauvaises à demi.

« Nos préjugés sont nos favorites ; la raison est notre femme.

« Une femme de chambre a souvent causé des révolutions dans les cours qui en ont produit d'autres dans les États.

« Paris est le séjour des grâces... fermez vos livres à présent comme travail... que le grand livre du monde soit votre étude sérieuse... Le monde est un immense in-folio qui demande au lecteur beaucoup de temps et d'attention.

« Parlez épigrammes avec les petits maîtres, sentiments faux avec les caillettes, et galimatias avec les beaux esprits par état. »

« ... Que les misanthropes, les prétendus philosophes, me fassent voir un hameau où il n'y ait pas tous les vices dont on accuse les cours; seulement il y a cette différence que, dans un hameau, ils paraissent avec leur difformité naturelle, et que, dans les cours, les formes et le savoir-vivre les rendent moins choquants et en émoussent le fil... »

« Les bienséances consistent dans les relations de personnes, de choses, de temps et de lieu. Le bon sens les indique, la bonne compagnie les perfectionne, et la bonne politique les recommande.

« On voit souvent, mais on n'entend jamais rire un gentleman.

« Les affaires aiguisent l'appétit et réveillent le goût pour le plaisir, comme l'exercice fait trouver le repos meilleur.

« *Prenez soin des sous, et les guinées prendront soin d'elles-mêmes.* La même vérité s'applique au temps. Vous ferez 50 % de ce temps dont d'autres ne tirent que trois ou quatre, et quelquefois rien du tout.

« Les femmes... ne sont que des enfants qui ont une taille un peu plus grande que les autres.

« La conversation est un fonds dont la propriété appartient en commun à la société.

« Le savoir-vivre est le résultat de beaucoup de bon sens, d'une certaine dose de bon naturel, d'un peu de renoncement à soi-même pour l'amour d'autrui, et en vue d'obtenir la même indulgence.

« Le monde est un pays que jamais personne n'a connu au moyen des descriptions ; chacun de nous doit le parcourir pour y être initié... »

Chesterfield eut la douleur de survivre à ce fils qui mourut en 1768, et qu'il ne parvint jamais à déniaiser, à polir complètement ; il continua son rôle de Mentor avec ses petits-fils. On prend plaisir à relire ses lettres à la marquise de Mauconseil, à lady Hervey ; elles sont dignes de Voltaire, de Fontenelle qui l'appelait le premier homme du monde, et feignit de s'indigner qu'il écrivît le français mieux que lui, de Montesquieu auquel il fit les honneurs de l'Angleterre. Cet homme qui se vantait de ne se trouver jamais dans une société sans examiner jusqu'aux boucles des souliers que chacun portait, cet observateur si sagace, manqua les premiers rôles en politique, peut-être parce qu'il raffinait trop, par excès de délicatesse et de sens critique. D'ailleurs, il donnait lui-même à ses médiocres élèves l'exemple de la probité, bien qu'il vécût dans un temps de grande corruption, dans un pays pourri jusqu'aux moelles, où Walpole se vantait d'avoir le tarif de toutes les consciences du parlement : il ressemble sous ce rapport à Shaftesbury, qui voulait rester vertueux pour son propre compte, quand l'univers n'en saurait rien, de même qu'il se laverait pour son propre agrément, fût-il sûr que personne ne regarderait son visage et ses mains. Mais si l'homme d'État n'a pas réalisé tout ce qu'on attendait de lui, il reste tout à fait rare comme dilettante, comme moraliste, comme diamant mondain ; c'est un grand homme de conversation, un grand homme épistolaire, un être de séduction et de grâce, *nobleman* et *gentleman* dans la plus haute acception du mot.

Dans cette moisson si opulente, je voudrais glaner quelques souvenirs, des traits de diplomates, des mots dits par eux, à eux, sur eux, contre eux, sous l'ancien régime ; et j'empiéterai un peu sur le XIXe siècle, afin de n'avoir plus à y revenir.

Le comte du Luc, ministre du roi en Suisse, écrivait à Louis XIV qu'ayant passé sept heures à table, il avait failli en crever; mais, continuait-il, « que ne ferait-on pour le service de Votre Majesté ! Aussi bien j'aime beaucoup mieux prier Dieu pour sa santé, que d'y boire avec des Suisses. »

Horace Walpole raconte à un ami que Louis XV était étonnamment timide avec les étrangers, maladroit dans ses questions, ou trop familier : cette timidité singulière explique maint trait du caractère de ce prince. Ainsi, lorsque le duc de Richmond lui fut présenté, il lui dit : « M. le duc de Cumberland boude le roi, n'est-ce pas ? » Le duc resta confondu ; le roi insista : « Il le fait, n'est-ce pas vrai ? » Le duc eut une inspiration heureuse :

« Ses ministres quelquefois, Sire, jamais Sa Majesté. » Cela ne l'arrêta pas : « Et vous, Milord, quand aurez-vous le cordon bleu? » Georges Selwyn, qui était derrière le duc, lui souffla : « Répondez que ce sera quand vous pourrez. » Le roi dit à lord Holland : « Vous avez fait bien du bruit dans votre pays, n'est-ce pas? — Sire, répondit lord Holland, je fais tout mon possible pour le faire cesser. »

On parlait un jour de l'avarice du duc de Marlborough, et l'on appela en témoignage lord Bolingbroke qui avait été son ennemi politique acharné. « C'était un si grand homme, répondit-il avec dignité, que j'ai oublié ses vices. »

Lord Bolingbroke ayant donné à Louis XIV force preuves de sensibilité pendant une grave maladie : « J'en suis d'autant plus touché, remarqua celui-ci, que vous autres Anglais vous n'aimez guère les rois. — Sire, dit Bolingbroke, nous ressemblons à certains maris qui, n'aimant pas leurs femmes, n'en sont que plus empressés à plaire à celles de leurs voisins. »

Au moment du départ du comte de Guilleragues pour Constantinople, le roi lui ayant dit : « Je compte que vous vous conduirez mieux en Turquie que votre prédécesseur », il riposta avec à-propos : « J'espère que Votre Majesté n'en dira pas autant à mon successeur. » C'est à ce Guilleragues, réputé l'un des hommes les plus agréables du royaume, que Boileau dédiait sa septième épître :

Esprit né pour la cour, et maître en l'art de plaire,
Guilleragues, qui sais et parler et te taire...

Un ministre du roi auprès du duc de Savoie Victor-Amédée, lui répondait avec tant de fierté que ce prince, dans un transport de colère, s'approche d'une fenêtre et dit : « Vous voyez bien cette fenêtre? — Oui, reprend froidement le Français, j'en découvre Montmélian. » Le duc de Savoie venait de perdre cette place forte tombée aux mains de nos soldats.

Un précurseur de Chopin, de Listz, de Rubinstein, Steibelt, pianiste et compositeur prussien, était fort à la mode dans les salons de Paris, et il en abusait pour imposer ses caprices aux gens du monde qui le recevaient. Un jour que la marquise de Brisay avait réuni une brillante compagnie pour l'entendre, la fantaisie lui prit de déclarer qu'il ne jouerait point : son ami Norvins, qui le présentait, a beau insister, supplier, menacer, il prétexte une migraine subite. Mais tout à coup, un personnage décoré de plusieurs ordres s'approche de la marquise effarée, et lui dit : « Soyez tranquille, Madame, je vais arranger cela. » Et faisant un signe de la main à Steibelt, qui le salue avec toutes les marques d'un profond respect, il prononce ces seuls mots en allemand : « Jouez tout de suite, Monsieur, je vous l'ordonne. » Et Steibelt obéit aussitôt, il joua divinement, et sous ses doigts spirituels les touches semblaient saigner. L'enchanteur s'appelait le comte de Goltz, ministre de Prusse à Paris ; Steibelt était fugitif contumace, condamné pour escroquerie, et l'ambassadeur avait le droit de demander son extradition.

Chamfort raconte qu'un ambassadeur anglais avait donné à Naples une fête charmante, mais qui, n'ayant pas coûté cher, excita le dénigrement des Philistins de luxe. Ce qu'ayant appris, il annonça une autre fête. On accourt avec empressement, mais, ô merveille! point d'apprêts, point de violons, point de lumières, point de fleurs. Enfin on apporte un réchaud à l'esprit de vin : « Messieurs, Mesdames, dit notre original, ce sont les dépenses et non l'agrément d'une fête que vous prisez; regardez bien, (et il entr'ouvre son habit dont il montre la doublure), c'est un tableau du Dominicain qui vaut cinq mille guinées; ce n'est pas tout, voici dix billets de mille guinées chacun, payables à vue sur la Banque d'Amsterdam. » Il les roule ensemble, les place sur le réchaud, en quelques instants ce ne sont plus que cendres : « Je ne doute pas, Mesdames, que cette fête ne vous satisfasse, et que vous ne vous retiriez toutes contentes de moi. Adieu! Messieurs, la fête est terminée! »

Le comte de Guines, ambassadeur de France à Berlin, offusquait le corps diplomatique par la splendeur de ses réceptions et de son train de maison; on voulait le rendre ridicule, on mit dans le complot la princesse Dolgorowky, femme de l'ambassadeur, et, dans un grand dîner donné en leur honneur, la princesse, à deux reprises, s'amusa à lancer dans les yeux de Guines l'eau d'une minuscule seringue renfermée dans une très belle bague. Notre ministre, qui avait souri d'abord, finit par avertir sa voisine : « Madame, ces sortes de jeux sont, pour la première fois, une espièglerie dont on rit, et, pour la seconde, une étourderie qu'on pardonne à la jeunesse, lorsque c'est une dame qui se la permet; mais à la troisième fois, ce serait une offense, et vous auriez à l'instant même, en retour, ce gobelet d'eau que vous voyez devant moi. J'ai l'honneur de vous en prévenir. » La princesse, croyant que Guines n'oserait jamais exécuter sa menace, recommença et reçut aussitôt le gobelet promis : « Je vous en avais avertie, Madame. » Le mari déclara que c'était fort bien fait, Madame se leva de table pour changer de linge, et la petite conspiration diplomatique rentra dans le néant (1).

Voici une lettre assez curieuse d'Horace Walpole sur les rapports des diplomates étrangers avec la du Barry.

« Presque tous les ministres étrangers l'avaient fuie, et refusaient d'assister à ses levers, mais ce nuage ne tarda pas à se dissiper. Mme de Valentinois les invita à souper, et ils y trouvèrent Mme du Barry. Comme ils ne se montrèrent pas trop farouches vis-à-vis d'elle, elle les invita à son tour, et ils s'y rendirent avec empressement, ainsi qu'à son lever, le nonce à leur tête. L'ambassadeur d'Espagne seul ne parut pas, et son absence passa pour accidentelle, parce qu'il n'était pas à Compiègne; mais lorsqu'il y arriva avec le nouveau ministre de Naples, le chancelier donna un souper à la même compagnie, et invita ces deux étrangers. L'Espagnol renvoya la carte en disant qu'il n'avait pas eu l'honneur de rendre visite au chancelier; et celui-ci, avec une grande présence d'esprit, s'écria : « C'est très vrai, et j'avais donné l'ordre à mon laquais de ne pas passer chez l'ambassadeur d'Espagne... »

---

(1) THIÉBAULT : *Mes Souvenirs de vingt ans de séjour à Berlin.*

« Comment trouvez-vous que je gouverne les Français? demandait Napoléon Ier à M. de Romanzow, ministre des Affaires étrangères de Russie. — Sire, répliqua celui-ci, un peu trop sérieusement. »

Un jour, dans un salon de Naples, la célèbre Gabrielli refuse capricieusement de chanter. Certain diplomate, qui connaissait bien le cœur des chanteuses, dit à son voisin *sotto voce,* assez haut toutefois pour que la cantatrice entendit le propos : « Elle chante à merveille; c'est plus qu'un talent, c'est une puissance : quel dommage qu'elle ait la voix fausse ! » Et de sourire en voyant la Gabrielli se rapprocher doucement du piano, s'asseoir, préluder. Elle chanta *juste* toute la soirée.

Mme de Girardin rapporte qu'un jour qu'elle causait avec le prince de Craon, l'ambassadeur d'Espagne vint les retrouver, et qu'après quelques instants, le prince s'avisa de lui demander :

« Monsieur l'ambassadeur, combien de temps êtes-vous resté aux galères?

— Six ans, mon prince.

— Où était-ce donc? interroge Mme de Girardin.

— Aux *presidios* de Ceuta; j'y suis resté depuis l'âge de vingt-cinq ans jusqu'à trente et un ans.

— Les belles années de la vie!... Et qui vous y avait fait enfermer?

— Le roi Ferdinand VII.

— Et qui vous en a fait sortir?

— Le même roi.

— Et pourquoi vous y avait-il fait enfermer?

— Je ne l'ai jamais su.

— Et pourquoi vous en a-t-il fait sortir?

— Je l'ignore encore.

— Mais comment avez-vous pu supporter cette affreuse captivité?

— J'étais poète.

— Comme vous parlez de tout cela doucement!

— Je suis philosophe. »

Quelques mots de diplomates anglais sur Napoléon III : les deux premiers sont-ils satiriques ou laudatifs? « Il ne parle guère, mais il ment toujours... — Il ment si bien qu'on ne peut même pas croire le contraire de ce qu'il dit. » — Un autre, à propos du discours du 22 janvier 1853, où l'empereur annonçait que Mlle de Montijo ferait revivre les vertus de l'impératrice Joséphine, remarque ironiquement : « Il n'y a au monde que ce Louis-Napoléon qui soit capable de mettre le souhait de ces vertus-là dans la corbeille de noces d'une jeune fille. » Peut-être Napoléon voulait-il parler des vertus sociales de Joséphine, qui remplissait à merveille les fonctions d'apparat et de représentation, servait d'intermédiaire entre son mari et les émigrés. L'impératrice Eugénie eut ces vertus sociales et aussi les vertus privées, mais, hélas ! elle ne possédait guère les vertus politiques.

Lord Palmerston sur Napoléon III : « L'imagination de l'empereur est toujours hantée de projets; une garenne n'est pas plus hantée de lapins; et ces projets, comme les lapins, se terrent à la première rencontre, puis se rencontrent, et ainsi de suite. »

Un diplomate auquel on annonçait comme probable le mariage de Napoléon avec Mlle de Montijo en tira cet horoscope assez bizarre : « L'Empereur fait concurrence à M. de Musset, et son règne, je le crains, ne sera que le chant d'une nuit. »

Un diplomate italien adressa cette étrange requête à son ami : « Ma fille, que j'adore, est dangereusement malade ; annoncez-moi sa mort un de ces jours, sans ménagements ; si mon visage pâlit, vous me le direz. »

La réponse de Casanova à ce ministre qui questionnait, avec une pointe de dédain : « Ce Rubens était donc un ambassadeur qui s'amusait à faire de la peinture ? — Non, c'était un peintre qui s'amusait à être ambassadeur. » Casanova a-t-il démarqué sciemment un mot de Rubens, ou a-t-il refait le mot sans le connaître ? — C'est ce spirituel et cynique Casanova qui définissait les diplomates : « Les seuls espions avoués. » Au reste, beaucoup de diplomates aiment les arts, soit pour eux-mêmes, soit pour la consolation qu'ils leur procurent dans les fréquentes déceptions de la carrière. M. de Beust adorait le violon, M. de Chaudordy eut le culte des bibelots, M. de Rayneval se passionnait pour la botanique et les minéraux ; un quatrième embaumait des animaux, et il lui advint d'empailler un singe auquel, pendant l'autopsie, il donnait, avec une volupté féroce, le nom du prince qui l'avait malmené.

A la nouvelle de l'expédition d'Alger, en 1830, l'ambassadeur d'Angleterre demande une audience à Charles X, fait entendre des paroles presque menaçantes : « Monsieur l'ambassadeur, repart froidement le roi, tout ce que je puis faire pour votre gouvernement, c'est de n'avoir pas écouté ce que je viens d'entendre. » Le ministre de la marine, M. d'Haussez, rembarrait plus vertement encore l'Anglais : « Mon collègue le ministre des Affaires étrangères vous dira ceci en style diplomatique; moi, je vous déclare tout simplement que je me f... de vous. »

Le duc d'Aumale rencontre dans un salon, à Turin, le baron Baude, ministre de France, qui lui demande des nouvelles de sa santé : « Je vais très bien, la santé est une des choses qu'on ne peut confisquer. » Les biens des princes d'Orléans avaient été confisqués par décret : « le premier vol de l'aigle », remarquait Dupin.

Un ambassadeur anglais, de passage à Fontainebleau, se fait servir deux œufs; l'aubergiste porte sur la note : 20 francs. Le diplomate s'étonne : « Les œufs sont donc bien rares dans ce pays? — Non, mais les ambassadeurs le sont. »

Le comte d'Estourmel, un des plus délicieux causeurs de son temps, adressa ce quatrain à la princesse de Metternich, qui prétendait que sa famille était d'origine musulmane :

Du Dieu de Mahomet suivant la loi nouvelle,
Irez-vous pour l'erreur quitter la vérité?
Ce n'est pas ce dieu-là, si j'étais consulté,
Que je choisirais, moi, pour vous rendre infidèle.

« Il faut avouer, opinait un impertinent diplomate, que

si la France disparaissait, quelque chose manquerait à l'Europe. » Et avant que son interlocuteur pût le remercier, il ajouta : « Oui, vous nous donnez la comédie. — Bah ! fit notre compatriote, quand nous donnons la comédie sur la scène, le spectacle est aussi dans la salle ; et, plus d'une fois, nos comédies se sont dénouées en tragédies pour le voisin. »

En 1864, le roi d'Espagne don François d'Assise arrivait à Saint-Cloud ; de grandes fêtes se préparaient en son honneur ; et, conformément à l'usage, M. Drouyn de Lhuys, notre ministre des Affaires étrangères, régla le protocole avec M. Isturitz, ambassadeur d'Espagne, qui portait fort allègrement ses quatre-vingts ans. D'après le programme du ministre, le jour de l'arrivée du roi, un dîner de gala réunissait à Saint-Cloud les principaux personnages qu'on devait lui présenter. Le second jour, visite de la capitale, grand dîner aux Tuileries, représentation à l'Opéra. Le troisième jour, revue des troupes au Champ de Mars, fête à Versailles. Le quatrième jour...

« Ici, mon cher ministre, je vous arrête, gémit comiquement M. Isturitz : *le quatrième jour on enterre l'ambassadeur !* »

Thiers en 1871 eut l'idée de nommer ministre à Bruxelles Ernest Picard. Comme d'aucuns s'en étonnaient, en plaisantaient même : « Mais, observa le nouveau ministre, pourquoi donc ne réussirais-je pas dans ce pays-là ? Tenez, regardez-moi, j'ai l'air d'un Téniers. » Et ce disant, il tournait plaisamment sur lui-même. Il était en effet très gros, et son corps avait infiniment moins de grâce que son esprit. Il faudrait un volume pour rappeler les mots charmants qui tombaient en cascade de sa bouche, comme les sottises jaillissent de tant d'autres ; il possédait beaucoup de sortes d'esprit, y compris l'esprit de la bonté. C'est de lui cette boutade à la veille d'élections générales : « Nous allons donc nous *retromper* dans le suffrage universel »; ce compliment-épigramme à Léon Gambetta : « Vous êtes notre *Camée, Léon.* »

Un diplomate étranger adressait à sa cour des rapports vraiment prophétiques ; son coup d'œil divinatoire, sa perspicacité, faisaient l'admiration de tous. Son roi, tout en le félicitant, voulut savoir à quelle source il puisait de tels renseignements : l'ambassadeur ne lui en fit pas mystère. Il fréquentait un club ultra-réactionnaire, notait avec soin les conversations, et, prenant le contre-pied exact de ce qu'il entendait dire, arrivait à cette quasi-infaillibilité du pronostic dont on s'émerveillait à la Cour.

Un de nos diplomates faillit échouer pour un mot malheureux, mais c'est déjà un souvenir assez ancien. Cela se passait à un bal de la cour de Russie. L'ambassadeur, avisant la tsarine qui se trouvait dans un état intéressant, s'exclama étourdiment : « L'impératrice est une vraie pondeuse. » Le mot, saisi au vol, ayant été rapporté à celle-ci, elle remarqua aussitôt : « Ce n'est pas là un propos de cour, mais de basse-cour. » Et comme l'ambassadeur lui avait fourni l'occasion d'une bonne repartie, elle pardonna sans peine.

Rappelons encore Mgr Czacki, nonce du pape à Paris,

rééditant ce mot célèbre au sujet d'une loi (1) : « C'est plus qu'un crime, c'est une faute. » Son interlocuteur l'ayant regardé d'un air surpris, le Nonce réfléchit quelques instants, et appuya : « Je ne vois rien dans les textes sacrés qui s'oppose à ce que je m'exprime ainsi. »

Il y a aussi les dépêches légendaires dans les bureaux, attribuées à des diplomates réputés légataires universels de Joseph Prudhomme. Celui qui télégraphie : « Je viens d'avoir avec le tsar un entretien des plus graves. Pourquoi faut-il que ma malheureuse mémoire m'interdise de vous en dire un seul mot ? » Cet autre : « Je joins à ma dépêche la clef du chiffre pour le cas où vous l'auriez oublié. » Un troisième écrit au sujet du grand cordon qui vient d'être offert au premier ministre de la puissance auprès de laquelle il est accrédité : « Son Excellence a été si flattée que, le soir même, elle assistait à mon grand dîner, *uniquement revêtue* de notre ordre national. »

Quelques définitions de la diplomatie et des diplomates :

« La diplomatie est un art qui en comprend quatre : l'art de s'informer, lequel demande des yeux et des oreilles ; l'art de renseigner, dont la première condition est de savoir se mettre à la place des autres ; l'art de conseiller, le plus délicat de tous, et enfin l'art de négocier, où le caractère doit venir en aide à l'esprit (Cherbuliez).

---

1) DENORMANDIE : *Temps passé, jours présents*, 1 vol. in-8°, 1900.

« Un ambassadeur est un personnage qu'on envoie mentir à l'étranger dans l'intérêt de son pays.

« Comment fait-on pour être diplomate ? — On joue au whist, on boit des vins fins en cravate blanche, et on bâtit des secrets en Espagne (Henri Lavedan).

« L'ambassadeur est une façon de sentinelle, condamnée à se promener sur place, de long en large, silencieuse, attentive, et sans qu'il soit possible de converser ou de se lier avec le commun des martyrs (?).

« Les diplomates sont des niais dorés (Edmond About).

« L'art de la diplomatie est un art secret, dit excellemment M. Hanotaux ; s'il fait bien, il est peu apprécié, ses succès restant cachés dans le mystère des archives, et dans une heureuse suite d'événements prospères qu'on attribue au cours naturel des choses ou à la fortune. S'il fait mal, ses fautes, qui ont des conséquences incalculables, ne sont aperçues que par quelques-uns, et, quand ils parlent à temps, on ne les croit pas. Il est bien rare que les catastrophes se préparent avec une rapidité telle que les Cassandre aient la douleur de voir leurs prophéties funestes se réaliser, et d'être appelés à réparer le mal qu'ils ont prévu et annoncé. » — *Revue des Deux-Mondes,* 1er janvier 1902.

Ainsi donc une foule d'étrangers sont goûtés, choyés dans les salons de Paris au XVIIIe siècle ; et voici encore quelques noms dignes de figurer dans cette anthologie :

Lord Albemarle, ambassadeur d'Angleterre, qui,

voyant son amie Lolotte Gaucher contempler une étoile, la suppliait joliment : « Ne la regardez pas tant, ma chère, je ne puis vous la donner. »

Milord Peterborough, qui disait avec fatuité à Adrienne Lecouvreur : « Allons, qu'on me montre beaucoup de tendresse et beaucoup d'esprit. »

Mathieu Prior; Hume, l'historien anglais dont les belles dames ne pouvaient se passer à leurs toilettes, à l'Opéra, que Mme Geoffrin appelait familièrement : *mon gros coquin,* plus célèbre alors pour sa brouille avec Rousseau que pour ses ouvrages.

Le comte de Mercy-Argenteau, ambassadeur de Marie-Thérèse, qui poussa la sympathie pour les Parisiennes au point d'épouser Mlle Levasseur, une des étoiles de l'Opéra.

Le comte de Goltz, ambassadeur de Prusse; le comte Schouvaloff, ambassadeur de Russie, ancien favori d'Élisabeth, qui fut si plaisamment interpellé par le bailli de Chabrillan : « Monsieur de Schouvaloff, dites-nous cette histoire-là, vous devez la connaître, vous qui étiez *le* Pompadour de ce pays-là... »

Grimm, *le souffre-douleur* de Catherine II (elle le taquine sans cesse dans ses lettres), son factotum à Paris et son représentant auprès de nos écrivains, l'ami trop intime de Mme d'Épinay, qui, disait-on, avait le nez tourné, mais toujours du bon côté.

Grimm méritait une étude comme celle de Shérer; il a passé presque toute sa vie à Paris, et sa *Correspondance* est un précieux monument pour l'histoire sociale, mondaine, littéraire du XVIIIe siècle.

Secrétaire des commandements du duc d'Orléans, envoyé de la ville libre de Francfort aux appointements de 24,000 livres par an, ministre de la Cour de Saxe-Gotha, pourvu d'un titre de colonel russe par Catherine II, correspondant d'altesses, d'un roi, voire d'une impératrice, les brillantes relations le conduisirent aux solides avantages ; né courtisan, confident, habile à exécuter les commissions les plus bizarres, comme de s'occuper des modes de Paris pour la princesse Louise Dorothée, mariant au besoin les filles de ses illustres clientes, très discret, un peu plat avec les grands, tout de même capable de dévouement et d'amitié, bien qu'il excelle à tirer des autres la plus grande somme de services.

« Le fils du pasteur de Ratisbonne, écrit Shérer, avait fini par être une sorte de diplomate officieux et de chargé d'affaires cosmopolite ; il avait visité toutes les capitales de l'Europe ; il avait assisté à l'élection et au couronnement de trois empereurs d'Allemagne ; il était ministre plénipotentiaire, avait été baronisé, portait un ordre sur sa poitrine ; il avait ses entrées à Versailles, était reçu avec distinction par Frédéric et jouissait près de Catherine d'une faveur extraordinaire. Grimm, enfin, possédait plus que l'aisance, la fortune, et ayant su se refaire un intérieur après la mort de Mme d'Épinay, il pouvait déjà se voir coulant tranquillement ses dernières années dans la retraite rurale du château de Varennes. C'est sur ces entrefaites que deux catastrophes, coup sur coup, jetèrent bas l'édifice de bonheur que Grimm avait mis quarante ans à élever. La Révolution le chassa de Paris, sa patrie d'élection, et le dépouilla de tout ce qu'il possédait. Une chose lui restait néanmoins dans ce désastre, Catherine et les bienfaits de Catherine, des générosités qui le mettaient au-dessus du besoin, et un intérêt qui le rattachait à la vie. Mais non, un second coup, encore plus fatal que le premier, lui enlève subitement sa protectrice. Alors, et pendant les dix années qu'il lui reste à vivre, l'infortuné vide jusqu'à la dernière lie la coupe de l'adversité. Il a conservé sa pension, mais le toit qui l'abrite, les meubles dont il se sert, la vaisselle dans laquelle il mange, lui sont prêtés (1)... »

Shérer exagère singulièrement. Qu'est-ce que les infortunes de Grimm à côté des calamités qui s'abattent sur les émigrés par exemple, de 1790 à 1814? Grimm meurt en 1807, âgé de 84 ans; il n'a connu le malheur, un malheur relatif, que pendant dix-sept ans, le reste de sa vie a été prospère. Lui-même le reconnait : « Les trois quarts en avaient été tellement heureux que, si j'avais fini à propos, il aurait fallu me compter au nombre des hommes les plus fortunés; mais le dernier quart, si cruellement pénible, devait se terminer par un coup mortel et qui m'a trouvé sans défense. »

---

(1) Shérer, *Melchior Grimm*, un vol.; Calmann-Lévy. — Sainte-Beuve, *Causeries du Lundi*. — *Mémoires de Mme d'Épinay*. — *Confessions de Jean-Jacques Rousseau*. — *Correspondance de Grimm*, 16 vol., édition Tourneux. — *Lettres de l'abbé Galiani*, avec préface de Gaston Maugras et Lucien Perey, 2 vol. — *Erinnerungen einer Urgrossmutter, etc., Herausgegeben von Carl Graf Oberndorff*, Berlin, F. Fontane et Cie, 1902.

D'ailleurs les *Mémoires* de l'arrière-petite-fille de Mme d'Épinay, Catherine de Bechtolsheim, fille adoptive de Grimm, mettent au point la vérité. En fuyant le climat de Hambourg, où Catherine II l'avait nommé ministre de Russie, Grimm se rend d'abord à Brunswick, où le duc régnant l'a appelé par une lettre autographe des plus flatteuses : là, comme plus tard à Gotha, il reçoit la meilleure compagnie, l'abbé Delille, Mme de Staël, Benjamin Constant, Herder, Wieland, Gœthe. Ses déjeuners sont renommés : Delille ne manquait jamais d'y réciter quelqu'un de ses ouvrages ; déjà presque aveugle, il commençait par palper de ses mains incertaines les moindres recoins, afin de s'assurer qu'aucun sténographe ne se cachait derrière les paravents. Avec de tels amis, il semble bien que Grimm ait supporté facilement ses disgrâces ; il avait encore auprès de lui sa bien-aimée fille adoptive, à laquelle il essayait de donner une instruction encyclopédique d'où, seule, la religion demeurait absente ; la gouvernante de Catherine était aussi sceptique que le baron lui-même, et la bibliothèque, livrée, non sans dessein, à la jeune fille, ne manquait pas d'ouvrages dirigés contre le christianisme. Détail piquant, Catherine se fortifia dans sa foi religieuse et catholique. Les libres penseurs du XVIIIe siècle sortaient des collèges dirigés par les Jésuites, les Oratoriens ; l'éducation antireligieuse ou indifférente a produit peut-être autant d'excellents chrétiens, ou ne les a pas empêchés : ce double résultat en sens contraire aurait dû faire réfléchir ceux qui, à diverses époques de notre histoire, se sont flattés de s'emparer de la jeunesse par l'instruction.

Byron appelle Grimm : « un grand homme en son genre ». C'est beaucoup dire ; il eut de rares qualités, celles qui constituent le grand homme manquent à l'appel. Protégé lui-même, il protégea beaucoup; fanatique de musique, il découvre Mozart, lui consacre des pages savoureuses, le prône, l'introduit dans les salons, écrit des dédicaces pour ses sonates, place ses billets de concert, le comble de cadeaux. « Mlle Mozart, âgée maintenant de treize ans, d'ailleurs fort embellie, a la plus belle et la plus brillante exécution sur le clavecin. Il n'y a que son frère qui puisse lui enlever les suffrages. Cet enfant merveilleux a actuellement neuf ans... Il était déjà compositeur et auteur de sonates, il y a deux ans; il en a fait graver six depuis à Londres, en a publié six autres en Hollande, et a composé des symphonies à grand orchestre qui ont été exécutées et généralement applaudies ici... A Londres, Bach le prenait sur ses genoux, et ils jouaient ainsi de tête alternativement, sur le même clavecin, deux heures de suite, en présence du roi et de la reine. Ici il a subi la même épreuve avec M. Raupach... Une femme lui demanda s'il accompagnerait bien, d'oreille et sans la voir, une cavatine italienne qu'elle savait par cœur. Elle se mit à chanter : l'enfant essaya une basse qui ne fut pas absolument exacte, parce qu'il est impossible de préparer d'avance l'accompagnement d'un chant qu'on ne connaît pas; mais, l'air fini, il pria la dame de recommencer, et, à cette reprise, il joua non seulement de la main droite tout le chant de l'air, mais il mit de l'autre la basse sans embarras;

après quoi, il pria dix fois de suite de recommencer, et, à chaque reprise, il changea le caractère de son accompagnement... »

Grimm fut un des précurseurs de la critique moderne; esprit vigoureux, pas très fin, il tombe souvent dans la déclamation, défaut capital de son collaborateur Diderot, et du siècle lui-même; réaliste en politique, croyant au fait plus qu'au droit, Russe autant et plus qu'Allemand et Français, parfait cosmopolite, partisan d'un despotisme éclairé : « Je n'entends parler dans les écoles que de principes et de droit; j'ouvre l'histoire, et n'y trouve que pouvoir en fait. Ne vaudrait-il pas mieux partir du principe simple, qu'à la vérité, tout est force dans la morale comme en physique, que le plus fort a toujours droit sur le plus faible, mais que, tout calcul fait, le plus fort est celui qui est le plus juste, le plus modéré, le plus vertueux?... Ne vouloir pas que le plus fort soit le maître, c'est à peu près aussi raisonnable que de ne vouloir pas qu'une pierre de cent livres pesant pèse plus qu'une pierre de vingt livres... » Une pareille théorie mène loin.

« Je ne vous ai jamais vu balancer sur rien, lui écrit son amie, et une fois que vous avez envisagé les choses avec votre chien de charmant esprit juste et ferme, il y en a pour la vie. » Voilà un trait décisif : la persévérance, qui, unie à d'autres dons, le conduit à la fortune; au reste, il se modifie avec les situations; de fier, de renfermé, d'un peu sauvage qu'il était, il deviendra diplomate, souple, habile, complaisant. Je suis un Prussien libéré, disait Henri Heine : Grimm, Allemand frotté de Français, se libéra de sa jeunesse, mais il demeura toujours en lui un fond germanique ; l'écrivain n'en est que plus précieux comme témoin, peu bienveillant à tout prendre, mais assez indépendant, vis-à-vis de notre pays.

Franklin, envoyé extraordinaire des Colonies d'Amérique, et déjà septuagénaire, voulait épouser Mme Helvétius, malgré ses dix-huit chats ; mais il comprenait, lui, ce qu'on peut goûter de bonheur dans une propriété de trois arpents. Franklin ne dit jamais un mot trop tôt, ni un mot trop tard, ni un mot de trop, et ne manqua point de dire à l'heure voulue le mot décisif; et cet admirable maître de la pratique fit de grandes choses avec la même simplicité qu'on remarque dans les héros de cette Guerre de Sécession, si bien analysée par un autre diplomate, qui est aussi un bon écrivain, le général Horace Porter, ambassadeur des États-Unis en France.

Franklin fut accueilli avec un véritable enthousiasme en France (1); il se montra fort habile, nullement candide, comme beaucoup se l'imaginaient. Détails de costume, vêtements très simples, cheveux sans poudre, tout était parfaitement calculé pour une sorte de mise

(1) Né en 1706, mort en 1790. — Mme Gustave DEMOULIN, *Franklin*. — Émile DESCHANEL, *B. Franklin*. — E. HALE, *Franklin in France*, 2 volumes in-8°, Boston, 1897. — M. MIGNET, *Vie de Franklin*. — FORD, *Le vrai Franklin*. — E. LABOULAYE, *Mémoires de B. Franklin*. — A. GUILLOIS, *Le Salon de Madame Helvétius*. — *Mémoires de Morellet, de Marmontel; Correspondance de Grimm, de la Harpe*. — *Vie de Benjamin Franklin*, écrite par lui-même, 2 vol.

en scène à rebours. Mme Geoffrin aurait pu répéter son mot : « Un tel est-il simple avec simplicité ? » Rien de plus prémédité que cette simplicité, mais elle faisait illusion et contribuait au succès de l'entreprise ; la société aristocratique ne le célébrait pas moins que la société philosophique, en vers, en prose, par des fêtes, par des sacrifices d'argent et de vies : on partait pour l'Amérique comme jadis on allait à la Croisade. Le duc de Croy adressait ce compliment à Franklin : « Il n'appartient qu'à celui qui a trouvé l'électricité d'électriser les deux bouts du monde. » Turgot fit ce beau vers qui servit d'épigraphe à la *Science du Bonhomme Richard* :

> *Eripuit cœlo fulmen, sceptrumque tyrannis.*
> Il arracha la foudre au ciel, leur sceptre aux tyrans.

Il passa huit ans et demi en France, installé à Passy, dînant beaucoup en ville, recevant une fois par semaine, allant sans cesse chez Mme Helvétius, qu'il appelait *Notre-Dame d'Auteuil*, lui présentant ses amis William Short, Charles Ingersoll, Jefferson qui disait que « tout homme a deux patries, la sienne et puis la France » ; se prenant de grande amitié pour l'abbé de la Roche, l'abbé Morellet, les Lavoisier, les d'Houdetot, Turgot, Roucher, Cabanis. Mme Helvétius lui ayant refusé d'unir leurs deux veuvages sexagénaires, il écrivit une charmante lettre où il racontait un rêve, une promenade aux Champs-Élysées : c'est de l'esprit français, et du meilleur. Une autre fois il expliquait à son amie le pourquoi de son charme, le je ne sais quoi d'irrésistible qui était en elle :

« Puisque je parle de vos amis, laissez-moi vous dire que, suivant mon habitude, j'ai essayé de faire une hypothèse afin d'expliquer pourquoi vous en avez tant, et d'espèces si différentes. Je vois que des hommes d'État, des philosophes, des poètes, des savants de toute sorte sont attirés vers vous, et semblent aussi prêts à s'attacher à vous qu'une paille à un beau morceau d'ambre. Ce n'est pas que vous affichiez des prétentions à aucune de leurs sciences ; et, quand vous le feriez, la ressemblance des études ne fait pas que les gens s'entr'aiment. — Ce n'est pas que vous preniez quelque peine pour les engager : une simplicité sans art est la partie frappante de votre caractère. Je n'essaierai pas d'expliquer la chose par l'histoire de cet ancien à qui l'on demandait pourquoi les philosophes recherchaient la connaissance des rois, tandis que les rois ne recherchaient point celle des philosophes, et qui répondit que les philosophes savaient ce qui leur manquait, et que les rois ne le savaient pas toujours. Cependant la comparaison est bonne en ceci, que nous trouvons dans votre douce société cette charmante bienveillance, cette aimable attention à obliger, cette disposition à plaire et à se plaire, que nous ne trouvons pas toujours dans notre société *les uns les autres*. Ce charme sort de vous : il a son influence sur nous tous, et, dans votre compagnie, nous ne nous plaisons pas seulement avec vous ; nous nous plaisons mieux *les uns les autres ;* nous nous plaisons à nous-mêmes. »

C'est Franklin qui surnomma les filles de Mme Helvétius, Mmes de Mun et d'Andlau : *les deux étoiles*, et qui, voyant Cabanis et Volney discuter avec une extrême ardeur, remarquait : « A votre âge, l'âme est en dehors ; au mien elle est en dedans, elle regarde par la fenêtre le bruit des passants, sans prendre part à leurs querelles. »

Un goût assez décidé pour les plaisirs de la table et les chansons à boire, une parfaite indulgence, une sérénité douce qui tournait facilement à la gaieté, une conversation aimable, où les contes philosophiques, apologues, aphorismes, jouaient le rôle principal, voilà quelques traits de Franklin. Son bon sens s'échappait en formules humoristiques, interprète des règles morales, de son idéal du devoir : « Les impôts les plus onéreux : la paresse, l'orgueil et l'étourderie. — La plus grande des prodigalités : la perte du temps. — La faim regarde à la porte du travailleur, mais n'ose pas y entrer. — Fuyez les plaisirs, et ils courront après vous. — L'œil du maître fait plus d'ouvrage que ses deux mains. — Si vous voulez que votre besogne soit faite, allez-y; si vous voulez qu'elle ne soit pas faite, envoyez-y. — A cuisine grasse, testament maigre. — Un vice coûte plus à nourrir que deux enfants. — Les fous font la noce et les sages la mangent. — Achète ce qui t'est inutile, et tu vendras sous peu ce qui t'est nécessaire. — Un laboureur sur ses pieds est plus grand qu'un gentilhomme à genoux. — L'orgueil qui dîne de vanité soupe de mépris. — Le bon payeur est le maître de la bourse des autres... etc. »

Et nul mieux que lui ne fut l'homme de ses axiomes, le praticien de ses théories.

A propos de Franklin et de la diplomatie des États-Unis, une question assez grave se soulève. Il semble tout d'abord que la monarchie absolue assure mieux que tout autre régime le succès de la politique extérieure; et les exemples se dressent en foule pour justifier cet axiome : Henri IV, Richelieu, Louis XIV, la Prusse, la Russie; la royauté fait une nation comme les abeilles font une ruche. Mais aussi tant vaut le roi, tant vaut la politique étrangère, tant valent ses ambassadeurs; et, quand le prince se montre insuffisant, apparait l'homme de cour purement frivole, celui qui entre dans la diplomatie comme ce gentilhomme qui prétendait jouer du clavecin sans avoir jamais appris. Quels résultats peut amener le pouvoir personnel lorsqu'il est exercé par des princes faibles ou chimériques, soumis parfois à des influences féminines, ou détruisant par une diplomatie occulte le travail de la diplomatie officielle, le duc de Broglie, M. Émile Ollivier, l'ont montré fortement dans leurs beaux livres (1). Quel aveu dans cette parole du duc de Gramont à Arsène Houssaye après 1870 : « J'ai eu tort d'être un homme galant avec l'impératrice, au lieu d'être un galant homme avec la France! » A côté de l'homme de cour, l'homme à projets, l'*animal à principes,* auquel Frédéric II se serait bien gardé de confier le gouvernement d'une province,

(1) Duc de Broglie, *Le Secret du Roi.* — Émile Ollivier, *L'Empire libéral,* tome III, pp. 118 et suiv., in-18, Garnier.

qui croit changer les mœurs, les frontières à coups de décrets; et puis l'influence des bureaux, sainte Paperasse et sainte Routine, patronnes de la bureaucratie. On a remarqué que les premiers commis n'avaient jamais été plus capables qu'au XVIIIe siècle; au fond ils demeuraient à peu près impuissants, sauf ceux des Affaires étrangères qui, eux, connaissaient aussi bien les hommes que les papiers, et sauvèrent tout ce qui pouvait être sauvé du prestige de la France après un règne comme celui de Louis XV; et il en restait beaucoup plus qu'on ne le croit.

Mais voici que l'histoire fait éclater une autre vérité : une nation conduite pendant des siècles aux plus glorieuses destinées par son aristocratie, par une classe politique animée de fortes traditions : Carthage, Rome, l'Angleterre, la Hollande, Sparte, Venise, Gènes, l'Ordre Teutonique; qu'on se rappelle leurs triomphes, leur vitalité, dus à la ténacité persévérante, à l'orgueil patriotique, à l'éducation solide d'une classe qui se considère comme créée pour assurer la grandeur du pays, s'efforce de la réaliser, et met son orgueil à remplir sa fonction sociale. Là comme ailleurs, la diplomatie se confond souvent avec la politique générale, et les ambassadeurs ont dû plus d'une fois paraphraser le mot du baron Louis : « Faites-nous de bonne politique, nous vous ferons de bonne diplomatie. »

Ce n'est pas tout : une démocratie pure, fondée sur le suffrage universel, peut faire bonne figure dans le monde; les États-Unis, la Suisse, le prouvent assez. Et qu'on ne vienne pas arguer que c'est grâce à l'Océan ou grâce aux montagnes : il fallait encore que ces peuples missent en honneur les sentiments spiritualistes : l'amour de la patrie, la gloire, l'indépendance, la liberté bien comprise ; il le fallait, mais cela suffit pour imprimer à la politique extérieure, à la diplomatie, la dignité et la force. La République française apporte aussi son témoignage : sa diplomatie a hérité d'une succession bien lourde, lutté contre de pénibles obstacles, traversé des heures cruelles ; des fautes sans doute ont été commises, mais en bloc l'œuvre a été bonne ; nous avons aujourd'hui un magnifique empire colonial, et je ne crois pas qu'aucun régime puisse présenter une réunion plus distinguée de diplomates. Le marquis de Vogüé, MM. G. Hanotaux, René Millet, qui sont aussi des écrivains tout à fait remarquables (1), le duc Decazes, MM. Constans, George Cogordan, Patenôtre, Louis Legrand, Poubelle, Pichon, Revoil, Nisard, le marquis de Montebello, le marquis de Reverseaux, le baron de Courcel, MM. Jules et Paul Cambon, pour n'en citer que quelques-uns, figurent parmi les excellents serviteurs de la France. Mais nos diplomates ne se contentent pas de répandre les grâces de la conversation et de l'esprit français ; dans la discussion d'un traité de politique ou de commerce, autour du tapis vert d'un congrès, ils

(1) On ne saurait trop recommander, à tous ceux qui veulent s'initier aux secrets de la haute politique, de lire et relire les travaux de M. G. Hanotaux sur le *Cardinal de Richelieu*, du marquis de Vogüé sur *Le Duc de Bourgogne et le Duc de Beauvilliers*, et sur *Le Maréchal de Villars*, qui remplit, lui aussi, des missions diplomatiques.

ne brilleront pas moins que dans ces causeries de salon, où il s'agit surtout de captiver l'attention sans l'épuiser, et, ce qui est le comble de l'art, sans la satisfaire entièrement, de faire naître ce rire de la bonne compagnie que, selon l'heureuse expression de lord Chesterfield, on voit, mais que l'on n'entend jamais.

Et ne sont-ils pas aussi d'admirables ambassadeurs de notre pays, ces soldats, les Archinard, les Frey, les Dodds, les Marchand, les Galiéni, — ces prêtres, ces missionnaires, les Lavigerie, les Ridel, les Augouard, les Favier, — ces explorateurs, les Francis Garnier, les Soleillet, les Brazza, les Monteil, — qui, reprenant l'œuvre des grands pionniers d'autrefois, découvrent, conquièrent, enseignent, civilisent, évoquant une justice, une morale supérieures, apportant avec eux la sécurité, la consolation et l'espérance, d'où naissent la joie, la douceur de vivre, faisant reculer peu à peu la barbarie, l'esclavage maudit, et aimer à travers eux cette France dont ils demeurent les plus dignes, les plus purs représentants?

TROISIÈME CONFÉRENCE

DIPLOMATES FRANÇAIS ET ÉTRANGERS

Les diplomates étrangers se rencontrent dans le tournoi politique et mondain avec les diplomates français, le comte de Broglie, d'Argenson, Choiseul, Bernis, Vauréal, Choiseul-Gouffier, Ségur, et ce des Alleurs, disciple de Bayle, correspondant de Mme du Deffand, au sujet de qui Voltaire écrivait à son ami Thieriot : « Dès que j'aurai un entr'acte, j'écrirai à l'âme de Bayle, laquelle demeure à Paris, dans le corps de M. le comte des Alleurs, et qui y est très bien logée. » Cependant des Alleurs ne se privait pas de juger l'écrivain : « On peut admirer ses vers, on doit faire cas de son esprit, mais son caractère dégoûtera toujours de ses talents. En fait d'esprit, tous les hommes sont républicains, et Voltaire est très despotique. »

Poète de petits vers, surnommé par Voltaire : *Babet la bouquetière,* et par Pompadour : *Mon pigeon pattu,* abbé un peu trop mondain, et toutefois valant mieux que sa réputation, ami de Paris-Duverney, Duclos, de la marquise de la Ferté-Imbault, membre de l'Académie française à vingt-neuf ans, ambassadeur à Venise, à Rome, ministre des Affaires étrangères, cardinal-archevêque d'Albi, le comte de Bernis appartient à cette classe de gentilshommes d'Église qu'un mélange d'urbanité, de probité, de philosophie aimable, préserva de certains écarts (1). Il est de ceux qui travaillent beaucoup sans avoir l'air affairé, et n'ignorent pas qu'un diplomate habile sait faire d'un million de petites choses une chaîne qui mène aux grandes : avec le temps, ses qualités charmantes, la délicatesse de son cœur, devinrent des vertus. Insuffisant comme ministre, il se montre parfait dans les ambassades, où sa politesse raffinée, son tact, sa souplesse, le souci de plaire, la splendeur de son hospitalité, et son cuisinier, font merveille. Et puis quelle modestie ! « Comme cette ambassade, remarque-t-il au sujet de Venise, est plus de parade que de nécessité, on a cru quelquefois que tout le monde y était propre, et que le premier venu y serait assez bon ; en quoi on s'est grandement trompé... Si le Roi veut faire respecter sa couronne et sa nation à Venise, il faut qu'il y envoie toujours un homme de bon

---

(1) Frédéric MASSON, *Le Cardinal de Bernis depuis son ministère ; Mémoires et Lettres du Cardinal de Bernis.* — Charles DE MAZADE, *Le Cardinal de Bernis*, dans : *Revue des Deux-Mondes*, 1er février 1879. — *Mémoires* de CASANOVA. — Comte d'ESTOURMEL, *Souvenirs de France et d'Italie.* — SAINTE-BEUVE, *Causeries du Lundi*, tome VIII. — Charles GIRAUD, *La Maréchale de Villars.* — Comte de RAMBUTEAU, *Lettres du Maréchal de Tessé.*

sens, ce qui suffit, mais un homme d'une âme élevée et de mœurs décentes ; car on n'impose à une nation libertine, on peut même dire débauchée, que par des mœurs opposées. » Plus tard, lorsqu'on l'appelait le roi de Rome, lorsqu'il recevait pendant vingt-deux ans les princes, les voyageurs français et étrangers avec une magnificence dont parlent avec enthousiasme Mme de Genlis, le président Dupaty, Mme Roland, Mme Vigée-Lebrun, il dit avec la même simplicité : « Je tiens l'auberge de la France dans un carrefour de l'Europe. » Et, en 1757, il se compare à un ministre des Affaires étrangères des limbes.

Par scrupule de conscience, il prend la prêtrise à quarante-cinq ans seulement, et ce retard lui fait encourir la disgrâce du cardinal de Fleury, de Boyer, évêque de Mirepoix. On connaît sa réponse spirituellement courageuse au cardinal, qui l'avertit qu'il n'a rien à espérer tant que lui, premier ministre, vivra : « J'attendrai, Monseigneur. »

L'évêque de Mirepoix, chargé de la feuille des bénéfices, lui dit à son tour : « Vous avez de grands talents, il faut les consacrer à l'Église, et y prendre les derniers engagements. C'est de la part de l'Église que je vous parle ; sous-diacre, une abbaye ; prêtre deux ans, grand vicaire et puis évêque. — Monseigneur, répondit Bernis, je ne vous conseille pas de faire les mêmes propositions à tout le monde ; vous seriez accepté : quant à moi, j'y ferai mes réflexions. » Il les fit et se déroba encore, parce que le monde, l'ambition, les lettres, continuaient de l'éloigner de la prêtrise. Pareille probité d'âme mérite qu'on la signale. Lorsque le pape Benoît XIV lui accorda en 1749 un bénéfice de Bretagne, l'évêque de Mirepoix lui en fit compliment. Et Bernis de répondre : « Le pape vient de lever l'interdit que vous aviez mis sur moi. » Le mot fit rire la cour et la ville aux dépens de l'évêque.

Et ce fut toujours ainsi ; toujours il eut la riposte rapide, et il en rendait grâces aux lettres qui, disait-il, « m'ont fait plus de bien que je ne leur ai fait d'honneur ». Parce qu'il était ambassadeur, il ne se croyait nullement tenu d'abuser du jargon de la carrière. M. de la Chapelle, premier commis au ministère, faisant remarquer, non sans raison, que le style des dépêches était bien différent du style académique, Bernis observe qu'il ne connaît que deux sortes de style, celui des gens d'esprit et celui des sots.

L'esprit de finesse lui enseignait tout naturellement des ruses de bon aloi. Sachant que les Vénitiens interceptaient ses lettres, il fabriquait, quand il voulait leur en imposer, une dépêche non chiffrée exposant la manière dont il fallait se comporter avec eux en cas de refus. Ils la lisaient tout entière, elle les intimidait, et il avait ville gagnée.

Dans sa correspondance avec Voltaire, toute parsemée de traits heureux, il garde l'art de ne point blesser les bienséances, le ton de la bonne compagnie. « A l'égard de Paris, écrit-il en 1762, je ne désire y habiter que lorsque la conversation y sera meilleure, moins passionnée, moins politique. Vous avez vu de notre temps que toutes les femmes avaient leur bel esprit, ensuite leur géomètre, puis leur abbé Nollet : aujourd'hui on prétend qu'elles ont toutes leur homme d'État, leur politique, leur agriculteur, leur duc de Sully. Vous sentez combien tout cela est ennuyeux et inutile : aussi j'attends sans impatience que la bonne compagnie reprenne ses anciens droits, car je me trouverais fort déplacé au milieu de tous ces petits Machiavels modernes. »

Et, comme correctif des concessions un peu risquées qu'il fait en certains endroits à Voltaire, il lui conseille de terminer sa carrière littéraire par un ouvrage qui fasse aimer la vertu, l'ordre, la subordination; ce n'est pas une pédanterie qu'il lui demande, ni une capucinade, c'est l'ouvrage d'une âme honnête et d'un esprit juste... « Comme il est très raisonnable que je vous prêche un peu, je vous prie de quitter quelquefois la lyre et le luth pour toucher la harpe. C'est un genre sublime où je suis sûr que vous serez plus élevé et plus touchant qu'aucun de vos anciens. » Nous retrouvons ici l'homme qui, dans son poème de la *Religion vengée,* écrivait de beaux vers philosophiques, bien différents de ses premières poésies.

Il fallait tout un Dieu pour créer un ciron.

Les Mémoires de Bernis, les belles études de Sainte-Beuve, de M. Frédéric Masson, contiennent mille curieux détails sur l'aimable prélat. De son ministère à Rome, je retiens un trait de sensibilité presque féminine. Il avait pour ami un Minime français, le P. Jacquier, qui l'aimait d'une tendresse un peu exclusive ; et comme, dans ses grands dîners, Bernis ne pouvait guère s'occuper du P. Jacquier placé au bas bout, et que celui-ci s'en désolait, il convint d'un geste qui lui prouverait qu'il ne l'oubliait pas, et ce geste, il le répétait plusieurs fois pendant le repas. Bernis avait le sens de l'amitié, et la société des femmes qu'il ne cessa de fréquenter perfectionnait en lui le goût, qui est le cœur éclairé, l'art des délicatesses ajouté à la délicatesse du sentiment. C'est bien l'homme qui, brouillé avec Mme de Pompadour, disgracié par elle en 1757, lui disait avec douceur : « Nous séparer, à la bonne heure, rien de plus facile ; mais pourquoi un coup de poignard? »

Un diplomate français du XVIIIe siècle, Blondel, a laissé deux agréables volumes de mémoires manuscrits, où M. Paul d'Estrée a butiné de piquants souvenirs sur les mœurs des petites cours allemandes auprès desquelles il était accrédité.

Voici, par exemple, Georges Ier, électeur de Hanovre, avec ses trois maîtresses en titre, énormes toutes les trois ; il paraît que ce prince aimait les femmes-éléphants. Blondel fréquentait assidûment chez la comtesse de Platen, une des trois favorites : il s'y rendit tellement indispensable qu'il y donnait des fêtes comme à la légation de France. « Pour Blondel, la diplomatie était une sorte de *gaie science* qu'il fallait pratiquer d'une main légère et d'un œil souriant... Sa fortune lui permettait des libéralités, et même des largesses, toujours avidement recherchées (1). Ami du plaisir, convive agréable et beau buveur, Blondel devait être fort apprécié dans un pays où la solidité de l'estomac était la première qualité de l'honnête homme. Il avait la plaisanterie facile, parfois même un peu leste ; mais à cette époque les seigneurs allemands savouraient avec délices les joyeusetés de l'esprit gaulois. Enfin Blondel avait cette suprême habileté de plaire aux femmes ; galant, empressé, d'une obligeance inépuisable, rien ne lui coûtait pour satisfaire la curiosité ou la coquetterie d'une grande dame : il donnait des fêtes et des bals où se produisaient avec un éclat inaccoutumé les dernières modes parisiennes, qu'il demandait chez la meilleure faiseuse de la capitale, pour la plus grande gloire des beautés allemandes. »

Dans cette voie, Dubois avait donné l'exemple, lui qui envoyait aux diplomates étrangers des barriques de vins de Champagne et de Bourgogne, offrait une batterie de cuisine à la douairière de Nassau, commandait des habits, des jupes pour la duchesse de Kendall et Mlle de Schulembourg, faisait fabriquer par la Fillion une grande poupée « pour faire voir aux dames anglaises de quelle manière celles de France sont habillées et portent le linge » : d'ailleurs l'usage d'envoyer à l'étranger des poupées habillées était immémorial et traditionnel en France.

(1) Paul D'ESTRÉE : *Un diplomate français chez les principicules allemands du XVIIIe siècle*, dans *Revue des Revues*, juillet, août 1898.

Blondel nous conduit à la cour du prince de la Tour et Taxis, dont les filles lui tiennent des propos fort décolletés, — puis à la cour de l'Électeur Palatin, où il devient d'emblée *persona gratissima*, et provoque une révolution somptuaire. L'Électeur ayant demandé son opinion sur ses petites-filles, il répond adroitement : « Leurs Altesses sont ravissantes de grâce et de maintien ; peut-être pourrait-on souhaiter que leur toilette fût plus en rapport avec leur âge. — Comment donc ? — Quand j'ai quitté Paris, je remarquai que les étoffes et la coupe des vêtements adoptés par les jeunes dames de qualité ne ressemblaient guère à celles-ci. — Et que faire, Monsieur Blondel, pour se mettre à la hauteur de ces modes parisiennes qui n'arrivent pas jusqu'à nous ? — Rien de plus simple, Monseigneur. Demandez à Paris, comme modèle, une poupée habillée au goût du jour, et commandez des garnitures complètes en blondes, pour cornettes, fichus et *engageantes*. D'autre part, prenez la mesure de la taille de Leurs Altesses pour les nouveaux corps qu'elles devront porter. Enfin, qu'elles choisissent à leur goût et suivant leur teint les couleurs d'étoffes qui leur plairont davantage. — Soit, acquiesça l'Électeur : nous adoptons le rose, le bleu et le citron. Mais vous, Monsieur Blondel, vous vous chargez du reste. »

Non seulement il se chargea de tout, et les toilettes de la Duchampt, la grande couturière parisienne, firent un tel effet que toutes les dames du Palatinat voulurent être habillées de même, que l'hôtel du ministre devint un bureau de commission ; mais encore, le jour du premier bal de la cour, Blondel fut chargé de donner aux jeunes Altesses une première répétition du menuet, tel qu'on le dansait à Versailles.

Ségur, j'ai peu l'art de feindre :
Cessons donc de nous contraindre.
En deux mots je vais te peindre,
Et te peindre trait pour trait.
Philosophe à tête vide,
Céladon faux et perfide,
Roué pédant et timide,
Ségur, voilà ton portrait.

Ainsi versifie Mme de Sabran (1), et Sénac de Meilhan drape Ségur avec tout autant de dédain. Mais avec eux le portrait tourne à la caricature satirique : très libéral dans sa jeunesse, diplomate distingué, ambassadeur de la royauté absolue et de la monarchie constitutionnelle, courtisan accompli, député, sénateur, conseiller d'État, grand-maître des cérémonies sous Napoléon, pair de France sous la Restauration, excellent dans la bonne fortune, supérieur dans la mauvaise, le comte Louis de Ségur, grâce à sa bienveillance, à son éducation exquise, sut, mieux que personne peut-être, faire accepter ses métamorphoses politiques. Détail piquant, il se conduit envers la littérature comme envers les gouver-

---

(1) *Mémoires du Comte Louis-Philippe de Ségur*, 2 vol. — *Galerie morale et politique*, 3 vol. — Michaud, *Bibliographie universelle*. — Sainte-Beuve, *Portraits littéraires*, tome XI. — Œuvres de Charles Brifaut. — *Mémoires de d'Allonville*, tome Ier, etc. — Les trois médaillons de Ségur, Narbonne, Talleyrand, reproduisent en partie ceux que j'ai déjà donnés dans les *Causeurs de la Révolution* : j'ai ajouté aussi quelques traits.

nements : tous les genres l'attirent ; tous, à tour de rôle, tentent ce talent nuancé, délicat, mais prolixe et peu énergique. Historien, journaliste, dramaturge, poète, fabuliste, chansonnier, philosophe, moraliste, il a composé une quantité d'ouvrages qui lui assurent une place honorable parmi les grands seigneurs lettrés.

Dans ses *Mémoires*, il explique finement l'état d'esprit de la jeune noblesse sous le règne de Louis XVI, son engouement pour les idées nouvelles, le charme de ces existences privilégiées : « Consacrant tout notre temps à la société, aux fêtes, aux plaisirs, aux devoirs peu assujettissants de la Cour et des garnisons, nous jouissions à la fois avec incurie, et des avantages que nous avaient transmis les anciennes institutions, et de la liberté que nous apportaient les nouvelles mœurs : aussi ces deux régimes flattaient également, l'un notre vanité, l'autre notre penchant pour les plaisirs. Retrouvant dans nos châteaux, avec nos paysans, nos gardes et nos baillis, quelques vestiges de notre ancien pouvoir féodal, jouissant à la Cour et à la ville des distinctions de la naissance, élevés par notre nom seul aux grades supérieurs dans les camps, et libres désormais de nous mêler sans faste et sans entraves à tous nos concitoyens pour goûter les douceurs de l'égalité plébéienne, nous voyions s'écouler ces courtes années de notre printemps dans un cercle d'illusions et dans une sorte de bonheur qui, je crois, en aucun temps, n'avait été destiné qu'à nous. Liberté, royauté, aristocratie, préjugés, raison, nouveauté, philosophie, tout se réunissait pour rendre nos jours plus heureux, et jamais réveil plus terrible ne fut précédé par un sommeil plus doux et par des songes plus séduisants. »

Ségur avait l'art de ces jolis riens, madrigaux, couplets, qui sont en quelque sorte la petite monnaie du poète, et voici un échantillon de sa muse badine :

Chanson morale.

Quand Dieu noya le genre humain,
Il sauva Noé du naufrage,
Et dit, en lui donnant du vin :
« Voilà ce que doit boire un sage. »
Buvons-en donc jusqu'au tombeau,
Car, après l'arrêt d'un tel juge,
Tous les méchants sont buveurs d'eau;
C'est bien prouvé par le déluge!

Un cœur qui jamais n'aima,
Du ciel déshonore l'ouvrage;
Et pour aimer Dieu nous forma,
Puisqu'il fit l'homme à son image.
Il faut aimer, c'est le vrai bien;
Suivons, amis, ces lois divines :
Aimons toujours notre prochain,
En commençant par nos voisines!

Ce qui frappe surtout en Ségur, c'est le don de la repartie diplomatique, de l'épigramme adoucie et savamment employée, de la louange raffinée qui flatte l'interlocuteur, sans abaisser la dignité de son auteur, et sauve parfois une position tendue ou compromise. Il faut saluer ici un des maîtres de cet art qui ne compte plus beaucoup de représentants. Lors de son premier voyage à Berlin, Frédéric II lui demanda ironiquement : « Vos jeunes gens de Paris s'occupent-ils toujours de leurs rubans et de leur poudre? — De la poudre, Sire, nous avons tous hâte d'en brûler encore. » En 1792, quand il se présente à la Cour de Prusse, le roi l'interroge brusquement : « Les soldats français continuent-ils à refuser toute discipline? — Sire, nos ennemis en jugeront. »

Il plut à Catherine II, et devint l'âme des fêtes de l'Ermitage. M. de Fitz-Herbert ayant proposé ces bouts-rimés : *amour, frotte, tambour, note,* Ségur les remplit aussitôt :

> De vingt peuples nombreux Catherine est l'*amour;*
> Craignez de l'attaquer; malheur à qui s'y *frotte;*
> La renommée est son *tambour,*
> Et l'histoire son garde-*note.*

Il se rendit aussi agréable à Potemkin, et parvint à faire signer, en 1787, un traité de commerce qui assurait à la France tous les avantages dont jusqu'alors les Anglais avaient exclusivement joui. Le prince Potemkin se piquait d'érudition, surtout dans les questions religieuses. Ce faible une fois découvert, Ségur ne manquait pas de le mettre sur son thème favori, l'origine, les causes du schisme grec, et, l'écoutant patiemment disserter pendant des heures entières, il avançait chaque jour dans sa confiance. Ce qui ne l'empêche point de relever le gant, lorsque l'exige le sentiment de sa dignité. Un jour que Potemkin raillait Louis XVI qui, disait-il, érigeait le royaume de France en archevêché, ajoutant qu'il aurait bien conseillé à l'impératrice de s'allier avec Louis le Gros, saint Louis, Louis XI, le sage Louis XII, Louis le Grand, même avec Louis le Bien-Aimé, mais non pas avec Louis le Suffragant : « Il est vrai, répondit Ségur, que les rois de France ont parfois nommé ministres des évêques et des cardinaux; mais je ne crois pas qu'ils aient jamais élevé au ministère un homme qui ait souvent montré l'envie de se faire moine. »

Cet homme si charmant avait parfois des boutades de distrait. Catherine II voyageait avec Joseph II dans une voiture à six places; le comte Cobentzl, le comte Schouvalof, s'y trouvaient toujours, les ministres et les deux dames étaient admis à tour de rôle. L'impératrice se servait d'une très belle pelisse de velours dont le comte Cobentzl lui fit compliment. « C'est un de mes valets de chambre, répondit-elle, qui est chargé de cette partie de ma garde-robe; il est trop imbécile pour tout autre emploi. » Ségur, pensant à autre chose, n'avait entendu que l'éloge de la pelisse, il s'empressa de dire : « Tel maître, tel valet. » De grands éclats de rire l'avertirent de sa bévue.

Cobentzl avait aussi ses distractions : ainsi le même jour, au dîner, comme il se trouvait à côté de l'impératrice, celle-ci observa en plaisantant qu'il devait être las de s'asseoir, matin et soir, auprès d'elle. « On ne choisit pas ses voisins », répondit l'ambassadeur autrichien, et cette seconde distraction n'eut pas moins de succès que la première.

En 1789, Ségur assiste à un dîner chez le prince de

Kaunitz, qui, tout d'un coup, interpelle le marquis de Noailles : « J'ai reçu, Monsieur l'ambassadeur, des nouvelles de France : on y pille, on y égorge plus que jamais ; toutes les têtes sont renversées ; c'est un pays attaqué de démence et de frénésie. » L'ambassadeur se tait, estimant sans doute que son silence condamne assez cette sortie peu diplomatique. Plus jeune, assez impatient, Ségur ne peut se contenir, et réplique très haut : « Il est vrai, mon Prince, que la France, dans ce moment, est attaquée d'une fièvre très ardente ; on prétend même que cette maladie est contagieuse et qu'elle nous vient de Bruxelles. » La Belgique s'était révoltée contre la domination autrichienne.

Napoléon reprochant à son grand-maître des cérémonies d'arriver en retard : « Sire, dit-il en s'inclinant, j'ai un million d'excuses à présenter à Votre Majesté ; mais aujourd'hui on n'est pas toujours maître de circuler dans les rues... Je viens d'avoir le malheur de tomber dans *un embarras de rois* dont je n'ai pu sortir plus tôt : voilà, Sire, la cause de ma négligence. » Chacun sourit en songeant qu'il y avait en ce moment six rois ou Altesses régnantes à Paris.

Bussy-Rabutin écrivait à Mme de Sévigné qu'il voyageait afin d'avoir le plaisir de recevoir ses lettres ; Victor Hugo déclarait à Paul de Saint-Victor qu'il écrivait un livre pour avoir une page de lui ; Napoléon devait être tenté d'adresser des reproches à Ségur pour entendre des flatteries tournées de cette sorte.

Charles Brifaut loue fort agréablement le comte de Ségur... « Il me prit tellement en affection qu'il me mit de tous ses dîners et de toutes ses soirées. Veuf et triste, il réunissait chez lui une compagnie peu nombreuse, mais triée. On ne s'entendait pas mieux que l'ancien grand-maître des cérémonies à tenir salon. Sa table n'était pas aussi brillante que sa conversation; si les événements politiques n'avaient pas renversé la nappe, du moins ils l'avaient dégarnie. Mais qui pensait à cela quand l'aimable et gracieuse causerie de l'amphitryon nous attachait des heures entières à cette table où les bons mots suppléaient les bons vins, où le matériel de la vie paraissait si indigne d'attention, les besoins d'intelligence étant si ingénieusement satisfaits? Nous n'avons pas longtemps conservé, par malheur, l'un des derniers modèles de l'urbanité française. Il avait le tort de ne pas se soigner assez; je le lui reprochais un jour : « Mais songez donc que vous ne vous « appartenez pas; vous êtes une propriété nationale. » Il est mort, laissant un vide véritable dans le monde poli... »

C'est encore un amateur en tous genres que le duc de Nivernais, un des grands charmeurs du XVIIIe siècle, un de ceux qui connurent le mieux l'art de vivre avec les autres et avec soi-même (1), que lord Chesterfield recommandait à son fils de prendre pour exemple :

---

(1) Né en 1716, mort en 1798. — Lucien PERRY a consacré deux volumes très intéressants au duc de Nivernais : *Le Duc de Nivernais* (Calmann-Lévy, éditeur). — *Œuvres de Nivernais*, 10 volumes. — SAINTE-BEUVE : *Causeries du Lundi*, tome XIII. — *Éloges de Nivernais*, par François de NEUFCHATEAU et DUPIN, 26 août 1807 et 12 janvier 1850. — De LOMÉNIE : *Madame de Rochefort et ses amis*.

« Lorsque vous voyez qu'un homme est universellement reconnu pour agréable, bien élevé, aimable, en un mot pour un parfait gentilhomme, tel, par exemple, que le duc de Nivernais, examinez-le, suivez-le avec soin, remarquez de quel air il s'adresse à ses supérieurs, sur quel ton il est avec ses égaux, et comment il traite ses inférieurs. Voyez le tour de sa conversation dans les diverses occasions, soit aux visites du matin, soit à table, ou enfin aux amusements du soir. Imitez-le sans le contrefaire, et soyez son imitateur sans être son singe... » Mme Geoffrin, qui avait ses parties de fausse bonne femme, lançait sur lui cette boutade, soufflée sans doute par un de ses fournisseurs d'esprit : « Il est manqué de partout : guerrier manqué, ambassadeur manqué, homme d'affaires manqué, et auteur manqué. — Non, riposta Horace Walpole, il n'est pas homme de naissance manqué. » Comme écrivain, Sainte-Beuve le place au *sommet du médiocre;* mais dans le monde, à l'Académie, *le médiocre* de l'*ami* de Mme de Rochefort charmait davantage que *le bon* d'un autre. Pourquoi? Parce que, à un degré supérieur, il possède la politesse des mœurs, le tact, l'art précieux de tirer le meilleur parti de qualités secondaires, et cette coquetterie d'esprit qui plaît à tous. Pourquoi encore? Parce qu'il joue à miracle la comédie de société, donne la réplique à Mme de Pompadour sur son théâtre des Petits Cabinets; parce qu'il écrit les plus charmantes lettres du monde, avec son cœur et son esprit réunis, compose des saynètes, paroles et musique, s'intéresse à tout, croit au bonheur et travaille à celui de ses amis, donne des fêtes originales, artistiques, où accourent toutes les élites. Parmi les deux cent cinquante fables de Nivernais, je n'en vois pas une qu'on puisse citer comme parfaite, et, ce qui semble le meilleur de lui, c'est encore, avec quelques chansons, des petits vers à Mme de Mirepoix, à Mlle de Sivry, l'*Instruction sur l'état de courtisan*. Et cependant, tel brille en général son prestige, que Boufflers lui adresse ce quatrain chargé d'annoncer des moutons destinés à son parc de Saint-Ouen :

Petits moutons, votre fortune est faite :
Pour vous ce pré vaut le sacré vallon.
N'enviez pas l'heureux troupeau d'Admète,
Car vous paissez sous les yeux d'Apollon.

C'est là, qu'afin de gêner le moins possible les oiseaux, tout en jouissant de leur présence, il avait fait entourer d'un léger treillage de fer un bosquet qui lui servait de cabinet de travail d'été. En 1790, on disait devant l'abbé Barthélemy : « M. de Nivernais perd ses titres. — Oui, observa l'abbé, il n'est plus duc à la Cour, mais il l'est toujours au Parnasse. » François de Neufchâteau compare son salon à celui de l'Hôtel de Rambouillet : « On aurait dit, ajoute-t-il, que sa devise était celle de l'oranger, toujours chargé en même temps de feuilles, de fleurs et de fruits. » Il supporte vaillamment les *incartades* de la Révolution à son égard : ni la prison, ni la ruine, ni le dépouillement complet ne troublent cet aimable stoïque, qui se délassait de la captivité en traduisant le poème de *Richardet*, de Forteguerri, près de trente mille vers. S'il n'est pas duc au Parnasse, il est alors duc en philosophie, en vertu, en grandeur d'âme. Il s'éteignit à l'âge de quatre-vingt-deux ans, le 25 février 1798. N'est-il pas vrai que des hommes tels que Nivernais meurent quelquefois, mais ne vieillissent jamais, et que leurs contemporains ont bien raison de les élever sur le pavois : car ils inspirent des sentiments plus rares que l'admiration, la sympathie, la joie de vivre et l'optimisme ?

Ne le quittons pas sans rappeler quelques traits de lui. Dans un lit de justice tenu en 1771, Louis XV avait terminé son discours par ces mots : « Je ne changerai jamais. » Quelques heures après, Mme du Barry rencontre au palais de Versailles le duc de Nivernais, qui figurait au nombre des adversaires de Maupeou ; elle va à lui, l'exhorte à se départir de son opposition, « car, ajoute-t-elle, le roi a dit qu'il ne changerait jamais. — Cela est vrai, Madame, réplique galamment le duc, mais je crois qu'en disant cela, le roi vous regardait. »

Tressan avait composé une assez méchante chanson contre Nivernais, si méchante qu'il encourut la disgrâce de Louis XV. Beaucoup plus tard, Tressan se présente à l'Académie française, et, croyant la querelle oubliée, va trouver le duc, expose sa requête, énumère ses titres. Lorsqu'il eut fini, le duc se contente de répondre : « Je vous félicite, Monsieur le comte, de votre bonne santé, de vos nouvelles espérances, et surtout de vos œuvres d'autrefois. » Tressan, qui connaissait l'influence du duc à l'Académie, croit la partie perdue. Quelle n'est pas sa surprise d'apprendre qu'il est nommé, que Nivernais a voté pour lui ! Il accourt, se confond en remerciements ; mais le duc, très simplement : « Vous voyez, Monsieur, qu'en vieillissant j'ai perdu la mémoire. » Le mot eut grand succès à la Cour, et j'imagine que plus d'un diplomate étranger en régala son prince.

Mme de Rochefort était son *amie* depuis quarante ans ; il passait, quand il pouvait, toutes ses après-dînées chez elle. Six mois après la mort de la duchesse, et voulant entretenir les illusions de son amie sur son état, sachant que celle-ci était gravement malade, il lui proposa de l'épouser ; elle consentit avec joie. Le mariage s'accomplit ; le soir, le marié semble un peu pensif et mélancolique. — « Pourquoi ce visage sombre ? interroge un ami, n'es-tu pas au comble du bonheur ? — Oui, sans doute, j'aime ma femme à la folie ! Mais une chose m'inquiète, je l'avoue : je n'y avais pas pensé d'abord. — Quoi donc ? — Où passerai-je mes après-dînées ? » — *Se non è vero, è ben trovato.* Hélas ! la nouvelle duchesse ne jouit guère de son bonheur, elle mourut moins d'un mois après.

La princesse de Talmont portait au bras le portrait du prétendant Charles-Édouard, peint en miniature sur un bracelet ; en poussant un ressort, on voyait apparaître une fort belle tête de Christ. Comme on se demandait un jour le motif d'un si singulier rapprochement, Nivernais remarqua : « Tous les deux peuvent dire : mon royaume n'est pas de ce monde. » Le mot a été attribué aussi à Mme de Rochefort.

Un grand seigneur lettré et érudit, ayant appris

l'histoire diplomatique avec Rayneval et Rulhière, fréquenté Barthélemy, Saint-Lambert, Chamfort, Malesherbes, Turgot, plus patriote qu'homme de cour, gardant pendant l'exil une dignité d'attitude admirable, indépendant de son parti, supérieur à ses propres souffrances comme à sa fortune, heureux dans sa studieuse retraite de 1800 à 1809, au milieu de ses livres, avec des amis tels que Mme de Staël, le duc de Broglie, MM. de Tracy, de Jaucourt; âme délicate, dévouée, chevaleresque, aide de camp favori, ambassadeur et conseiller sagace de Napoléon, auquel il avait l'art de dire toute la vérité en la rendant supportable, « de faire épuiser le calice en sachant emmieller le fond comme les bords »; talent souple et fin, apte à tout, capable de rendre les plus rares services à son pays, homme d'État auquel les circonstances n'ont donné que des heures au lieu d'années, auquel la fortune ne sembla octroyer ses faveurs capricieuses que pour les lui retirer presque aussitôt : tel se présente à nous, d'après Villemain, le comte de Narbonne (1). Le portrait est-il flatté? Villemain a-t-il prêté de l'éloquence à son

---

(1) VILLEMAIN : *Souvenirs contemporains; M. de Narbonne.* — SAINTE-BEUVE, *Causeries du Lundi.* — D'ESTOURMEL : *Souvenirs de France et d'Italie.* — *Mémoires de la Comtesse* POTOCKA. — *Œuvres de Charles Brifaut.* — *Journal du Maréchal de Castellane*, tome Ier.

La comtesse Potocka, la comtesse de Choiseul-Gouffier, reprochent à Narbonne de s'être trop longtemps souvenu de ses brillants succès auprès des femmes, d'avoir voulu les poursuivre jusque dans l'âge mûr. Mais au XVIIIe siècle, on ne s'arrêtait pas à de telles considérations; comme disait la grand'mère de George Sand, c'est la Révolution qui a introduit la vieillesse dans le

héros ? On pourrait le supposer, si le témoignage de tous ceux qui ont connu Narbonne ne confirmait le jugement de son ancien secrétaire, si Napoléon, Talleyrand, Fontanes, bien d'autres, n'avaient rendu justice au chevalier d'honneur de Mme Adélaïde, au ministre de la Guerre de 1792, au généreux défenseur de Louis XVI.

Droz, qui le vit à l'œuvre à Besànçon en 1790, alors qu'il était à la fois colonel de son régiment et commandant des gardes nationales du Doubs, exprimait plus tard son admiration de sa conduite : « Voyez-vous, pour faire impunément et heureusement une grande révolution, il faudrait des hommes comme cela dans tous les postes difficiles : et où en trouver seulement deux ou trois ? » Talleyrand, qui s'habituait aisément à la disgrâce de ses amis, comme à sa propre élévation, avait le sentiment le plus vif des talents de Narbonne : « Il a plus d'esprit que moi, observait-il, mais il est moins sage. On l'accusait d'être léger, du temps de l'Assemblée législative ; ces propos-là sont une représaille des esprits lourds ; au fond, il n'y a de léger en lui que sa conversation qui est charmante. Il est du reste très sérieux, trop sérieux même. Il s'attache, il se

---

monde, et, sous ce rapport, Narbonne ne reconnaissait pas la Révolution : il eût répondu sans doute à ses critiques que l'esprit comme le cœur n'a pas de rides, que son acte de naissance était vieux et non pas lui, que la beauté des hommes, c'est leur talent, leur éloquence de conversation, et, de ce côté-là, Narbonne restait jeune. Et puis était-il si caduc devant l'état civil ? Pas même soixante ans. Il y a des hommes qui ont l'art de plaire jusqu'au bout, comme d'autres ont dès le commencement la malchance de déplaire.

passionne, il a trop de zèle. S'il rentrait dans les affaires, il se dévouerait sans mesure, dans un temps où on n'est que trop porté à le faire et à en abuser... D'ailleurs il ne veut rien, n'a besoin de rien. Il aime l'étude : des livres, des amis, voilà tout. Il ne faut pas s'inquiéter pour lui qui ne souffre ni ne s'inquiète pour lui-même. » On est toujours philosophe sur ce qui ne vous concerne pas, et Talleyrand avait commencé par l'intime raillerie des choses.

Napoléon, bien qu'il reprochât parfois à Narbonne de rester *embabouiné* de libéralisme, goûtait fort sa conversation, le consultait, ne songeait rien moins qu'à lui confier l'éducation du Roi de Rome. « On flatte trop autour de moi, s'écriait-il; j'en suis excédé! Le croiriez-vous? Pour n'être pas flatté, même au bivouac, il m'a fallu prendre comme aide-de-camp un courtisan, homme d'esprit de la vieille cour... Narbonne sait par cœur les négociations de l'ancienne Europe, comme Bassano les débats de l'Assemblée constituante : ce sont deux vieilleries qu'ils font valoir. » Et, plus tard, à Sainte-Hélène : « Jusqu'à l'ambassade de M. de Narbonne à Vienne, nous avions été dupes de l'Autriche; en moins de quinze jours, M. de Narbonne eut tout pénétré, et M. de Metternich se trouva fort gêné de cette nomination. »

L'encens de Narbonne était fin, et ne portait pas à la tête. Accueilli devant la cour par cette question : « Eh bien! que disent-ils de Bautzen? Que disent-ils de Lutzen? — Sire, répond-il, les uns affirment que vous êtes un Dieu, les autres que vous êtes un diable; mais tout le monde convient que vous êtes plus qu'un homme. »

Dans l'intimité, il revenait volontiers sur ce goût de l'esprit chez Napoléon. « Mais enfin, questionnait Villemain, l'empereur a-t-il de l'esprit comme Voltaire? — Ah! non, il est trop souverain pour cela. — Comme César? — Taisez-vous, mon cher, il n'a pas été si bien élevé. » Une autre fois, à propos d'une visite à l'École normale : « L'empereur, si puissant, si victorieux, n'est inquiet que d'une chose dans le monde : des gens qui parlent, et, à leur défaut, des gens qui pensent; et cependant il les aime assez, ou, du moins, il ne peut s'en passer... »

Mais la flatterie délicate de Narbonne n'est le plus souvent que le passeport de ses sages avis, avis provoqués, discutés, répétés sans cesse, et hélas! peu suivis. Il combat les velléités de schisme, il blâme la conduite de l'empereur envers Pie VII : « Vous le savez, Sire, il n'y a pas assez de religion en France pour en faire deux. » Et comme Napoléon cite le cardinal Maury « qui fait fort bien ses fonctions d'archevêque de Paris, même sans avoir ses bulles » : « Non, sire, reprend Narbonne, il trompe Votre Majesté; c'est un transfuge de Rome qui vous conseille la guerre contre elle, de peur d'avoir à lui rendre des comptes en temps de paix. »

Il se prononce avec la même fermeté contre la campagne de Russie, contre cette guerre du froid et de l'espace qu'il prophétise (1). Rien n'ébranle cette péné-

(1) On lit dans les *Mémoires* apocryphes de Bourienne que M. de la Chaise, préfet d'Arras, dit à l'empereur dans une harangue : « Dieu fit Bonaparte et se reposa, » et que là-dessus le comte de

tration, rien ne trouble l'accord de la parole avec la pensée. L'empereur, dans un moment d'impatience, ayant commandé de brûler une voiture de Narbonne, lui fait aussitôt envoyer par le grand maréchal mille louis avec quelques volumes de choix, dans une cassette. Il accepta les volumes, et distribua l'or aux soldats. Le lendemain, avant de se remettre en marche, l'empereur lui dit doucement : « Eh bien! Narbonne, l'avarie du bagage est-elle réparée? Vous avez reçu?... — Oui, Sire, avec reconnaissance, mais, comme Votre Majesté le permettra sans doute, je n'ai gardé de l'envoi et de la cassette que les livres, entre autres deux traités de Sénèque : *de Beneficiis* et *de Patientia*. En campagne cela est bon à porter avec soi. » L'empereur saisit parfaitement ce latin au passage, et ne dit rien.

L'attitude spirituellement modeste et simplement héroïque de Narbonne, pendant cette campagne de Russie, d'où le capitaine, si longtemps réputé invincible, revenait vaincu par la chimère, ou ne remportant plus que des victoires *blessées à mort*, rappelle le noble et patriotique langage qu'exilé, décrété d'accusation, mis hors la loi, il tint vingt et un ans auparavant à Pitt, qui le pressait de questions habiles sur l'état intérieur de la France : « L'honneur est encore dans les camps de la République : prenez garde d'unir, malgré eux, tous ceux que vous enveloppez de la même haine. Nous autres

---

Narbonne remarqua : « Dieu aurait bien fait de se reposer plus tôt. » Le mot ne doit pas être authentique, ou peut-être remonte-t-il à l'époque où Narbonne vivait dans la retraite.

bannis et condamnés par contumace, nous sommes de mauvais témoins sur la force et l'esprit de la France; nous ne voyons que les crimes partiels dont nous avons senti l'atteinte; mais défiez-vous de ce qu'ils peuvent recéler derrière eux d'audace et d'énergie!... A la menace de la guerre et de l'invasion, j'ai vu accourir sous le drapeau tricolore des milliers de volontaires; j'ai vu des officiers royalistes devenir républicains sous le feu de l'ennemi, et le point d'honneur de naissance bien moins puissant que la consigne... Personne ne vous livrera le secret et la force de la France. Ce secret et cette force sont partout. »

Narbonne considérait avec raison que les hommes qui ont touché au gouvernement, ont contracté une autre dette que celle de la fidélité commune; qu'ils sont engagés à leur pays, comme le prêtre l'est au pénitent dont il a reçu la confession; qu'il y a là un secret dont rien ne saurait dégager, ni le malheur, ni même le crime de ceux qui l'ont confié. L'honneur, le devoir du diplomate, de l'ancien ministre, s'ajoutent ainsi à ceux du simple citoyen, se superposent, rendent leur consigne plus compliquée, plus rigoureuse aussi. Dans les circonstances les plus délicates, Narbonne a compris, défini, pratiqué le patriotisme tel que nous l'entendons aujourd'hui, ce sentiment pur, exalté, intransigeant, qui ne rapporte pas tout au chef de l'État, mais à la France, cette auguste personne morale, quels que soient ses gouvernants, bons ou mauvais, sentiment qui nous fait chérir cette France comme une mère aime son enfant, comme le paysan aime son champ, le soldat son drapeau, sentiment connu de Jeanne d'Arc, de l'Hospital, de Richelieu, familier à tous les grands cœurs, mais qui, depuis un siècle surtout, s'est *fait peuple*, s'est enraciné dans l'âme de chacun, et qui, parfois assoupi aux jours de tranquillité, se réveille et sonne comme une fanfare aux heures d'angoisse et de péril national.

Les hommes d'État se partagent en deux classes : ceux qui créent, ceux qui exécutent. Ceux-là, ayant reçu d'en haut l'étincelle divine, fraient des voies nouvelles, fondent, ressuscitent, agrandissent les empires, installent les gouvernements, poussent leurs peuples vers de grandioses destinées : tels Alexandre, César, Napoléon, Frédéric II, Pierre le Grand ; tels un Richelieu, un Cavour ; tel peut-être le chef obscur d'une peuplade barbare qu'il initie à la civilisation, car l'homme est grand dans la mesure où il crée. Ceux-ci, nés avec de rares talents que fortifie l'expérience, insuffisants comme généraux, incomparables comme lieutenants, peu propres à diriger, à commander, excellents pour conseiller, obéir, exécuter, ne sachant guère dominer une situation, mais plutôt la comprendre et en tirer profit pour la nation, les premiers des seconds en un mot ; tel Talleyrand, le plus illustre des subalternes, le meilleur modèle dans l'art de parvenir, ambassadeur ou ministre du Directoire, de l'Empire, de la Restauration, de la Monarchie de Juillet, dont la vie si mouvementée, le caractère, la haute et persistante fortune, offrent un sujet d'études curieusement déconcertant. Sphinx moral, sibylle diplomatique, connaîtrons-nous jamais son dernier mot? Qu'importe, après tout? Le sphinx n'a pu s'empêcher de parler et d'agir, la sibylle a montré ses livres, les Œdipes ont deviné l'énigme, les incrédules ont arraché le masque, les savants ont déchiffré l'oracle (1).

Talleyrand, c'est l'esprit fait homme, l'esprit élevé à la quatrième puissance, un des plus grands génies mondains qui aient existé, un de ceux qui surent le mieux vivre dans un salon, en devenir le héros, plaire aux femmes, faire servir celles-ci au succès de ses entreprises. Il possède d'ailleurs presque toutes les

---

(1) Né en 1754, mort en 1838. — *Mémoires du prince de Talleyrand*, 5 vol. — SAINTE-BEUVE : *M. de Talleyrand*, 1 vol. in-8°, Calmann-Lévy. — *Souvenirs intimes sur M. de Talleyrand*, recueillis par Amédée PICHOT. — LOMÉNIE : *Galerie des Contemporains illustres*. — *Essai sur Talleyrand*, par Henry LYTTON-BULWER, traduction de G. PERROT. — MIGNET : *Portraits et Notices*, tome Ier. — CHATEAUBRIAND : *Mémoires d'outre-tombe*. — George SAND : *Revue des Deux-Mondes*, octobre 1834. — LAMARTINE : *Cours familier de littérature*. — *Mémoires de Metternich, de Mme de Rémusat, du Chancelier Pasquier, du Général de Ségur, de M. de Gagern*. — Paul DESCHANEL : *Hommes d'État et orateurs*. — Marquis DE CASTELLANE : *Nouvelle Revue*, 15 février, 15 mars 1888. — — Georges PALLAIN : *Correspondance inédite du prince de Talleyrand et du roi Louis XVIII ; La Mission de Talleyrand à Londres en 1792*, 1 vol ; *Le Ministère de Talleyrand sous le Directoire*, 1 vol. ; *L'Ambassade de Talleyrand à Londres*, 1 vol. — Henri WELSCHINGER : *Le Duc d'Enghien*. — Charles BRIFAUT : *Récits d'un vieux parrain*. — BOULAY DE LA MEURTHE : *Les justifications de Talleyrand pendant le Directoire*. — A. MARCADE : *Talleyrand prêtre et évêque*. — Comtesse de MIRABEAU : *Le Prince de Talleyrand et la Maison d'Orléans*. — Albert SOREL : *L'Europe et la Révolution française*, 4 vol. ; *Essais d'histoire et de critique*, 1 vol. ; *Lectures historiques*, 1 vol. — Baron Valentin DE X. : *Les Femmes de M. de Talleyrand*. — Mary SUMMER : *Les belles Amies de M. de Talleyrand*. — Édouard FOURNIER : *L'Esprit dans l'histoire*... — Frédéric MASSON : *Les Diplomates de la Révolution*, etc.

variétés de l'esprit, l'esprit d'observation, l'esprit de trait et d'ironie, l'esprit des affaires, l'esprit du diplomate, l'esprit du silence, l'esprit de sa situation, l'esprit de son temps, d'aujourd'hui et de demain, le charme, la finesse et le sang-froid de l'esprit.

Un bon mot commence sa fortune, ses discours sont des mots, et, dans les circonstances les plus épineuses, il se tire d'embarras ou met les rieurs de son côté par quelque vive repartie. — Très jeune encore, il était au cercle de Mme du Barry; les habitués parlaient de bonnes fortunes, tandis qu'il ne sonnait mot. — « Et vous, vous ne dites rien, Monsieur l'abbé, remarque la dame de céans. — Hélas! Madame, je faisais une réflexion bien triste. — Et laquelle? — Ah! Madame, c'est que Paris est une ville dans laquelle il est plus aisé de plaire aux femmes que d'obtenir des abbayes. » Le mot, répété à Louis XV, aurait valu à l'abbé de Périgord son premier bénéfice.

Un matin de 1808, Napoléon ayant aperçu le prince de Bénévent à son lever, l'apostrophe violemment : « Que venez-vous faire ici? Me montrer votre ingratitude?... Vous affectez d'être d'un parti d'opposition... Si j'étais malade dangereusement, je vous le répète, vous seriez mort avant moi... » Mais lui, avec la grâce et la quiétude d'un courtisan qui reçoit de nouvelles faveurs : « Je n'avais pas besoin, Sire, d'un pareil avertissement pour adresser au ciel des vœux bien ardents en faveur de la santé de Votre Majesté. » Il se vengeait de l'empereur en organisant contre lui la guerre des épigrammes. Le silence était, en général, sa seule réponse aux sorties de celui-ci. Tout au plus, un jour, après une de ces scènes foudroyantes, se prit-il à murmurer en descendant l'escalier : « Quel dommage qu'un si grand homme ait été aussi mal élevé ! » Lannes prétendait que si, en vous parlant, il venait à recevoir un coup de pied par derrière, son visage n'eût pas bronché. Son impassibilité eût déjoué ce cardinal d'Ossat (1) dont Charles-Quint disait qu'il ne suffisait pas de se taire devant lui : rien ne prépare mieux à la diplomatie que la théologie. Napoléon Ier, qui savait l'apprécier, déclare qu'après tout c'était encore l'homme qui connaissait le mieux ce siècle et le monde, les cabinets et les peuples, le seul avec lequel il pût causer des grandes questions européennes : aussi, après l'avoir boudé quelque temps et tenu à l'écart, comme Talleyrand continuait de se montrer au lever, il recommençait à l'entre-

---

(1) D'Ossat, « homme fin comme martre et doux comme une hermine, observe Barbey d'Aurevilly, physionomie spirituelle, modeste, et ne manquant pas de fermeté, voulant patiemment et toujours, et ayant la foi au succès comme tous les forts et les heureux de ce monde. On est étonné du nombre d'efforts, de démarches, de lettres que l'on trouve dans sa correspondance, pour amener des changements sans brusquerie dans l'esprit et les résolutions des hommes avec qui il avait affaire. C'est un serpent de velours qui baise continuellement les pieds du Pape, et les lui lie *torpeusement*, sans avoir l'air de bouger. Il me confirme dans l'idée que l'on obtient tout ce que l'on veut des hommes par la persévérance sans colère et par l'idée fixe, éternellement reproduite, et presque toujours dans les mêmes termes, et avec le même accent. » — Le cardinal d'Ossat disait à Clément VIII, quand il hésitait à recevoir les ambassadeurs de Henri IV, qu'un pape serait obligé de donner audience au diable, si le diable venait en personne dans son antichambre la lui demander.

tenir. Un jour, il l'interroge brusquement sur les origines justement suspectes de sa grande fortune : « Sire, répond Talleyrand, j'ai acheté des rentes le 17 Brumaire, et je les ai revendues le 19. »

« J'admire, disait Louis XVIII, votre influence sur tout ce qui s'est passé en France. Comment avez-vous fait pour abattre, d'abord le Directoire, et, plus tard, la puissance colossale de Bonaparte ? — Mon Dieu, Sire, je n'ai vraiment rien fait pour cela : c'est quelque chose d'inexplicable que j'ai en moi, qui porte malheur aux gouvernements qui me négligent. » Après son discours contre la guerre d'Espagne, on parla à Paris de disgrâce complète, d'exil même. Tout se borna à quelques pointes dans le genre de celle-ci : « Est-ce que vous ne comptez pas retourner à la campagne ? — Non, Sire, à moins que Votre Majesté n'aille à Fontainebleau ; alors j'aurais l'honneur de l'accompagner pour remplir les devoirs de ma charge. — Non, non, ce n'est pas cela que je veux dire ; je demande si vous n'allez pas repartir pour vos terres ? — Non, Sire. — Ah !... mais dites-moi un peu, combien y a-t-il de Paris à Valençay ? — Sire, il y a... quatorze lieues de plus que de Paris à Gand. »

D'aucuns cependant ont contesté l'esprit de Talleyrand, ou du moins prétendu l'enfermer dans des limites tellement étroites qu'il n'en resterait pas grand'chose. On a raconté que, pour tout bréviaire, l'ex-évêque d'Autun lisait et relisait l'*Improvisateur français*, recueil d'anecdotes et de bons mots en vingt et un volumes, disposés par ordre alphabétique pour plus de commodité ; et il est certain qu'il avait pour collaborateurs, et l'opinion publique, et les faiseurs de mots. Tout a été dit, et la conversation n'est qu'un perpétuel recommencement, quant au fond ; mais il y a la forme, le moule à gaufres, la différence entre un Benvenuto Cellini et le bibelot en plâtre à vingt-neuf sous, entre Meissonier et le peintre d'attributs. Que Talleyrand ait été ce qu'était le buste de Pasquin pour les oisifs de Rome, une sorte de monument banal où chacun s'arrogeait le droit d'afficher ses saillies bonnes et mauvaises, rien de plus évident. Mais il y a autre chose ici : amis, indifférents, ennemis, tous ceux qui l'ont connu rendent hommage à sa qualité maîtresse, l'esprit. Chateaubriand lui-même, dans un portrait étincelant de haine, en fait l'aveu ; Dumont, l'impartial Dumont, qui revint avec lui de Londres, admire « combien il était délicieux dans le petit espace carré d'une voiture ». Dans un autre genre, au Congrès de Vienne, son esprit et sa bonne grâce d'ancien gentilhomme d'avant 1789 mirent les salons de son côté, tandis que son habileté consommée et attentive, sa connaissance profonde de tous les ressorts politiques, assuraient son prestige autour de ce tapis vert où il représentait la France vaincue parmi les vainqueurs, où d'ailleurs il retrouvait maint diplomate ami avec lequel il avait souvent débattu les intérêts de l'Europe. On sait que la Correspondance de Louis XVIII et de Talleyrand pendant le Congrès de Vienne fait grand honneur à tous les deux.

Un de ses biographes affirme qu'il s'habillait comme un petit-maître, pensait comme un déiste, et prêchait comme un saint. Ses sermons, s'il en existe, n'ont pas été recueillis, mais ses travaux pendant la Constituante sont mieux connus. Il se montra député très actif, sinon très laborieux, car il était assez indolent, passé maître dans l'art de faire travailler les autres pour lui, de se parer de leurs dépouilles. Il prit à Gailhe le rapport sur l'instruction publique qu'il lut à l'Assemblée nationale. On affirme que ses discours étaient l'ouvrage de l'abbé Bourlier, depuis évêque d'Évreux; que, plus tard, il composa avec Colmache, l'abbé Desrenaudes, le comte d'Hauterive, ses rapports, discours, pièces diplomatiques, jusqu'à de simples lettres.

Il faudrait un gros volume pour peindre Talleyrand homme du monde, homme d'esprit, homme privé : je rappellerai encore quelques traits.

A l'une des premières séances de la Constituante, comme il s'agissait d'élire le président, Mirabeau prit la parole pour indiquer à ses collègues les conditions de caractère, de talent, que devait offrir le candidat, et il s'exprima de telle sorte qu'il était impossible de ne pas le reconnaître dans le portrait qu'il venait de tracer : « Il ne manque qu'un trait à ce que vient de dire M. de Mirabeau, observa Talleyrand, c'est que le président doit être marqué de la petite vérole. »

Il gardait rancune au directeur Rewbel de certain procédé; celui-ci, qui louchait, lui ayant demandé comment allaient les choses, il répondit : « De travers, comme vous les voyez. » En 1797, un autre directeur, La Reveillère-Lépeaux, venait de lire son mémoire sur la théophilanthropie et les formes qu'il prétendait donner à ce nouveau culte : « Je n'ai qu'une observation à faire, opina Talleyrand ; Jésus-Christ, pour fonder sa religion, a été crucifié et est ressuscité ; vous devriez tâcher d'en faire autant. »

Quand M. de Talleyrand ne conspire pas, il trafique, a dit Chateaubriand. Dépensant beaucoup, recevant avec magnificence (il passait pour avoir le meilleur cuisinier de Paris), le diplomate considérait sa haute situation comme une mine d'or, faisait payer ses complaisances, non en tabatières ou en brillants suivant l'usage, mais en argent comptant. Napoléon demanda à un prince allemand : « Combien Talleyrand vous a-t-il coûté ? » Il évaluait lui-même à soixante millions ce qu'il pouvait avoir reçu des puissances, et préférait ces aubaines aux spéculations de bourse. « Ne jouez jamais, conseillait-il à un de ses protégés ; j'ai toujours joué d'après des nouvelles sûres, et cela m'a coûté tant de millions. » Et il disait un chiffre de perte, oubliant sans doute un peu le chiffre des gains.

Lorsque M. de Champagny lui succéda comme ministre des Affaires étrangères, Talleyrand présenta en ces termes son personnel : « Monsieur, voici des gens recommandables dont vous serez content, fidèles, habiles, exacts, mais, grâce à mes soins, *nullement zélés.* » Mouvement de surprise du nouveau ministre. « Oui, Monsieur, continua Talleyrand ; hors quelques petits expéditionnaires qui font, je pense, leurs enveloppes avec un peu de précipitation, tous ont ici le plus grand calme, et se sont déshabitués de l'empressement. Quand vous aurez eu à traiter un peu de temps des intérêts de l'Europe avec l'empereur, vous verrez combien il est important de ne se point hâter de sceller et d'expédier trop vite ses volontés. » Et Talleyrand ne manqua point de régaler l'empereur de cette histoire.

Si sa morale est celle d'un roué, il estime que sa politique est nationale, raisonnable ; et je crois qu'il aimait la France, mais il s'aimait en elle, ou l'aimait à travers lui : « J'ai toujours été fidèle aux personnes, disait-il à Montalivet, aussi longtemps qu'elles ont obéi au sens commun... » Quant à se montrer le courtisan du malheur, une telle conduite lui eût paru le comble de la niaiserie : « Il ne convient pas à tout le monde de se faire écraser par les ruines d'un édifice qui va crouler. » Son rôle prépondérant en 1814 a été affirmé par l'empereur Alexandre en ces termes : « Lorsque j'arrivai à Paris, je n'avais aucun plan ; je m'en rapportai à Talleyrand ; il avait dans une main la famille de Napoléon et dans l'autre celle des Bourbons : j'ai pris celle qu'il me présenta. »

Vers la fin de 1815, un solliciteur implore sa protection, fait valoir qu'il est allé à Gand. « A Gand ? En êtes-vous bien sûr ? — Comment ? — Oui, dites-moi franchement si vous y êtes allé, ou si vous n'avez fait qu'en revenir... car, voyez-vous, j'y étais, moi ; nous y étions sept ou huit cents, et, à ma connaissance, il en est revenu plus de cinquante mille royalistes. »

Dans les dernières années de sa vie, Talleyrand voulut cultiver son voisin de campagne, Royer-Collard, qui habitait Château-Vieux, à quatre ou cinq lieues de Valençay. Royer-Collard était un philosophe religieux, et le diplomate octogénaire, en se ménageant ses sympathies, commençait de se réconcilier avec la morale et la religion. La duchesse de Dino, sa nièce, le seconda puissamment : le grand doctrinaire capitula, mais il fit ses conditions ; il fut stipulé que sa femme et ses filles n'iraient point à Valençay. Quand on songe qu'en d'autres temps il avait dit ce mot : « Il y a deux êtres dans le monde que je n'ai jamais pu voir sans un soulèvement intérieur : c'est un régicide et un prêtre marié », on conviendra qu'il dut y mettre du sien.

La duchesse de Dino voulait que Talleyrand fît une fin religieuse ; elle-même étant tombée malade à la campagne, demanda à recevoir les sacrements, et comme il était accouru : « Que voulez-vous ? dit-elle, c'est d'un bon effet pour les gens, et l'impiété est la plus grande des indiscrétions. » Après un instant de réflexion, il acquiesça : « Il est vrai qu'il n'y a pas de sentiment moins aristocratique que celui de l'incrédulité. » On connaît sa conversion par l'abbé Dupanloup, sa dernière maladie, la visite de Louis-Philippe, le salon voisin de la chambre du mourant encombré par l'élite de la société parisienne, venue par convenance, par curiosité, quelques-uns par attachement, parlant de choses étrangères, attendant avec insouciance le dénouement. Les propos de chacun, en sortant de la chambre mortuaire, étaient curieux à noter. Les légitimistes disaient : « Il est mort en bon gentilhomme. » Une dame de la vieille cour lança le meilleur mot : « Enfin il est mort en homme qui sait vivre. » Le représentant d'une cour du Nord vint gaiement annoncer la nouvelle à M. Guizot : « Eh bien ! vous savez ! Le prince de Talleyrand a fait son entrée triomphale aux enfers. Il y a été fort bien reçu. Satan lui a rendu de grands honneurs, tout en formulant cette réserve : « Prince, « vous avez un peu dépassé mes instructions. »

Les écrivains impartiaux regardent Talleyrand comme un homme de cour et de diplomatie, non de gouvernement libre, courtisan consommé dans l'art de plaire et de servir sans scrupules, habile et puissant dans une crise ou un congrès, indifférent aux moyens et presque aussi au but, pourvu qu'il y trouvât son intérêt personnel ; ils lui refusent l'autorité du caractère, la fécondité de l'esprit, la promptitude de la résolution, la puissance de la parole, l'intelligence sympathique des idées générales et des passions publiques. Ce n'est certes pas à lui qu'on pourrait appliquer la circonstance atténuante invoquée par le comte de Broglie en faveur des nouveaux ministres de Louis XV : « Pour si sage, pour si réservé, pour si vertueux que le roi puisse le choisir, dès qu'un d'eux est nommé, il part, il fait en route de bons projets, il arrive à Versailles avec sa belle âme : mais, à l'entrée du château, un petit diable se trouve là qui lui seringue dans le corps une âme de ministre, et le lendemain il ne vaut pas mieux que les autres. »

Talleyrand excellait à mettre en maximes ses principes, ou plutôt son absence de principes. Ce qui lui manqua en effet, c'est l'amour du vrai, du beau, du bien, plus nécessaire aux politiques qu'on n'imagine, l'amour de la patrie, l'amour du peuple, sentiments qui transportent les grandes âmes, les âmes immodérées à la Richelieu, comme les appelait Saint-Évremond, et les élèvent à des hauteurs sublimes dans la conscience de l'humanité. Personne n'a jamais mieux su les convenances, la forme et l'écorce des choses, mieux calculé les circonstances, les devoirs et les vertus ; seulement une politique tout arithmétique et matérialiste ne suffit pas aux nations qui vivent non seulement de pain, mais encore de nourriture idéale, de foi, d'espérance et d'enthousiasme : la grandeur tragique de la raison d'État est aussi une religion. Les sceptiques comme Talleyrand se trompent dans leur mépris de l'humanité, comme Pangloss dans son optimisme ; si le cœur d'un homme d'État doit être dans sa tête, il faut que cette tête regarde en haut aussi souvent qu'en bas, que le cœur conserve son logement indépendant, que le locataire ne demeure pas à la merci du propriétaire, mais fasse sentir son influence en obtenant les réparations nécessaires.

A partir du XVIIIe siècle, les diplomates étrangers n'ont plus cessé de fréquenter les salons français, et je n'en finirais pas d'énumérer ceux auxquels l'esprit et la courtoisie ont conféré leurs lettres de grande naturalisation (1).

---

(1) *Mémoires de Metternich.* — Charles DE MAZADE : *Un chancelier de l'ancien régime. Le règne diplomatique de M. de Metternich,* 1 vol. Plon. — Albert SOREL : *Essais d'histoire et de critique,* 1 vol. in-18. Plon. — Ernest BERTIN : *La Société du Consulat et de l'Empire.* — Albert VANDAL : *Napoléon et Alexandre,* 3 vol. — George COGORDAN : *Joseph de Maistre.* — BARBEY D'AURÉVILLY : *Mémoires historiques et littéraires.* — *Mémoires et Correspondance du baron de Barante,* 8 vol. Calmann-Lévy. — *Correspondance*

Voici par exemple le prince de Metternich, dont le trait original fut la ténacité dans les idées, unie à l'aménité dans les formes, à une fatuité extraordinaire, Metternich si fêté dans les salons du Premier Empire, en particulier dans celui de Caroline Murat qui « était sa Cléopâtre », Metternich dont Napoléon disait : « Il est tout près de devenir un homme d'État, il ment très bien »; qui critiquait finement l'engouement du Gouvernement de Louis-Philippe pour l'alliance anglaise : « C'est une belle chose que l'alliance de l'homme et du cheval, mais il ne faut pas être le cheval »; à qui Guizot adressait ce billet doux : « J'ai de bonnes nouvelles de votre santé, j'en fais mon compliment à l'Europe. » En 1848, il lançait cette réflexion : « Je suis tellement dégoûté de la fraternité que, si j'avais un frère, je l'appellerais *mon cousin.* » Même alors, et beaucoup plus tard, il répétait dans sa superbe : « Jamais l'erreur n'a approché de moi. » Il y a en effet des gens qui ne se trompent pas, même quand les événements infligent

---

diplomatique du Comte Pozzo di Borgo, 2 vol. — LANSAC DE LABORIE : *Deux ambassadeurs, Pozzo di Borgo et Barante. (Correspondant*, 25 avril 1897.) — Vicomte MAGGIOLO : *Pozzo di Borgo*, 1764-1842. — L.-M. CASABIANCA : *L'Ambassadeur Pozzo di Borgo.* — PUGLIESI-CONTI : *La Vérité sur l'Ambassadeur Pozzo di Borgo.* — VALBERT : *La Correspondance du Comte Pozzo di Borgo*, dans *Revue des Deux-Mondes* du 1er mai 1890. — *Œuvres de Charles Brifaut.* — *Mémoires du Comte de Beust.* — Robert DE BONNIÈRES : *Mémoires d'aujourd'hui*, 3 vol. — Adrien MARX : *Les petits Mémoires de Paris.* — *Pictet de Rochemont*, par VALBERT, dans *Revue des Deux-Mondes* du 1er janvier 1892. — *Mémoires politiques et Correspondance diplomatique de Joseph de Maistre, publiés par Albert Blanc.* — Comte d'ANTIOCHE : *Négociations masquées.* — Baron DES MICHELS : *Souvenirs de carrière*, in-8°. Plon.

le plus rude démenti à leur politique, à leurs prophéties : ce sont les événements qui ont tort, voilà tout; ils les méprisent d'être arrivés, ils les nient ou les négligent, comme ces historiens dont le siège est fait, qui négligent les arguments capables d'infirmer leurs thèses, ou leur mettent la camisole de force pour les adapter à leurs préjugés. Ils deviennent des voyants.

Deux autres mots de Metternich : « J'ai quelquefois gouverné l'Europe, je n'ai jamais gouverné l'Autriche. » Ici, la modestie l'emporte-t-elle sur l'orgueil, ou celui-ci a-t-il le dernier mot? Et cette réponse à l'Empereur qui s'étonnait de sa jeunesse : « J'ai l'âge qu'avait Votre Majesté quand Elle gagna la bataille de Marengo. »

« J'ai fait de l'histoire, disait-il, je n'en écris pas. » On l'appela, comme Pitt, le ministre des préparatifs, — ou bien encore le grand prévôt de l'Europe; il se comparait vers la fin à un dictionnaire que les jeunes gens peuvent feuilleter à volonté. Il se montra « plus spirituel que sa politique », tenta de tuer la révolution que d'autres essayaient d'apprivoiser, et ne réussit qu'à l'endormir. Chateaubriand écrit dans le *Congrès de Vérone :* « Occuper longtemps la première place, rester chef du cabinet sous des souverains successifs sans rien changer au système que l'on adopta de prime-abord, se donner l'inviolabilité d'un roi au milieu de toutes les jalousies de cour, dénote une habileté qu'on ne saurait révoquer en doute. L'autorité vient-elle du génie du gouvernant, ou de la médiocrité du gouverné : c'est ce qui demeurerait à démêler dans M. de Metternich. »

Le comte de Cobentzl, hôte assidu de Joseph Bonaparte à Mortefontaine en 1801, « savait par cœur nos poètes et principalement nos poètes dramatiques ; il répétait des scènes comiques, dit Méneval, avec une verve qui approchait de la bouffonnerie ; il organisait des petits jeux, des charades ou des tableaux en action, où il avait toujours un rôle, et dont les sœurs du Premier Consul étaient les premiers personnages. Le comte Cobentzl parlait le français sans accent ; il n'avait d'allemand que le nom. Quoique louche, gros, gras et court, ses manières étaient aisées et gracieuses, sa conversation était en général superficielle et abondait en saillies, son esprit était plus ingénieux que profond. Il affectait une vivacité et une égalité d'humeur qu'altérait par moments une préoccupation soudaine. Il n'avait pas achevé le récit d'une anecdote très gaie, genre qu'il affectionnait, que ses traits devenaient immobiles, le sérieux remplaçait le rire ; son regard indécis s'arrêtait comme une machine dont les mouvements cessent tout à coup, sans cause apparente d'interruption. Son affectation de paraître enchanté de tout, et de trouver que ce qu'on lui proposait était justement ce qu'il avait désiré, faisait le tourment de l'excellente Mme Bonaparte, qui ne put jamais surprendre en lui le soupçon d'une préférence. » Encore un qui *préférait tout le monde, toutes choses,* et qui aurait pu s'appliquer le mot du courtisan : « Ne se brouille pas avec moi qui veut ! »

Pozzo di Borgo était né en Corse : devenu, après mainte vicissitude, ambassadeur du tsar auprès des Bourbons, ennemi décidé de son compatriote Napoléon Ier, qu'il admire cependant comme « un être immense et incompréhensible, un phénomène qui ne se reproduira plus, et qui est à lui seul un univers moral et politique », esprit clairvoyant, doué de cette divination diplomatique qui faisait dire à un de ses collègues qu'il trouvait toujours Pozzo di Borgo de six mois en avance sur les autres, serviteur fidèle de la Russie, mais resté ami passionné de la France et conseiller sagace des Bourbons, ayant ses convictions qu'il s'efforçait de faire prévaloir, s'arrogeant le droit de représentation, de remontrance, au point de subordonner souvent ses instructions à sa politique personnelle, signalant avec force les folies des ultra, jacobins blancs et révolutionnaires à rebours, actif au point de considérer le repos comme la pire des fatigues, et de redouter avant tout « le terrible fardeau de ne rien faire », sachant concilier l'extrême finesse avec la générosité d'âme, pensant que l'art diplomatique consiste à « conquérir l'influence par des principes généreux et par une conduite », et voulant que l'intrigue elle-même fût mise au service des principes, Pozzo di Borgo, qui savait par cœur Dante, et se nourrissait avec délices des classiques, était en même temps un parent, un ami parfait, « un cœur d'or servi par une langue de diamant », de ceux dont le poète a dit :

Rien qu'en le regardant, on lui devient ami,

et enfin un causeur de premier ordre, très goûté dans les salons de la Restauration, si délicieux que lorsqu'il avait cessé de parler, on l'écoutait encore. « Du moment qu'il fut admis dans notre intimité, dit Mme de Noailles (1), il en devint un membre précieux par la force et l'originalité de son esprit. C'était un bel homme de son âge, toujours vêtu avec une simplicité qui ne manquait pas d'élégance, et qui prouvait son bon goût en toute chose. Supérieur avec bonhomie, racontant en peintre les immenses événements auxquels il avait pris part, mettant les considérations les plus graves à la portée de la frivole jeunesse, et s'en faisant écouter avec plaisir, grâce à sa gaîté méridionale, à son langage pittoresque et familier; sachant à fond tout ce qu'il n'avait pas eu le temps d'étudier, disant seulement ce qu'il voulait dire, mais paraissant toujours entraîné. Enfin un trésor de conversation, malgré les réticences de la diplomatie, lesquelles au reste, comme je l'ai souvent remarqué, dissimulent rarement la véritable marche des affaires. Les hommes d'État cachent leurs pensées, mais ne réussissent pas à dominer leurs impressions. Le comte Pozzo avait aussi un lien avec nous, c'était notre commun attachement pour le duc de Richelieu... »

Mme de Staël lui reprochant après 1815 d'être devenu terre à terre, lui qu'elle avait connu céleste, il répond que, depuis son entrée à Paris, il s'était fait homme pour les péchés des autres.

Il disait de Villèle : « Ce serait un grand ministre s'il avait un maître. »

---

(1) *Vie de la princesse de Poix née Beauvau*, par la vicomtesse de Noailles.

« L'intérêt de Talleyrand pour les autres, écrit-il, est proportionné au besoin qu'il en a dans le moment; ses civilités mêmes sont des placements à usure qu'il faut payer avant la fin de la journée... » — « Le bon sens, s'écrie-t-il à propos des vaniteux médiocres, est dans la lune avec celui de Roland furieux. »

Notons encore cette réplique de Mme de Souza, ambassadrice du Portugal, à Napoléon qui l'interpellait brusquement : « Vous arrivez de Berlin; que dit-on de nous là-bas ? Y aime-t-on la France ? — Sire, on aime la France à Berlin... comme les vieilles femmes aiment les jeunes (1). »

Chateaubriand, dans ses *Mémoires* et son livre sur le *Congrès de Vérone,* nous présente quelques diplomates : portraits vivants, où l'on retrouve la palette, l'imagination pittoresque du grand peintre ; il se moque de la diplomatie, avec une ironie hautaine qui ne voudrait sans doute point qu'on le prît au mot lorsqu'il se met lui-même sur la sellette : en réalité, il foule aux pieds ses collègues, pour en faire litière à son orgueil.

« M. d'Alopeus, mon collègue (à Berlin), avait la douce manie de se croire adoré. Il était persécuté par les passions qu'il faisait : « Ma foi, disait-il, je ne sais

(1) Sur la diplomatie sous le Premier Empire, voir les belles études du comte Albert Vandal sur *Napoléon Ier et Alexandre;* — Capefigue : *Les Diplomates européens;* — Valbert : *Napoléon et Caulaincourt d'après une publication récente;* — Albert Sorel : *Essais d'histoire et de critique; Lectures historiques;* — Marquis de Castellane : *Essais de psychologie politique.*

« ce que j'ai : partout où je vais, les femmes me suivent. Mme d'Alopeus s'est attachée obstinément à « moi. » Il eût été excellent saint-simonien... La société privée, comme la société publique, a son allure : dans la première, ce sont toujours des attachements formés et rompus, des affaires de famille, des morts, des naissances, des chagrins et des plaisirs particuliers ; le tout varie d'apparences selon les siècles. Dans l'autre, ce sont toujours des changements de ministres, des batailles perdues ou gagnées, des négociations avec les cours, des rois qui s'en vont ou des royaumes qui tombent...

« Le vieux comte Fuscaldi, en loques d'esprit et de corps, représente Naples (à Rome) comme l'hiver représente le printemps. Il a une grande pancarte de carton sur laquelle il étudie avec des lunettes, non les champs de rose de Pœstum, mais les noms des étrangers suspects dont il ne doit pas viser les passeports. J'envie son palais (Farnèse), admirable structure inachevée, que Michel-Ange couronna, que peignit Annibal Carrache aidé d'Augustin son frère, et sous le portique duquel s'abrite le sarcophage de Cecilia Metella, qui n'a rien perdu au changement de mausolée...

« Le comte de Celles, ambassadeur du roi des Pays-Bas, avait épousé Mlle de Valence, aujourd'hui morte : il en a eu deux filles, qui, par conséquent, sont petites-filles de Mme de Genlis. M. de Celles est resté préfet, parce qu'il l'a été : caractère mêlé du loquace, du tyranneau, du recruteur et de l'intendant, qu'on ne perd jamais...

« Par ci, par là, j'ai entendu de petits finauds de ministres de divers petits États, tout scandalisés du bon marché que je fais de mon ambassade : leur importance boutonnée, gourmée, silencieuse, marche les jambes serrées et à pas étroits ; elle a l'air prête à crever de secrets qu'elle ignore... »

« Trois poètes, M. Martinez de la Rosa, M. Canning et l'auteur de ce récit, se sont trouvés ministres des Affaires étrangères presque en même temps. « Il est « peu d'hommes, dit Montaigne, abandonnés à la poésie, « qui ne se gratifiassent plus d'être pères de l'*Énéide* que « du plus beau garçon de Rome... » Je me jette aux affaires d'État et à l'univers plus volontiers quand je suis seul. Je suis fait à me porter allègrement aux grandes compagnies, pourvu que ce soit par intervalles, et à mon point.

« Le comte de Bernstorff était ministre des Affaires étrangères à Berlin lorsque nous étions ministre plénipotentiaire de France auprès de cette même cour. Sa femme, grande et belle, rappelait cette ambassadrice du Danemark auprès d'Anne d'Autriche. « Elle prit la « main de la reine, dit Mme de Motteville ; l'ayant dé« gantée, elle la baisa et la loua de bonne grâce avec « tant de familiarité, qu'il semblait qu'elle fût sa sœur « et qu'elle l'eût vue toute sa vie. Ces choses plurent à « la reine, et toute la journée on ne parla que de la Da« noise, de sa douce gravité, et des marques qu'elle « avait données d'avoir beaucoup d'esprit et de raison. »

Chateaubriand devance Bismarck dans son dédain de la diplomatie.

« Je veux, dit-il, défendre les gens de lettres contre les gens de diplomatie, de comptoir et de bureau.

« Il ne faut pas que ceux-ci s'avisent de se croire au-dessus d'hommes dont le plus petit les dépasse de toute sa tête ; quand on sait tant de choses, comme messieurs les positifs, on devrait au moins ne pas dire des âneries. Vous parlez de *faits*, reconnaissez donc les *faits* : la plupart des grands écrivains de l'antiquité, du moyen âge, de l'Angleterre moderne, ont été de grands hommes d'État, quand ils ont daigné descendre jusqu'aux affaires. « Je ne voulus pas leur donner à entendre, dit Alfieri refusant une ambassade, que leur diplomatie et leurs dépêches me paraissaient, et étaient certainement pour moi moins importantes que mes tragédies, ou même celles des autres ; mais il est impossible de ramener cette espèce de gens-là : ils ne peuvent et ne doivent pas se convertir... »

Là-dessus Chateaubriand cite Solon, Périclès, Thucydide, Démosthène, Xénophon, les deux Scipion, Cicéron, César, L'Hospital, d'Ossat, Richelieu, Bacon. « Nonobstant ces exemples et mille autres, le talent littéraire, bien évidemment le premier de tous parce qu'il n'exclut aucune faculté, sera toujours dans ce pays un obstacle au succès politique : à quoi bon, en effet, une haute intelligence ? Cela ne sert à quoi que ce soit... » Vraie ou fausse, vous sentez bien que la thèse a pour but de glorifier l'auteur, dont la superbe égale le génie. Que n'a-t-il pas fait, prévu, empêché à Rome ? Cauteleux, fin, pas un mot à reprendre dans ses conversations avec les cardinaux secrétaires d'État, la comptabilité rétablie, l'exclusion donnée à un cardinal hostile, communication du journal secret du Conclave, chose qu'aucun ambassadeur n'avait pu obtenir, des causeries avec deux papes sur d'autres questions que des intrigues de cabinet : il a obligé ces papes de parler avec lui de religion, de liberté, des destinées futures du monde. « Est-ce là un diplomate qui sait son métier? Eh bien! voyez-vous, je brochais cette besogne diplomatique comme le premier ambassadeur venu, sans qu'il m'en coûtât une idée, de même qu'un niais de paysan de Basse-Normandie fait des chausses en gardant ses moutons : mes moutons à moi étaient mes songes. »

Le marquis Menabrea de Val Dora, ami de Cavour, premier ministre, ambassadeur d'Italie en Angleterre, en France, fut un autre charmeur de la bonne compagnie, réunissant dans une heureuse synthèse les dons de l'homme d'État, de l'érudit, de l'homme d'esprit et de l'homme aimable. Gladstone, je crois, lui fit un compliment qui prouve en quelle estime on le tenait en Angleterre : c'était dans un dîner officiel : « Eh bien! Monsieur l'ambassadeur, interroge Gladstone, commencez-vous à bien connaître l'anglais? — Oh! non, fait modestement le diplomate, on n'apprend pas à fond la langue de Shakspeare en quelques mois ; c'est à peine si je déchiffre les journaux. — Tant mieux, reprend son interlocuteur; je suis ravi de savoir qu'il y a une chose que vous ne connaissez pas très bien. »

Un trait de Menabrea, conté par Léon de la Brière (1),

---

(1) Léon de la Brière : *Mes amis.*

indique joliment le génie italien, prompt aux expédients, habile à respecter et à tourner tout ensemble la loi. Les Chambres ayant voté la suppression des corporations monastiques, plusieurs personnages, Gladstone entre autres, intervinrent en faveur de la célèbre abbaye du Mont-Cassin : le général Menabrea avait d'ailleurs pris les devants, et déclaré au cardinal Antonelli : « La loi supprime les ordres religieux ; elle ne me permet pas de sauver le Mont-Cassin en tant que monastère. Mais voici ce que j'ai imaginé. La loi reconnait les évêques, les diocèses ; faisons du Mont-Cassin un diocèse : l'évêque sera le Révérendissime Père Abbé ; les chanoines et le clergé, ce seront les Pères Bénédictins ; les diocésains, ce seront les paysans des trois villages de la montagne. Nous délimiterons, d'accord avec le Saint-Siège, la nouvelle circonscription épiscopale, et nous la reconnaitrons légalement. »

La *combinazione* réussit parfaitement.

Menabrea était encore un épistolier délicieux ; ses lettres fourmillent d'idées spirituelles, originales; retiré à Saint-Cassien, près de Chambéry, il entretenait une correspondance fort active avec cette admirable reine Marguerite, aujourd'hui veuve du roi Humbert, qui l'honorait de son amitié particulière, et lui donnait brillamment la réplique.

Le comte de Cavour (1) adora les salons parisiens;

---

(1) Charles de Mazade : *Le Comte de Cavour* — De la Rive : *Le Comte de Cavour*, récits et souvenirs. — *Discours de Cavour*, avec une préface de M. Artom, etc.

il fréquentait chez Mme de Circourt, séduisait, enjôlait Napoléon III et son entourage; Cavour, auquel Napoléon III (1) adressait ce compliment naïf : « Vous savez qu'il n'y a que trois hommes en Europe : nous deux et un troisième que je ne vous nommerai pas »; Cavour, qui s'entendait si bien à faire de l'histoire durable, véritable type d'homme d'État, et en même temps spirituel comme un grand seigneur d'autrefois. Lorsqu'on lui reproche de ne s'être pas opposé au mariage de la princesse Clotilde avec le prince Napoléon : « J'avais déjà donné le berceau, confesse-t-il, je pouvais bien donner l'enfant. » Il se ménage toujours pour complices le Parlement, l'opinion, estime qu'un ministre a le pouvoir qu'il sait prendre, que la plus mauvaise des chambres est encore préférable à la plus brillante des antichambres; donne à un ami cette excellente recette pour ne s'ennuyer jamais : « Je me persuade que personne n'est ennuyeux. » Il aurait voulu aussi que l'Italie eût deux capitales, une pour les dimanches, une pour les jours ordinaires. Cavour se résignait, avec quelque amertume, à ce que « son pays se régénérât en dépit

---

(1) Sur la diplomatie du Second Empire, on consultera avec fruit : Émile OLLIVIER : *L'Empire libéral*, tome III, pp. 118 et suiv. — ROTHAN : *Souvenirs diplomatiques; L'Europe et l'Avènement du Second Empire; La Prusse et son roi pendant la guerre de Crimée; L'Affaire du Luxembourg; La Politique française en 1866; La France et sa politique extérieure en 1867; L'Allemagne et l'Italie, 1870-1871*, 7 vol. in-8°. Calmann-Lévy. — L. THOUVENEL : *Nicolas Ier et Napoléon III; Le Secret de l'Empereur; Trois Années de la Question d'Orient*, 3 vol. in-8°. — D'HARCOURT : *Les Quatre Ministères de M. Drouyn de Lhuys.*

des salons de Paris », qui s'effrayaient, à bon droit, de ses entreprises; car les salons se sont trompés souvent, mais ils ont eu raison plus d'une fois aussi, et contre les gouvernements, et contre les engouements de l'opinion publique.

Manzoni disait de lui : « Cavour a tout de l'homme d'État, la prudence et même l'imprudence. » Mais il était de ceux en faveur desquels le hasard tient en réserve ses sourires, et qui conspirent avec le destin comme le paratonnerre conspire avec la foudre ; il savait l'importance des petites cartes dans ces parties hasardeuses où se décide le sort des royaumes, et livrait à un ami son secret pour mettre en défaut les diplomates : « Je dis la vérité, et je suis certain qu'ils ne me croient pas. »

Rappelons en passant la jolie réponse du baron de Rothschild, comme le premier ministre lui disait en riant : « Jouons à la hausse, achetons ensemble, je donnerai ma démission, il y aura une hausse de trois francs. — Vous êtes trop modeste, Monsieur le comte, vous valez bien six francs. »

Le comte de Bombelle, ambassadeur d'Autriche, et Mme de Bombelle, auxquels Alexandre Dumas, à la suite d'un petit démêlé, décocha ce distique plus spirituel que vrai :

Pourquoi donc ces gens-là s'appellent-ils Bombelle ?
Le mari n'est pas bon, la femme n'est pas belle.

Lord Lytton, ambassadeur, vice-roi des Indes, écrivain distingué, membre de ce dîner des Spartiates présidé par Arsène Houssaye, qui reçut de lui ce joli billet :

« A quoi bon être despote si on ne peut pas faire l'impossible? Votre ami Porus est forcément obligé de recommencer sa marche le mardi matin de bonne heure. Et en attendant les dieux lui refusent un moment de loisir. L'homme qui a inventé les côtelettes à la minute a cru sans doute étonner son époque : c'était un imbécile. Tout est à la minute aujourd'hui : excepté les fiacres qui sont à l'heure. Aussi on ne s'en sert pas. Mon éléphant m'emporte. Gardez-moi, cher ami, un bon souvenir, et rappelez-moi à celui de nos chers Spartiates. Votre bien dévoué.

« LYTTON. »

Arsène Houssaye, l'aimable auteur du *41e Fauteuil* et de ces six volumes de *Confessions* qui demeurent un monument de grâce pénétrante et d'esprit, trace cette figurine d'un autre diplomate :

« Le duc d'Acquaviva était un homme de lettres qui cachait ses œuvres. On ne peut pas jouer tous les rôles; il joua fort bien le sien, c'est-à-dire le duc d'Acquaviva. Ce fut un comédien charmant qui ne prit jamais au sérieux son rôle d'ambassadeur extraordinaire, quoiqu'il fût ambassadeur d'un roi et d'une république : il est vrai que c'était le roi de Monaco et la république de Saint-Marin. Mais que nous font les titres, à nous qui ne cherchons que l'homme dans l'homme? D'Acquaviva avait beaucoup d'esprit argent comptant; certes, il lui en fallut pour se faire accepter comme duc et comme ambassadeur. Il avait devant la raillerie la belle désinvolture italienne. Du reste beau cavalier, d'une élégance parfaite, coiffé et chaussé comme pas un, il avait eu l'art de mettre les femmes de son côté. O mystère de la vie! Qui eût dit que cet homme si souriant, qui n'avait jamais eu le loisir de lire les philosophes anciens, mourrait comme Socrate, une coupe de ciguë à la main? Mais il but la ciguë croyant boire une coupe de champagne. »

Arsène Houssaye esquisse aussi le salon de lord Normanby (1) à Paris : « Là, point d'harmonie bruyante, les causeries et les quadrilles s'y font pianissimo; à peine si l'on entend les glissades du soulier blanc, et chaque visage de jeune femme garde jusqu'à la fin le masque gracieux d'impénétrabilité : on dirait que tous les conviés dansent sur un volcan. »

Voici le comte de Beust, si aimable, si spirituel, un peu léger, se mêlant avec trop peu de discrétion de la politique intérieure, ne se méfiant pas assez de ses amis, de ses protégés, confiant trop facilement ses secrets aux dames, enchanté d'entendre leurs compliments sur la finesse aristocratique de ses pieds, rimant jusqu'à la fin des épigrammes ou des bouquets à Chloris; et, tant il se croyait indispensable, s'imaginant qu'on ne saurait se passer de lui. Il raconte lui-même dans ses *Mémoires* que le jour de sa naissance, son père avait offert à sa nourrice une douzaine de bouteilles de vieux vin du Rhin, que celle-ci se méprit, versa le vin dans la baignoire de l'enfant qui fut ivre le premier jour de sa vie.

---

(1) NORMANBY : *Une année de Révolution, 1848*, 2 vol. in-8°. Plon.

D'où sans doute ses enivrements d'amour-propre, cette hypertrophie du moi. Il se gourmande aussi d'avoir eu trop bonne opinion de l'espèce humaine : « Ma politique aurait dû consister à avoir le moins d'amis possible. » Puis, dans une bouffée de modestie, faisant un retour sur lui-même : « On m'a dit souvent que j'avais de l'esprit. Si seulement j'avais eu le bon esprit de ne pas faire de sottises ! » Il y a un abîme entre l'esprit de la chose, l'esprit de la fonction, et l'esprit de conversation.

Ce dernier esprit, Beust l'avait au plus haut degré ; il aimait les salons de Paris, organisait à merveille une fête, plaisait aux femmes autant qu'elles lui plaisaient ; professait, comme Babouc dans le conte de Voltaire, que celles qu'on appelle les malhonnêtes femmes ont presque toujours le mérite d'un homme.

Par exemple, il détestait Bismarck, et il était bien payé pour cela. Ayant rencontré le chancelier en promenade avec son fidèle compagnon Thyra, *le chien de l'Empire,* il écrit : « J'ai rencontré ce matin le chancelier de l'Empire et son chien : l'animal m'a tourné le dos. »

Au temps de son ambassade à Paris, quelqu'un ayant affirmé devant lui : « La France n'oubliera jamais tout ce que lui a coûté Napoléon III. Ces choses-là n'arrivent que lorsqu'un imbécile s'imagine être la Providence... » Beust riposta : « Que pensez-vous des millions d'imbéciles qui lui ont confié cette mission ? » Ces prétendus imbéciles avaient pour cornacs quelques milliers de gens d'esprit qui se sont empêtrés dans leurs propres pièges.

Du comte Tornielli, ambassadeur d'Italie, j'ai retenu cet aphorisme qui contient toute une philosophie de l'histoire : « Le jeûne rend apôtre, la bonne chère rend diplomate. » D'un autre cette maxime de machiavélisme transcendant : « Toute la diplomatie tient dans l'art de désavouer : la parole, même éloquente, se peut désavouer ; quant à l'écrit, c'est plus difficile, on y parvient toutefois par des distinctions. » Donc les traités, les constitutions, ne doivent pas tout dire, mais laisser une marge au hasard, à l'extraordinaire, l'x dont il faut dégager l'inconnue. Ainsi pensait Talleyrand. Bonaparte ayant chargé Rœderer de rédiger ses idées pour la Constitution cisalpine, celui-ci présenta deux projets, l'un très court, l'autre très détaillé, et pria Talleyrand de se prononcer pour le premier, insistant : « Il faut qu'une constitution soit courte et... » Il allait ajouter : CLAIRE. Le ministre lui coupa la parole et reprit : « Oui, courte et obscure. » De Munir Bey, cette sentence finement ironique : « La seule confidence peut-être qu'on puisse sans danger faire à la femme la plus discrète, c'est qu'on la trouve jolie. » C'est encore cet aimable ambassadeur qui m'a redit la réponse d'un diplomate français à la question de l'impératrice Marie-Thérèse : « On dit que la princesse *** est la plus belle personne d'Allemagne. — Madame, je le croyais hier. » Et cette réplique d'un autre Français à ce personnage viennois qui affirmait que l'armée autrichienne est la première du monde : « Ah ! Monseigneur, vous nous rendez bien fiers. » Et cette boutade de Mme B..., dans un conciliabule de femmes de diplomates qui délibéraient sur les mesures à prendre vis-à-vis de deux belles dames qui s'étaient bruyamment affichées avec des chefs de Légation : « Si elles viennent nous voir, nous ne rendrons pas la visite; nous ferons déposer nos cartes : la carte *cornée* s'impose. » Voilà un mot qui aurait charmé l'auteur de *La Carrière*, M. Abel Hermant. Il fait dire à l'un de ses personnages : « La diplomatie est la forme la plus récente de l'émigration; c'est le seul refuge décent pour les gens propres en ce temps-ci. » Il y a dans cette pièce de bien jolies scènes, celle entre autres où les secrétaires d'ambassade discutent la phrase, — grosse de sous-entendus, — adressée par la princesse impériale à leur chef : « Monsieur le marquis, nous ferez-vous danser cet hiver ? » Notez qu'elle n'a pas dit : « Monsieur l'ambassadeur, dansera-t-on chez vous ? » mais « Monsieur le marquis, nous ferez-vous danser ? »

N'oublions pas cependant que la diplomatie est aussi l'art des nuances; que ses adeptes peuvent tomber du côté où ils penchent, dans la minutie, l'enfantillage et la niaiserie casuistique, mais que certains mots ont leur éloquence, leur rayonnement, et méritent d'exercer la subtilité des glossateurs patentés.

On ne compte plus les mots de M. Poubelle : je n'en retiendrai qu'un dédié aux amateurs de whist : « Le whist, me disait-il un jour, c'est le flirt sans paroles. »

Aux excellents étrangers qui appellent Paris : « Sodome, Gomorrhe, Cloaque, Bateau de fleurs de l'Europe », je pourrais opposer le jugement d'un ambassadeur asiatique, le savant Nguyen Trong Hiep, ancien régent de l'Annam, qui versifia naguère un petit écrit dithyrambique (1) en l'honneur de ce même Paris dont il fait un Éden, un pays de féerie, de bonheur et d'idéal réalisé, un pays peuplé d'hommes droits comme le sage bambou : « J'aurais désiré vivement consacrer un long poème à l'illustre capitale, mais occupé des travaux de la mission, je n'ai pu me livrer au seul plaisir de faire de la poésie. Je me borne donc à reproduire en trente-six quatrains les impressions que j'ai éprouvées au cours de mes promenades à travers Paris. » Et ces quatrains forment de gentilles aquarelles, des kakémonos qui traduisent un Paris candide, un Paris de rêve, teinté de rose comme la fleur de pêcher : « Les eaux sont bleues, les plantes roses ; l'aspect du soir est charmant. On se promène. Les grandes dames marchent ensemble, suivies de petites dames. » On pense à cette ravissante promenade qui consistait à descendre en bateau, vers cinq heures, le long de la Seine, en traversant les palais multicolores de l'Exposition universelle de 1900. En beauté ! En beauté ! Telle paraît être la devise du diplomate, tant il ne veut percevoir de notre civilisation que sa fleur de grâce, et, en feuilletant l'opuscule de cet aimable étranger, il semble qu'on relise la *Princesse de Clèves* après avoir subi quelque mauvais roman réa-

---

(1) Voir, sur les trente-six quatrains de Nguyen Trong Hiep, une spirituelle étude de M. Jules Claretie, dans *La Vie à Paris, Les Ambassadeurs siamois à Fontainebleau,* journal *Le Temps*, 9 septembre 1897.

liste, qu'on entre dans un musée ou qu'on respire l'air de l'Engadine après avoir quitté un charnier d'hôpital.

Le baron de Mohrenheim, petit-fils de cette *Jeune Captive* chantée par André Chénier dans la prison de Saint-Lazare en 1794, grand protagoniste de l'alliance franco-russe, aimait la France comme l'aimait le prince Labanoff, pour son esprit, son art, sa littérature, ses salons, sa conversation ; dilettante raffiné, M. de Mohrenheim ne demandait à notre gouvernement qu'un peu de suite dans les choses, qu'un peu de stabilité dans le personnel : « Il y a, disait-il, tant de ministres successifs des Affaires étrangères, qu'il me semble jouer aux propos interrompus. »

Le prince Ouroussoff, un autre lettré, qui, avec tout son esprit, ne peut se faire des ennemis, parce que cet esprit est parfumé de bienveillance. Dans un dîner chez une amie très regrettée, Mme Charles Cartier, le prince Ouroussoff nous rappelait le mot de la princesse Belgiojoso à Cousin qui, machinalement, lui offrait le bras pour passer à la salle à manger : « Vous ne voudriez pas me brouiller avec la Russie. » Et elle prit le bras de Pozzo di Borgo. Il conta aussi mainte anecdote sur ces ambassadeurs du bon vieux temps qui épousaient par procuration la femme de leur souverain, et prenaient des airs entendus à l'annonce du premier dauphin ; l'étonnement de ce diplomate qui, séparé de sa femme depuis vingt ans, la voit entrer dans un salon de Saint-Pétersbourg : « Quelle est donc cette vieille et grosse femme ? — C'est la vôtre », sourit un ami.

La diplomatie russe est une des plus habiles qui aient jamais été, et il y a de cela plusieurs raisons : la perpétuité du système et la longévité des hommes d'État, la nécessité d'une éducation spéciale pour les serviteurs d'un cabinet qui commande à cent peuples divers (chacun sait en général le français, l'anglais, l'allemand, le grec moderne et une langue orientale) ; la diplomatie occulte venant fortifier l'action de la diplomatie officielle, l'influence très réelle des femmes de l'aristocratie, l'espionnage mondain mis en œuvre avec une extrême dextérité, la souplesse plastique du génie russe, sa faculté de s'adapter aux hommes et aux choses, sa séduction insinuante (1).

On a dit joliment que le Russe est un oriental conservé dans la glace : en tout cas, le Russe a deux âmes, une âme occidentale, une âme orientale, et ce qui l'a fait quelquefois accuser de duplicité, c'est peut-être qu'il

---

(1) Albert VANDAL : *Napoléon et Alexandre*, 3 vol. — *Mémoires de la comtesse Potocka*, un vol. — Comtesse de CHOISEUL-GOUFFIER : *Réminiscences sur Napoléon et Alexandre*. — *Journal intime de Corberon : un diplomate français à la cour de Catherine II*, 2 vol. Plon. — WALISZEWSKI : *Autour d'un trône, Catherine II, de Russie ; Le Roman d'une impératrice, Catherine II de Russie ; Pierre le Grand, l'Éducation, l'homme ; La dernière des Romanow*, 4 vol. in-8°. Plon. — Voir aussi dans la *Revue des Deux-Mondes* les remarquables études de MM. Saint-René Taillandier, Charles de Mazade, A. Leroy-Beaulieu, M. de Vogüé. — Victor TISSOT : *La Russie et les Russes*. — DE CUSTINE : *La Russie en 1839*, 4 vol. — SAINTE-BEUVE : *Nouveaux Lundis*, tome Ier. — TATISTCHEFF : *Alexandre Ier et Napoléon, d'après leur Correspondance inédite*, 1 vol. Perrin. — *Extrait des Mémoires du duc de Morny ; une ambassade en Russie, 1856*, 1 vol. in-8°. Ollendorf.

montre son âme asiatique quand on veut voir son âme européenne ; le diplomate russe mêle si bien les deux âmes que les plus malins perdent sans cesse leur fil conducteur dans ce labyrinthe intellectuel.

Comment doit se comporter en France le représentant de la Russie ? L'idéal a varié, selon les temps et les souverains.

Sous le premier Empire, l'ambassadeur de Russie en France, pour réussir, devait former avec l'ambassadeur de France en Russie un parfait contraste. « Il fallait, dit Albert Vandal, que ce dernier fût avant tout homme du monde : il était nécessaire que le premier ne le fût pas trop. Loin de conquérir et de gouverner les salons, il devait éviter de les fréquenter. En effet, si l'un des devoirs de notre ministre à Pétersbourg était de se concilier personnellement l'aristocratie du pays, afin de la ramener à la France, l'écueil le plus redoutable pour l'envoyé moscovite était de se lier trop particulièrement à Paris avec la société d'ancien régime, et d'en subir l'influence. Les hôtels du faubourg Saint-Germain, où l'opposition mondaine tenait discrètement ses assises, s'ouvraient volontiers devant les ministres étrangers, et ceux-ci y venaient avec d'autant plus de plaisir que, dans ce milieu, leurs sympathies, leurs goûts, leurs préjugés, se sentaient à l'aise ; c'était là seulement qu'ils retrouvaient, dans la capitale transformée, le ton et les manières qui régnaient à leur cour, et que l'ancienne France avait appris à l'Europe. S'il se laissait prendre au charme de cette société frondeuse, le plénipotentiaire russe risquait de déplaire à l'Empereur ; de plus, il recevrait des impressions défavorables à l'ordre nouveau, le verrait avec des yeux d'émigré, et sa défiance systématique aigrirait promptement les rapports... »

Ni le comte Tolstoï, ni le prince Kourakine ne cherchèrent à conquérir les salons du faubourg; s'ils ne réussirent guère, du moins, par son insignifiance même, Kourakine rendait service au tsar. Tandis que Tchernitcheff et Nesselrode faisaient secrètement la besogne utile, l'ambassadeur, sorte de mannequin doré, servait de paravent pour cacher les projets qui se machinaient par derrière; le monde s'amusait de le voir se poser en protecteur des arts et des artistes, intervenir à la Comédie-Française, juger les différends entre Mlles Bourgoing et Volnay. On sait que de tout temps les ministres (1) ont marqué du goût pour les comédiennes et ballerines : Henri Heine, dans ses *Reisebilder*, nous révèle l'importance diplomatique du corps de ballet.

Le sort en est jeté : l'alliance va se rompre; après avoir déclaré que la Russie est *géographiquement l'amie-née* de la France, Napoléon, malgré les conseils de Caulaincourt, de Narbonne, s'engage dans une guerre chimérique contre l'immensité et l'hiver russes. Alexandre lui envoie, à la veille de la rupture, le général Balachoff en mission extraordinaire.

Napoléon, devant témoins, essaie de l'embarrasser, de le déconcerter par des questions imprévues, mais il

(1) Jules Claretie : *Monsieur le Ministre*, 1 vol.

a trouvé un adversaire digne de lui, prompt à la parade, à la riposte.

« Général, combien comptez-vous d'habitants à Moscou ?

— Trois cent mille, Sire.

— Et de maisons ?

— Dix mille, Sire.

— Et d'églises ?

— Plus de trois cent quarante.

— Pourquoi tant ?

— Notre peuple les fréquente beaucoup.

— D'où vient cela ?

— C'est que notre peuple est dévot.

— Bah ! on n'est plus dévot de nos jours !

— Je vous demande pardon, Sire ; cela n'est pas partout de même. On n'est peut-être pas dévot en Allemagne et en Italie, mais on est encore dévot en Espagne et en Russie. »

« L'allusion, observe M. Albert Vandal, était mordante et méritée ; on ne pouvait dire plus spirituellement à l'Empereur qu'un peuple croyant avait seul réussi jusqu'à présent à le tenir en échec, qu'une autre nation, également inébranlable dans sa foi, confiante en Dieu, saurait imiter cet exemple, et que la Russie lui serait une Espagne. Sous cette repartie, Napoléon se tut un instant ; puis, reprenant l'attaque et tendant le fer, il dit à Balachoff, en le regardant :

« Quel est le chemin de Moscou ? »

A ce coup droit, la riposte se fit un instant attendre, Balachoff prit son temps, parut réfléchir, puis :

« Sire, répondit-il, cette question est faite pour m'embarrasser un peu. Les Russes disent comme les Français que tout chemin mène à Rome. On prend le chemin de Moscou à volonté ; Charles XII l'avait pris par Pultawa. »

Vous vous rappelez ce joli dialogue dans les *Danicheff :*

« Quand Dieu eut fait la femme, il réfléchit un moment et dit : « Il faut faire mieux et pire »... et il fit la femme russe.

— Ce qui signifie ?

— Que vous êtes capables de toutes les exagérations dans le bien comme dans le mal, dans l'amour comme dans la haine, et que je ne souhaiterais pas à mon plus cruel ennemi d'aimer l'une de vous dont il ne serait pas aimé. Enfin, heureux qui vous adore, plus heureux encore qui vous échappe ; ce ne sera pas moi ! »

Ce jugement concorde avec celui de maint écrivain. C'est surtout à la mondaine russe qu'on peut appliquer la théorie des deux âmes, l'orientale et l'occidentale, deux âmes enchevêtrées l'une dans l'autre, formant des méandres, des labyrinthes impénétrables. Mettez par-dessus une séduction infinie à laquelle le prince de Ligne, cet insatiable gourmet d'éternel féminin, rendait hommage, une curiosité universelle, une instruction sérieuse, un besoin d'expansion, de dévouement, de charité originale, qui rappelle parfois les femmes de France et des États-Unis, — tous les sortilèges de l'imprévu, la caresse de cette voix slave qui semble une musique de l'âme, les passions, ces reines du monde moral, et, en particulier, la passion du gouvernement. Si l'Égérisme politique n'avait pas existé avant l'avènement de la grande dame russe, elle l'aurait certainement inventé : elle en a le goût, l'ambition, elle aime à gouverner un homme d'État, à tenir dans sa main les fils qui font mouvoir les pantins ; qu'elle habite l'étranger, Moscou ou Pétersbourg, il faut qu'elle agisse ou qu'elle croie agir, parfois mouche du coche, parfois cocher occulte ; d'ailleurs elle ne déteste pas non plus qu'on sache qu'elle a du crédit.

Sainte-Beuve, dans son étude sur Mme Swetchine, esquisse plusieurs types de femmes du Nord : « S'il nous est venu du Nord bien des conquérants, il nous est venu, il nous vient encore des femmes conquérantes... Tantôt, c'est une beauté hardie, d'aspect superbe et sauvage, aux goûts bizarres, aux mœurs orientales, osant et se permettant tous ses caprices, presque en reine du Caucase, ou en dame romaine d'autrefois, et mettant en déroute à première vue nos mesquines voluptés et nos jolis vices à la mode. Tantôt, c'est une beauté non moins éblouissante (Mme de Dino), mais d'une ambition plus variée, qui sait unir les plaisirs à la politique, le jeu des cabinets et des cours aux intrigues d'éclat, qui mène de front la galanterie et les affaires, et, sur le pied déjà de souveraine, attire à soi les plus graves philosophes politiques, ou impose le respect aux plus grandes dames de Paris : qui les a rencontrés une seule fois, ne saurait les oublier, ces deux yeux d'une clarté d'enfer et qui faisaient lumière dans la nuit. Tantôt, c'est la femme politique toute pure (Mme de Liéven), sans la galanterie ou sans rien du moins qui y ressemble par la grâce, la femme politique âpre, active, ardente, desséchée comme la joueuse qui a passé des nuits autour du tapis vert, ayant besoin de tenir les cartes à tout prix, et de jouer la partie de l'Europe pour ne pas mourir comme d'inanition, pour ne pas hurler d'ennui. Nous avons vu, sous la forme de la femme du Nord, de tous ces types-là, et elles nous étonnent dans nos timidités et nos agréables routines parisiennes ; elles nous déconcertent toujours ; nous avons peine à nous les expliquer, car nous ignorons les origines et les sources premières. Tantôt, ç'a été le mysticisme en personne (Mme de Krudener), à la ceinture flottante, à la chevelure dénouée, qui est venu nous prêcher, sur tous les tons de la pécheresse repentie, le jeûne, l'indulgence, le pardon universel et la réconciliation des âmes. Tantôt enfin, nous avons vu la théologie elle-même tout armée, la dialectique serrée et savante, sachant les points, les textes décisifs, les comment et les pourquoi de l'orthodoxie, sachant aussi les raisons du cœur et les plus fins arguments de la spiritualité ; nous l'avons vue venir du Nord sous la figure de Mme Swetchine, s'installer, prendre pied chez nous, et y devenir conquérante à sa manière... »

Plus encore que la Française d'autrefois, la grande dame russe pourrait se reconnaître dans les réflexions suivantes d'un écrivain de la *Revue des Deux-Mondes ;* celui-ci, toutefois, semble oublier un peu trop que Paris, même au XIXe siècle, a eu ses salons politiques, présidés par des femmes passionnées pour ce sport qui est une science, un art, un métier, une inspiration, une foi, selon les temps et les personnes.

« Une circonstance rendait l'ancienne politique particulièrement savoureuse, c'est l'intervention des femmes. Elles y trempaient constamment leurs jolis doigts, et, du bout de leur éventail, en bannissaient l'ennui. Aujourd'hui, le seul mot de politique fait bâiller nos contemporaines, et non sans raison : nous en avons fait quelque chose d'abstrait, d'indigeste, qui sent son cuistre d'une lieue. Aussi faut-il une véritable abnégation pour écrire ou parler sur les affaires politiques, — ou renoncer à se faire entendre de la plus belle moitié du genre humain. Mais quand l'Europe était un salon, quand l'habileté politique se confondait souvent avec l'esprit d'intrigue et s'en servait toujours, les femmes étaient dans leur élément. Sans doute elles n'apercevaient pas le centre de gravité de ces vastes machines, ni ces calculs de force et de résistance qui assimilent le savoir-faire du politique à l'art de l'ingénieur. On rougissait de céder à leur influence : « Torcy, dit Voltaire, pensait qu'il n'était « pas honorable à son maître que deux femmes lui eussent fait changer une résolution prise dans son conseil. » Il la changeait néanmoins. Hors du conseil, il restait aux femmes les faiblesses des hommes : il n'en fallait pas davantage pour imposer silence aux graves conseillers. Les intérêts des peuples, avant d'affronter la fumée des champs de bataille, se débattaient dans un nuage de poudre à la maréchale. »

On a dit que la Russie est l'empire du silence,

que le gouvernement russe est une monarchie absolue, tempérée par l'assassinat; il y a autre chose, il y a aussi l'opinion publique, celle des salons, de l'aristocratie, de la presse, l'influence énorme de la bureaucratie. Le ministre russe Roumiantzoff, en 1809, dans ses conversations avec Caulaincourt, proclamait, en l'exagérant un peu pour les besoins de la cause, l'influence de la société dans le gouvernement russe. La confiance ne se décrète point par ukase; illimité en théorie, le pouvoir du tsar doit, en fait, tenir compte de l'opinion mondaine, et, dans une certaine mesure, gouverner avec elle. Il en résulte pour la Russie une forme de gouvernement très particulier : *c'est le despotisme tempéré par les salons.* Ce régime n'est point nouveau, il fonctionne de longue date, et Roumiantzoff citait des faits accomplis.

« L'empereur Napoléon, disait ce ministre, et en général tout le monde chez vous, se trompe sur ce pays-ci. On ne le connaît pas bien. On croit que l'empereur gouverne despotiquement, qu'un simple ukase suffit pour changer l'opinion, ou du moins pour décider de tout. L'empereur Napoléon croit qu'un signe du souverain peut tout faire : il se trompe. L'impératrice Catherine connaissait si bien le pays, qu'elle cajolait toutes les opinions; elle ménageait jusqu'à l'esprit d'opposition de quelques vieilles femmes : c'est elle-même qui me l'a dit. »

C'est étonnant tout ce que ne peuvent pas ceux qui peuvent tout, observait avec sa profondeur un peu subtile Mme Swetchine.

La princesse de Liéven (1) est par excellence l'incarnation de la femme politique et diplomate.

Celle qu'on s'amusait à appeler la *Sibylle diplomatique* ou *la douairière des Congrès,* fut l'Égérie politique de lord Grey, de Guizot qui lui a consacré une pénétrante étude, très heureusement complétée par Mme Dronsart et M. Ernest Daudet. Son mari fut ambassadeur à Berlin, en 1810, puis envoyé à Londres, où il resta vingt et un ans (2). C'est le type de la politicienne : volonté ardente, persévérance, intelligence déliée, fertile aptitude à s'improviser conseillère et inspiratrice, point de gaieté, de la hauteur, absence de grâce et de coloris dans le style, correspondant avec le tsar, avec la tsarine, avec tous ceux dont elle espère tirer quelque avantage, faisant de son salon, à Paris comme à Londres, un instru-

---

(1) Sur la Princesse de Liéven voir les belles études de GUIZOT : *Mélanges biographiques et littéraires;* de Mme Dronsard dans : *Correspondant du 10 juin 1890 ;* de M. Ernest Daudet dans *Revue des Deux-Mondes du 15 septembre 1901 et du 15 mars 1902.* — *Mémoires* de Chateaubriand, du comte de Falloux, du baron de Barante. — *Journal* du Maréchal DE CASTELLANE, tome V. — *Correspondence of Princess Lieven and Earl Grey,* London, 1890. — THUREAU-DANGIN : *Histoire de la Monarchie de Juillet,* tome V, p. 33, 34. — NIET : *La Russie d'aujourd'hui,* 1 vol. Juven.

(2) Le prince de Liéven, personnage décoratif et insignifiant, fut mandé deux fois de suite en audience privée par le Régent d'Angleterre, qui ne lui parla que de banalités, tout en le regardant avec beaucoup d'attention. Le diplomate, étonné de cet accueil, se demandait s'il ne devait pas en faire l'objet d'un rapport à sa Cour. On eut le mot de l'énigme. Le prince avait des cheveux fort artistement arrangés, et, désireux de copier cette coiffure, le régent l'avait appelé à deux reprises, pour bien étudier tous les détails et les redire à son coiffeur.

ment de domination, capable cependant d'un dévouement sans réserve à ses amis, et fortement aimée de ceux-ci : une princesse des Ursins moscovite. Les grandes circonstances trouvaient toujours en elle une grande âme, affirme Guizot qui, peut-être, découvrait en elle ce qu'il y mettait.

Charles Gréville, sir Sidney Ralph, d'autres encore déclarent qu'elle avait beaucoup d'esprit (1). Il faut distinguer : elle possède l'esprit de la chose, l'esprit de sa position, l'art de s'informer, d'écouter, d'attirer et de retenir les hommes d'État, de diriger une conversation vers un but utile, de l'empêcher de tourner aux sujets scabreux. M. Ernest Daudet raconte qu'un soir la du-

---

(1) Charles Gréville, par exemple, écrit qu'elle est « extraordinairement intelligente, d'une finesse extrême, sait être charmante quand elle veut s'en donner la peine. Rien n'égale la grâce et l'aisance de sa conversation pailletée des pointes les plus délicates. Ses lettres sont des chefs-d'œuvre... » Sir Sidney Ralph renchérit encore sur son style et sa conversation : « C'était une brièveté, une précision presque épigrammatique sans affectation d'épigramme ; un langage net et clair, court et serré, mais à la fois aisé, gracieux, piquant, quelquefois badin, toujours convenable, toujours le mot propre : la raison de La Rochefoucauld avec les façons de Mme de Sévigné... »

Après les fanatiques, les admirateurs tempérés : Stockmar et la duchesse Decazes mêlent les réserves aux éloges. Stockmar lui trouve des « manières raides, fières et hautaines. Il est vrai qu'elle est pleine de talents, joue admirablement du piano, parle l'anglais, le français et l'allemand en perfection, mais elle a bien conscience de tout cela.... peu disposée à considérer les autres comme ses égaux. Son cou est celui d'un squelette ! » Est-ce pour cela qu'elle dédaignait les gens trop bien portants? « Il n'y a rien de tel que les pâles et les maigres, disait-elle à propos du roi Léopold, je ne crois pas à l'ambition des belles joues. » — Duchesse Decazes : « .... Taille plate, pas de poitrine, ses robes taillées avec beaucoup d'art cachaient une partie de sa maigreur, son esprit

chesse Decazes vient la voir, la trouve causant d'une manière animée au milieu d'une douzaine de personnes, et demeure stupéfaite : la princesse parlait fort doctement de la supériorité du panier de l'ancien régime sur les jupes d'aujourd'hui, elle épuisait ce sujet pour que personne ne fût tenté d'en choisir un autre. « Je l'ai vue sourire, mais jamais rire, » observe la duchesse.

Au reste, la princesse a la coquetterie de la toilette, brille parmi les reines de la mode, et c'est elle qui suggère à Mortimer, bijoutier de la Cour, l'idée de grouper en bouquets les diamants, qu'on semait, ainsi réunis, sur les robes. Plus tard, et surtout depuis la mort de son fils préféré, elle adopte le costume qu'elle ne quit-

---

était bienveillant. Mais il s'exerçait grâce à celui d'autrui dont elle savait tirer parti tout en le faisant valoir, grâce aussi à une faculté réelle de tout comprendre, de tout s'assimiler. Sa bonté consistait, je crois, à n'être pas méchante... Elle était fidèle et discrète en amitié. Mais elle lui demandait beaucoup. »

Talleyrand : « ... Beaucoup d'esprit naturel, pas d'instruction, écrit de façon charmante. Caractère impérieux, pas de beauté, mais de la dignité... »

Chateaubriand se montre très sévère dans les *Mémoires d'outre-tombe :* « Mme de Liéven, au visage aigu et désavenant, était une femme commune, fatigante, aride, qui n'avait qu'un seul genre de conversation, la politique vulgaire; du reste, elle ne savait rien, et elle cachait la disette de ses idées sous l'abondance de ses paroles. Quand elle se rencontrait avec des gens de mérite, sa stérilité se taisait ; elle revêtait sa nullité d'un air supérieur d'ennui... » D'après Chateaubriand, son salon à Paris n'aurait été « qu'un théâtre où elle aurait donné, avec la permission de la police russe, la représentation des puérilités diplomatiques d'autrefois ; où les novices se seraient précipités pour apprendre le beau monde et l'art des secrets, et lui confier les leurs, qui, répandus par elle, se changeaient en sourds cancans. A son tour, lord Malmesbury déclare sans ambages : « C'était une peste pour nos ministres des Affaires étrangères... »

tera plus : robe de velours noir, au corsage le chiffre de diamants des demoiselles d'honneur de la tsarine ; dans les grandes occasions, une double rangée de brillants. M. Ernest Daudet conjecture que Balzac pourrait l'avoir prise pour modèle lorsqu'il créa certaines de ses héroïnes ; on reconnaît en elle un type commun à beaucoup de femmes de la Restauration : « une petite tête sur un long cou, un nez fin et long, une grande bouche, un menton court, des petits yeux, de beaux cheveux blonds. »

Mais l'esprit de trait, l'esprit des mots, se montrent rarement, et l'esprit littéraire fait absolument défaut. Lord Grey reproche à son amie de faire une part trop mince à l'anecdote dans sa correspondance ; avec Guizot, elle se corrige, mais les lettres au baron de Barante sont sèches, froides, ennuyeuses. Guizot la gronde doucement de montrer peu de goût pour la lecture, l'écriture, l'exercice solitaire et désintéressé de la pensée, de n'aimer que les personnes « : Il vous faut une âme en face de la vôtre. » Ne nous donne-t-elle pas sa mesure dans cette lettre où elle se moque mesquinement d'une belle discussion entre le chancelier Pasquier et Sainte-Beuve sur les jansénistes du XVIIe siècle ? Se passionner pour des morts, pour Pascal, Nicole, Arnauld, n'est-ce pas ridicule en effet ? A quoi peuvent servir ces gens-là ? Un de mes amis visitait un jour la Sorbonne avec des Anglais : « Voilà, dit-il, ce vieux palais où l'on discute tant depuis plusieurs siècles. — Ah ! s'écrie un Anglais, et qu'est-ce qu'on a décidé ? » Un Français se serait contenté de demander : « Sur quoi discute-t-on depuis si longtemps? » La princesse aurait rendu des points à cet Anglais pour le positif de son esprit. A Londres comme à Paris, elle reçoit les hommes d'État, les diplomates, peu de littérateurs si ceux-ci ne s'occupent aussi de politique : d'ailleurs elle connait la puissance de l'habitude, l'influence qui résulte de ce seul fait qu'on est sûr de la rencontrer dans l'après-midi, dans la soirée; aussi son salon, illustré par le prestige de l'homme d'État qu'elle aime et qui l'aime, en Angleterre ou en France, reste pendant quarante ans une puissance sociale et politique.

Lord Grey la consulte sans cesse, lui dit tout, la voit une fois au moins par jour, lui écrit chaque matin; l'intimité avec Guizot est encore plus étroite; pour lui, elle s'installe à Paris, alors que ses affinités électives la portaient vers l'aristocratie anglaise. La politique d'une femme, c'est l'homme qu'elle aime : avec la princesse, on peut se demander si c'est l'homme qu'elle aime dans la politique, ou la politique dans l'homme; ce qui est certain, c'est que sa politique s'incarne toujours dans un homme.

Comme la plupart des politiciennes étrangères ou françaises, elle n'a pas d'idées originales; elle emprunte celles-ci, forme et fond, à ses amis, les répète, les pare de petites finesses, de déguisements coquets; et cela, joint à la volonté de réussir, suffit parfois pour devenir habile dans la stratégie politique et diplomatique. Si l'on y ajoute quelque réputation de beauté, la position, la fortune, l'art de tenir un salon, de flatter à propos, de se faire prôner, voilà plus qu'il n'en faut pour en-

imposer aux hommes les plus distingués : le geai devient un paon aux yeux du paon lui-même. En somme, pour obtenir à son bénéfice ce miracle d'apparence qui s'est réalisé, qui se réalisera si souvent encore, des qualités assez précieuses et variées sont indispensables.

Que penser de la correspondance politique (1) de Mme de Liéven avec le tsar? Il y a là un point douteux,

---

(1) La princesse de Liéven et Mme Narishkine sont deux ambassadeurs femelles non avoués, comme l'empereur de Russie en a toujours à Paris... J'ai été chez la princesse de Liéven ; là on est à la guerre. Elle m'a dit : « Il y a nécessité pour nous de battre les Turcs... » La princesse de Liéven, malgré la guerre avec la Russie, a obtenu d'habiter Paris ; j'ai été chez elle, il y avait deux anciens ministres, le comte Duchatel et le duc de Montebello ; l'ancien directeur des Affaires étrangères, M. de Vielcastel. La princesse de Liéven est fort ennuyée de la guerre, et voudrait la paix afin de reprendre sa vie politique habituelle... L'impératrice m'a fait asseoir à côté d'elle ; elle m'a parlé des salons de Paris, de leur opposition, de ce qu'il n'y a plus de salons de conversation comme celui de Mme de Castellane ; qu'il reste celui de la princesse de Liéven qui réunit les sommités de tous les partis. Je lui ai parlé du talent qu'il fallait pour tenir un salon de cette espèce ; je lui ai dit que les Russes avaient toujours à côté de leur ambassade officielle une ambassade de femmes. — L'impératrice : « Oui, c'est cette ambassade de femmes qui a fait la guerre... » *Journal du Maréchal de Castellane*, tome V, Décembre 1853, Août, Novembre 1855.

Le marquis de Custine, dans un livre trop oublié, *La Russie en 1839*, exprimait la même opinion : « Le règne de Catherine a laissé dans la mémoire de quelques dames russes des traces profondes ; ces aspirantes au titre de femmes d'État ont le génie de la politique, et comme plusieurs d'entre elles joignent à ce don des mœurs qui rappellent tout à fait celles du XVIIIe siècle, ce sont autant d'impératrices voyageuses remplissant l'Europe du bruit de leur dévergondage, mais qui, sous ce cynisme de conduite, cachent un profond esprit de gouvernement et d'observation. Grâce au génie d'intrigue de ces Aspasies du Nord, il n'y a presque pas

suspect. Le tsar passait-il avant l'homme aimé, ou bien celui-ci jouait-il le premier rôle? La fidélité complète, absolue, aux deux, semble bien difficile à concilier. On a le droit d'hésiter quand on observe que la princesse place toujours son cœur chez des hommes d'État; sous ce rapport elle devançait la belle Madame de T., qui s'écria un jour : « Si jamais je prends un amant, ce sera un amant politique! » Il faut convenir que lord Grey, lord Aberdeen, Guizot, ne paraissent pas s'être jamais plaints que leur amie ait abusé de leur confiance; et, d'avoir su manœuvrer entre eux et sa cour sans manquer ni aux uns ni à l'autre, ce serait un véritable miracle de tact et de souplesse. Sans doute il y a là des conventions tacites, ou plutôt quelque chose comme ces contrats innommés du droit romain, où l'un donne pour que l'autre donne, agisse ou s'abstienne; chacun sait qu'il faut faire la part du feu, mais on espère sauver la ville en sacrifiant quelques maisons des faubourgs, conserver les grands secrets en livrant les petits.

La princesse montre beaucoup de morgue, encore plus d'humeur, et l'on sait telle impertinence gratuite qui, à côté des boutades d'une vraie Parisienne, est comme la massue du boucher comparée au fleuret d'un

une capitale en Europe qui n'ait deux ou trois ambassadeurs russes : l'un public, accrédité, reconnu et revêtu de tous les insignes de sa charge; les autres, secrets, non avoués, non responsables, et faisant en jupe et en bonnet le double rôle d'ambassadeur indépendant et d'espion de l'ambassadeur officiel... Chez les femmes russes, l'amour est l'accessoire.

maître de l'escrime. L'humeur chez Mme de Liéven (1) vient de crises maladives, mais aussi d'une âme tourmentée, passionnée, avide d'affection, insatiable de domination; l'humeur la rend prompte à la crainte, au soupçon. Et puis, elle a la terreur, la maladie de l'ennui, et sous ce rapport, elle ressemble à la marquise du Deffand. Dans un paroxysme d'ennui, elle écrit à lord Grey : « A propos, vous voulez donc faire la guerre ? Eh bien, faites-la ! Voyez comme je suis accommodante. Le secret de ceci, c'est que je m'ennuie. J'aimerais bien quelque chose qui remuerait l'Europe... » Aussi comme elle fait fête à ceux qui l'amusent, au prince Esterhazy, ambassadeur d'Autriche, au duc de Laval-Montmorency, ambassadeur de France à Londres ! « Esterhazy est plus fou que jamais ; nous ne cessons pas de rire, lui et moi ; et nous nous sommes promis de continuer jusqu'à la fin de nos jours ; s'amuser et rire, voilà ce qu'il faut faire en ce monde, et ce qui fait se bien porter. » Quant au duc de Laval, Mme de Liéven voit en lui un homme d'esprit qui passe pour une bête, et déride tout le monde, même lord Aberdeen. « M. de Laval est un Français de l'ancien régime, du meilleur ton, rempli d'anecdotes, bon enfant et parlant toujours. C'est l'homme le plus niais, le plus fin, le plus

---

(1) M. Ernest Daudet, dépositaire de la correspondance de la princesse avec Guizot, des papiers de la duchesse Decazes, et de lettres inédites du prince de Metternich, prépare un ouvrage fort intéressant sur Mme de Liéven : deux fragments de ce travail ont paru avec succès dans la *Revue des Deux-Mondes ;* j'ai reproduit quelques extraits des documents publiés par M. Daudet.

léger en même temps que le plus pédant. Tout cela va ensemble... »

Que Mme de Liéven excite la sympathie ou la méfiance, qu'elle soit ambassadrice officielle ou occulte, que ses invités, goûtant le plaisir de se retrouver dans son salon, de se mesurer et de causer avec elle, espèrent échanger des secrets ou surprendre les siens, sa volonté, son énergie, son crédit réel ou supposé auprès du tsar, lui composent une physionomie particulière. Partout elle se fait de fête, mais se ménage adroitement des alliés dans la place ; en Angleterre ses grandes amies sont la duchesse de Cumberland, belle-sœur du roi, et lady Cowper, qui épousera plus tard Palmerston ; elle deviendra aussi la confidente de lord Aberdeen. « Le monde diplomatique, dont Mme Liéven est une des plus marquantes personnalités, forme à cette époque, en Europe, observe Mme Dronsart, une sorte de cénacle choisi, à la fois exclusif et accueillant, élégant, spirituel, distingué, indépendant des partis, recherché des cours et des aristocraties. C'est le lien international de la bonne compagnie, lien qui s'est brisé comme tant d'autres. »

La comtesse de Mirabeau raconte que la princesse demanda à M. de Bacourt de l'accompagner de Paris jusqu'à Bade ; elle avait déjà une suite nombreuse,

---

(1) Comtesse DE MIRABEAU : *Lettres de la princesse de Liéven à M. de Bacourt*, dans : *Correspondant*, 10 août 1893. — G. ROTHAN : *La Prusse et son roi pendant la guerre de Crimée.* — TANSKI : *Cinquante années d'exil.* — En 1859, Thiers appelait ironiquement Guizot et Mme de Liéven : « *Le père et la mère de la fusion.* »

mais pensait peut-être, comme cette Altesse d'autrefois, que quarante personnes sont le particulier d'une princesse. Voulant échapper à la corvée, Bacourt allègue qu'il emmène avec lui une nièce « fort remuante, insupportable en voyage ; » Mme de Liéven n'insiste pas, mais elle envoie à la gare un de ses gens, qui vit Bacourt monter en voiture avec sa nièce, Mme de Mirabeau, celle-ci ayant à la main une cage pour sa fille. Et six mois plus tard, elle ne manqua pas de lui servir cette épigramme : « C'était probablement pour amuser Mme de Mirabeau en route, et la faire tenir tranquille, que vous lui aviez acheté des oiseaux ? »

A-t-elle aimé *sous les deux espèces* Metternich, lord Grey, lord Aberdeen, Guizot ? Pour lord Grey, ce n'est pas impossible ; pour Metternich, c'est sûr. La rupture eut lieu sans doute après le Congrès de Vérone ; cet amour paraît avoir tourné à l'aigre, car elle parlait de lui avec quelque amertume, et Metternich lui rendait pain blanc pour fouace et fève pour pois.

On a beaucoup discuté sur le caractère de la liaison si fidèle de Mme de Liéven avec Guizot, pendant près de vingt ans. Pour la thèse platonique, on peut dire qu'en 1837, quand elle vit pour la première fois Guizot, elle avait cinquante-trois ans. Oui, mais l'avocat du diable répondrait qu'on a toujours l'âge et la beauté des sentiments qu'on inspire.

Et puis il y a l'anecdote de Mérimée.

C'était à une réception du ministère des Affaires étrangères. Mérimée, qui voulait tirer au clair le cas Liéven-Guizot, reste le dernier, salue la princesse et le premier ministre, sort ; mais se ravisant, feignant d'avoir oublié quelque chose, il rentre précipitamment dans les salons, arrive à celui où se tenaient Guizot et la princesse. « Eh bien ? demandait-on à Mérimée. — Eh bien ! le ministre avait ôté son grand cordon. »

Enfin il existe, m'assure-t-on, des lettres inédites où Mme de Liéven tutoie Guizot.

En tout cas, ils s'aimèrent tendrement, profondément : « Je vous aime, je vous aime, je vous attends. Je vous le dirai autrement, quand vous serez là, devant moi, près de moi. Quel plaisir ! Adieu !.. » — « Adieu, vous qui n'êtes pas une illusion, vous qui êtes ma seule vérité, vérité que je chéris, que je chérirai toute ma vie... » — « Vous ne m'avez jamais donné un mauvais moment. Tout ce que vous me dites est si bon, si affectueux, si tendre, je veux le mériter, je le mérite, car j'ai le cœur si reconnaissant, si plein d'affection... » — « Il me semble maintenant que le plus grand des malheurs pour moi serait de rester deux jours sans nouvelles de vous... J'ai été bien loin dans les montagnes, dans les forêts. Il faisait si beau, il y ferait si beau avec vous !.. » — « Ah ! que j'aurais besoin d'être gouvernée ! Pourquoi ne me gouvernez-vous pas ? Rien ne me plait que ce qui plait à un autre. Mais l'autre, il faut que je l'aime... » — « Ce n'est qu'avec vous que je sais parler, ce n'est que vous que j'aime à entendre... »

Il répond : « Si je parlais la langue de Pétrarque, je vous dirais que, dès qu'il s'élève dans mon âme une impression douce, elle me quitte et va vous chercher. Si elle vous trouve, elle me revient ; si elle ne vous trouve pas, elle me quitte tout à fait... » — « Je reste en vous ; je resterai toujours avec vous... » (1).

Quelle que soit la supériorité morale, intellectuelle, épistolière de Guizot, il n'en demeure pas moins vrai que la princesse lui rendit un immense service : elle le présenta à l'aristocratie anglaise, elle perfectionna en lui l'homme du monde et le diplomate. Grand orateur et grand historien, il n'avait pas tout à fait dépouillé la

---

(1) Il faut remercier M. Ernest Daudet d'avoir révélé cette lettre de Guizot à la princesse ; elle fait honneur même à un tel homme : « Quand de cruelles images vous assiègent, quand vous n'êtes entourée que de morts, faites un effort, prenez votre élan, sortez de ces tombeaux. Ils en sont sortis, ils sont ailleurs. Nous serons où ils sont. Je me suis longtemps épuisé à chercher où ils sont. Je ne recueillais dans mon travail que ténèbres et anxiétés. C'est qu'il ne nous est pas permis de voir clair d'une rive à l'autre. Si nous y voyions clair, s'ils étaient là, devant nos yeux, nous appelant, nous attendant, supporterions-nous de rester où nous sommes aussi longtemps que Dieu l'ordonne? Irions-nous jusqu'au bout de notre tâche? Nous nous refuserions à tout, nous abandonnerions tout, nous jetterions là notre fardeau, notre devoir, et nous nous précipiterions vers cette rive où nous les verrions clairement. Dieu ne le veut pas, mon amie ; Dieu veut que nous restions où il nous a mis, tant qu'il nous y laisse. C'est pourquoi il nous refuse cette lumière certaine, vive, qui nous attirerait invinciblement ailleurs ; c'est pourquoi il couvre d'obscurité ce séjour inconnu où ceux qui nous sont chers emporteraient toute notre âme.

« Mais l'obscurité ne détruit pas ce qu'elle cache ; mais cette autre rive où ils nous ont devancés, n'en existe pas moins parce qu'un nuage s'étend sur le fleuve qui nous en sépare. Il faut renoncer à voir, il faut renoncer à comprendre. Il faut croire en Dieu. Depuis que je me suis renfermé dans la foi en Dieu, depuis que j'ai jeté à ses pieds toutes les prétentions de mon intelligence, et même les ambitions prématurées de mon âme, j'avance en paix, quoique dans la nuit, et j'ai atteint la certitude en acceptant mon ignorance. Que je voudrais vous donner la même sécurité, la même paix ! Je ne renonce pas, je ne veux pas renoncer à l'espérer. »

rudesse de ses origines calvinistes et bourgeoises, les allures un peu gourmées du professeur. Dans sa belle *Histoire de la Monarchie de Juillet*, M. Paul Thureau-Dangin met en relief ce bienfait d'une illustre amitié : « Dans la compagnie d'une ancienne ambassadrice qui, depuis 1812, avait vu de près tant d'hommes et d'événements, sous l'influence d'une femme supérieure qui possédait au suprême degré ce je ne sais quoi, que l'habitude du grand monde et aussi la délicatesse féminine ajoutent si heureusement à l'habileté politique, M. Guizot, ministre, trouvait ce que, jeune homme de souche bourgeoise et huguenote, il n'avait pas reçu de sa famille; ce que, professeur et écrivain, il n'avait pas rencontré dans les livres ; ce que, chef de parti, il n'avait pas pu acquérir dans les luttes du Parlement. Aussi n'est-il pas téméraire de supposer que les qualités nouvelles de souplesse adroite, de mesure, de nuance, qui firent, à cette époque, du puissant orateur, un négociateur habile, un incomparable rédacteur de dépêches et de lettres diplomatiques, sont dues, en grande partie, à ses rapports avec Mme de Liéven. »

Il lui offrit de l'épouser; elle acceptait, mais prétendait continuer de porter le titre et le nom de son premier mari; Guizot ne put se résigner à subir cette condition. Ils se voyaient trois fois par jour, et personne n'eût osé demeurer chez la princesse lorsqu'il arrivait : premier ministre, il donnait chez elle des rendez-vous, et s'y faisait apporter les pièces à signer. Elle mourut en 1857, et s'occupait encore de politique à ses derniers moments, demandant en quelle ville se tiendrait le prochain congrès. Malgré sa terreur de la maladie et de la mort, elle montre alors un ferme courage : « Elle a fait toutes ses dispositions par écrit, raconte la duchesse Decazes. Elle a dit qu'elle voulait être exposée vêtue de sa robe de velours, coiffée de son bonnet, avec son rang de perles fines et de diamants, son chiffre de demoiselle d'honneur, et la couronne de son titre sur la tête. Je connais quelqu'un qui l'a vue ainsi, ayant dans ses mains un crucifix d'ivoire. »

Guizot écrit au baron de Barante.... « Quelques moments après elle dit : « Allez-vous en, allez-vous en tous, je veux dormir. » Nous sortîmes, son fils, son neveu et moi. Au bout d'une heure on vint me chercher. Elle n'était plus. Je suis convaincu qu'elle s'était vue mourir, et qu'elle n'avait pas voulu que nous la vissions mourir. Une heure après sa mort, son fils me remit une lettre d'elle écrite au crayon et cachetée la veille au soir. « Je « vous remercie des vingt années d'affection et de bon« heur. Ne m'oubliez pas. Adieu, adieu ! Ne refusez pas « ma voiture le soir... » Son testament a contenu le commentaire de ces derniers mots. Elle me disait souvent : « Je ne regrette point que vous ne soyez pas riche, cela « me plaît. Mais je ne me résigne pas à ce que vous n'ayez « pas de voiture. » Elle m'a légué 8,000 francs de rente viagère, une voiture... »

Ces lignes suffiront-elles aux déchiffreurs d'hiéroglyphes d'amour, pour préciser la nature d'une telle affection ?

Bismarck ! un grand Prussien ! un grand Allemand

hélas! Et peut-être un grand homme! Mondain par occasion et capable d'organiser une fête, de plaire, quand il le voulait, à la société de Francfort, de Paris, de Pétersbourg, courtisan même au besoin, lorsqu'il espérait faire tourner sa bonne grâce au profit de sa politique (les dîners étaient pour lui un moyen de découvrir le caractère des gens à table); de mœurs très pures et tirant sans doute de cette chasteté une partie de sa force; adorant la musique, la vie de famille, sa mère, sa sœur Malvina, sa femme, ses enfants, ayant la pleine conscience et l'orgueil de ses talents, écrivain original et épistolier brillant, à la pensée concise, pénétrante, « du Liebig politique », disait un Anglais, terrible humoriste et ironiste féroce, donnant à sa franchise calculée les vertus utiles de la fourberie, au rebours de Mme Récamier qui savait faire de la coquetterie une vertu; laissant, même lorsqu'il voulait être aimable, l'impression d'un homme qui voit l'avenir et peut le créer; plein de formules brusques, incisives, qui accrochent la pensée, étonnent, inquiètent, et, justes ou injustes, marquent les hommes et les choses d'un trait ineffaçable. Mieux encore, ses formules semblent une prise de possession, on dirait qu'il atteint ceux qu'il juge, comme la griffe du lion s'abat sur sa proie dans la jungle (1). Ainsi la duchesse de Dino écrit en 1848 ces

---

(1) Voir les magistrales études de MM. Cherbuliez-Valbert, Émile Ollivier et Charles Benoist. — Charles BENOIST : *Le Prince de Bismarck*, 1 vol. Perrin. — Émile OLLIVIER : *L'Empire libéral*, 5 vol. Garnier. — Marie DRONSART : *Le Prince de Bismarck, sa vie et son œuvre*. — Henri WELSCHINGER : *Le Prince de Bismarck*, 1 vol. Alcan. —

lignes prophétiques dont m'a fait part le baron Behr, un des hommes qui possèdent le mieux l'almanach de Gotha, la généalogie et le blason des grandes familles européennes : « Dans cet effacement général de choses et d'hommes, j'ai eu à dîner, entre autres, un jeune gentilhomme de Poméranie, Otto de Bismarck, qui m'a paru bien remarquable : je lui ai prédit un grand avenir. » Il demeure un parfait exemple de ce dédoublement ordinaire aux hommes politiques, immoral dans la vie publique, moral et même chrétien dans la vie privée. Il n'y a pas deux morales, seulement il n'y en a pas en politique et en guerre.

Bismarck eut toujours fort à faire avec les politiques en jupon, avec la diplomatie féminine, avec les princesses, ambassadrices occultes et officielles, l'impératrice Augusta, Mme de Vrints qui dominait par son frère les diplomates accrédités à Francfort, Mme de Meyendorff, sœur du comte de Buol, la comtesse Danner, Mme de Linden, la comtesse de Thun, lady Malet ; il les observe avec une extrême attention, vit avec elles

---

Moritz Busch : *Le Prince de Bismarck et sa suite.* — *Pensées et Souvenirs*, par le prince de Bismarck, édition Jaeglé, 2 vol. — Adolphe Kohut : *Bismarck et les femmes*, 1 vol. — *L'humour chez le prince de Bismarck*, 1 vol. — *Bismarck intime*, Paris, 1889. — A. Proust : *Le Prince de Bismarck et sa correspondance.* — Hippolyte Fournier : *Le Prince de Bismarck et Mme Adam.* — Julian Klaczko : *Deux Chanceliers.* — Grand-Carteret : *Bismarck en caricatures.* — Andler : *Le Prince de Bismarck.* — *Crispi chez Bismarck, Journal de voyage*... etc. — Sur les diplomates étrangers à la Cour de Napoléon III voir aussi : Pierre de Lano : *La Cour de Napoléon III, l'Impératrice Eugénie.* — *Journal des Goncourt*, tomes I, V, VIII. — Rothan et Thouvenel : ouvrages déjà cités.

sur un bon pied, mais ne perd pas de vue l'axiome du prédicateur Salominis : « Je trouve qu'une femme, dont le cœur est comme un filet à nœuds coulants et dont les mains préparent des chaînes, est pire que la mort... Le serviteur de Dieu lui échappe, par contre le pécheur est pris. » Au besoin même, Bismarck raconte à son chef hiérarchique les fêtes auxquelles il assiste : « La diplomatie est en branle ici, car non seulement Thun, mais encore le plus que quinquagénaire Tallenay, ambassadeur de France, le représentant belge, le comte de Bricy, ainsi que l'ambassadeur d'Angleterre, dansent et prennent part comme membres actifs à un cotillon quotidien qui ne dure pas moins de deux heures consécutives. » C'est le cas de rééditer le mot du prince de Ligne en 1814, au sujet du Congrès de Vienne : « Le Congrès ne marche pas, mais il danse. »

Le voici à Biarritz, en 1865, hôte de l'impératrice à la Villa Eugénie ; en 1867, aux Tuileries, où il danse avec Mme Carette qui, pendant le cotillon, lui a offert un bouquet de roses ; il s'acquitte fort convenablement de son tour de valse, et, détachant un bouton de rose de la boutonnière de son habit, il en fait hommage à la belle danseuse : « Veuillez conserver, Madame, cette fleur comme souvenir de la dernière valse que je danserai de ma vie, et que je n'oublierai jamais. » Partout où il passe, il fait impression, toujours fort courtois avec les dames, soit qu'il leur parle, soit qu'il leur écrive ; mais rien de plus. Une fois seulement, il commit une petite imprudence : se trouvant en villégiature à Ischl, il consentit à se laisser photographier avec Pauline Lucca, la grande cantatrice allemande ; la photographie se trouva bientôt dans toutes les mains, et la chronique fit beaucoup de bruit pour presque rien. Et, bien qu'il n'aime pas *la politique de jupon*, la domination des hommes par les dames, les femmes allemandes finirent par lui témoigner un enthousiasme extrême : partout il rencontrait de chaleureuses ovations, à l'occasion de son anniversaire, ou dans ses voyages. Elles le chantent, elles le poétisent, lui portent adresses, couronnes, hanaps, riches bahuts, éventails où le prince est représenté à chaque saison de sa vie : « Dieu voit avec plaisir Guillaume filer et Bismarck tisser. » C'est un véritable culte. Dans un discours à une députation de dames, il dit gracieusement, sincèrement : « Le jour où l'homogénéité de la patrie aura acquis l'approbation de la femme, l'Empire sera indestructible, et tel il restera. Je considère la tradition de famille transmise par la mère et par la femme, comme une garantie plus sûre que les bastions de nos forteresses, pour notre avenir politique. » Les dames lui offrirent chacune un bouquet en s'inclinant pour baiser sa main : « C'est le monde renversé ! », s'écria-t-il en se défendant ; et il rendit la politesse en baisers sonores sur les joues de ses admiratrices.

Voici quelques traits et réflexions de celui qu'on appela le chancelier de fer :

« Il en est des besoins comme des truites dans un étang : l'une mange l'autre jusqu'à ce qu'il n'en reste plus qu'une grosse. Chez moi, au cours des années, le besoin de la politique a englouti tous les autres. »

« Je n'étais encore qu'un enfant, et déjà j'allais à la

chasse et à la pêche ; j'y ai appris à attendre le bon moment. C'est ce procédé que j'ai transporté dans la politique. »

Dans une visite qu'il fait à l'improviste en 1862 à Thiers, il essaie de l'enjôler, de jouer le rôle du tentateur sur la montagne, lui propose de faire sa paix avec Napoléon III : « Il faut avoir des idées, dit-il, mais il faut les servir par le pouvoir. »

« Le libéralisme n'est qu'un enfantillage qu'il est facile de mettre à la raison ; mais la révolution est une force, et il faut savoir s'en servir. »

En 1855, il disait de Napoléon III : « On surfait son intelligence aux dépens de son cœur », et, en 1861, il l'appelle « une grande incapacité méconnue ».

Il avait fait la conquête du prince de Metternich, et le comte de Thun lui ayant demandé son secret : « Oh ! c'est bien simple, répondit-il. Durant trois jours j'ai fait parler le prince, et je l'ai écouté sans l'interrompre, en donnant à ma figure l'expression la plus intelligente possible, en tirant seulement un peu sur la cloche pour la remettre en branle. C'est ce qui plait aux vieux bavards » (1).

---

(1) M. Albert Sorel a donné des études pleines d'aperçus originaux, sur Metternich, Bismarck, Talleyrand, l'alliance russe, ainsi que sur les principaux caractères du diplomate sous l'ancien régime, et la diplomatie occulte ; il fait aussi ressortir avec beaucoup de force le résultat des applications pratiques de la science, l'influence du chemin de fer, du télégraphe, du téléphone, qui, bouleversant les conditions de l'ancienne diplomatie, ont « multiplié la passion », restreint l'empire de la forme, et qui auraient centuplé la facilité de déchaîner le fléau de la guerre, si d'autres

« Les sots prétendent qu'on n'apprend jamais qu'à ses dépens; pour moi, j'ai fait en sorte d'apprendre aux dépens des autres. »

« J'ai défendu le principe royaliste, et je ne sais pourquoi; car j'avais une âme de républicain. Et puis la Monarchie est un gouvernement de femmes; quand elles sont mauvaises, ça va mal; quand elles sont bonnes, c'est encore pis. » Bismarck ne pardonnait pas à l'impératrice Augusta son opposition.

éléments ne formaient contrepoids. On avait jadis le temps de réfléchir, et c'est là un avantage immense. « ... Lorsque les diplomates entrent en conflit, ce sont les principales choses du monde qui se trouvent en litige, c'est l'humanité qui paye les frais du procès, et c'est dans le sang des nations que se trouve la sanction du jugement.... Les courriers maintenant prennent le train rapide. Rapprochez un almanach des postes vieux d'un demi-siècle, du livret des chemins de fer paru le mois passé, comparez les délais, et vous aurez la mesure exacte de la supériorité d'esprit et de caractère que nos gouvernants doivent avoir sur leurs devanciers... Le télégraphe et le téléphone mettent en rapports directs le ministre et l'ambassadeur, les hommes d'État qui mènent les grandes nations, les souverains qui règnent sur elles. Rien ne les sépare, et rien n'arrête leurs paroles. Elles courent, se poursuivent, s'entre-croisent en petites phrases rapides, condensées, substantielles. Tout mot y porte, car on n'y place que les mots qui doivent y porter. Comme les chefs discutent sans se voir et se parlent sans s'écouter, il ne reste plus rien des garanties que le respect de soi-même et d'autrui, l'élévation du rang, la haute courtoisie du monde, donnent aux nations dont les destinées se débattent dans les conférences des ministres et les entrevues des souverains. Dans ces discussions sans regard, sans gestes, sans voix, ou à la voix grêle et sourde de gnome, le caractère n'a plus d'action, et le génie n'a plus de prestige. La finesse insidieuse d'un Metternich, l'irrésistible bonhomie d'un Henri IV, l'esprit endiablé d'un Frédéric, la majesté d'un Louis XIV, perdent leur raison d'être et demeurent sans effet... » Albert SOREL : *L'Europe et la Révolution française,* t. Ier, p. 21-25, 71-80; *Lectures historiques*; *Essais d'histoire et de critique*; *Études de littérature et d'histoire.*

« Les *révolutionnaires* s'inspirent surtout de la *chimie*, science des brusques explosions ; et les *évolutionnistes* au contraire s'inspirent de la *biologie*, science des lentes croissances. » — « Il y a bien là, observait à ce propos M. Izoulet, il y a bien là deux méthodes et deux tempéraments ; ou même deux politiques, et peut-être deux races. »

Ce billet à une jeune Anglaise qui demandait à Bismarck quelques mots pour son album : « Gardez-vous toujours, ma chère enfant, de bâtir des châteaux en Espagne ; car ce sont les édifices les plus faciles à construire, et les plus difficiles à démolir. »

« L'amour est aveugle, l'amitié ferme les yeux. »

« L'art est gai, la vie est sérieuse. » (Pensée inscrite sur l'album de la Lucca).

Sur les chefs et députés de la droite : « Ou bien ces Messieurs me reconnaissent pour leur chef, et alors ils doivent me suivre ; ou bien ils luttent pour leur propre compte, et dans ce cas ils doivent laisser à mon appréciation le soin de savoir quand je dois faire cause commune avec eux. Le pion est évidemment une pièce très importante au jeu d'échecs politiques, mais je n'admets pas qu'il puisse avoir, à un moment donné, la prétention d'être employé comme tour ou comme cavalier. »

Il se montre sévère pour la diplomatie, qu'il définit : un régime de truffes et de décorations, l'art de persuader aux autres qu'on est cousu de secrets, et de se persuader à soi-même que les autres savent ce qu'ils ignorent. Dans ses lettres de Francfort, on trouve une galerie de portraits à la plume fort spirituels, consacrés à ses collègues, et où s'entre-croisent les historiettes de société, les fêtes et les cotillons : « ... Je n'ai jamais douté que ces Messieurs ne fissent leur cuisine à l'eau, mais ce potage, fade et sans le moindre œil de graisse, me confond, je l'avoue. Envoyez-moi votre maître d'école ou votre agent-voyer, et, s'ils sont lavés et peignés, ils feront d'aussi bons diplomates que ceux d'ici. Je fais des progrès gigantesques dans l'art de ne rien dire en un nombre infini de mots... Personne, pas même le plus méchant des démocrates, ne peut concevoir ce qu'il y a de nullité et de charlatanisme dans la diplomatie... Les hommes des petits États sont, pour la plupart, de simples caricatures en perruque, qui prennent immédiatement leur physionomie officielle si je leur demande d'allumer mon cigare, et qui étudient leurs paroles et leur attitude avec le plus grand soin quand ils demandent la clef du lavabo (1)... »

Toutefois il rend justice à quelques diplomates autrichiens, Thun, Brenner, Rechberg. Est-ce par équité, par

(1) « L'humoristique chose qu'on me contait hier à propos de l'étiquette des Cours d'Allemagne. Il est défendu de se moucher, même d'éternuer devant les souverains de là-bas. Une ambassadrice de ma famille se trouvait très embarrassée quand il lui arrivait de s'enrhumer. Heureusement qu'elle était prise en affection par une espèce d'antique *Camerera major*, dans la famille de laquelle se léguait, au lit de mort, de génération en génération, le secret de ne pas éternuer devant son souverain. Et elle lui révéla ce secret, qui est de se pincer le cartilage intérieur du nez d'une certaine façon. » (*Journal des Goncourt*, I, p. 318.) A propos des ressemblances morales, et même physiques, qui s'établissent entre

politesse ou par politique? L'A B C de la diplomatie, c'est de donner à un gouvernement étranger une haute idée de l'homme qu'il emploie, surtout quand cet homme est une nullité. Napoléon Ier affectait parfois de décerner de grands éloges à ses plus médiocres adversaires.

Quant à la littérature diplomatique, ce n'est, selon Bismarck, que de l'encre et du papier, cela ne peut aider en rien l'historien, ne contient rien d'essentiel : *de simples feuilletons politiques*.

Ce qu'il dédaigne le plus, c'est le diplomate *sentimental;* il se montre sans pitié pour Jules Favre; il trouve aussi que Thiers n'a rien du diplomate, qu'il est bien trop sentimental pour le métier; du moins lui reconnaît-il une intelligence lucide, de bonnes manières, et l'art de raconter admirablement (1).

Ne croyez pas qu'il soit beaucoup plus tendre pour

---

les diplomates de capacité moyenne, diplomates à la grosse et à la douzaine, on peut rappeler cette pensée humoristique de Henri Heine : « C'est d'ailleurs une observation déjà faite, que tous les prêtres du monde, rabbins, muftis, dominicains, conseillers consistoriaux, popes, bonzes, enfin tout le corps diplomatique du bon Dieu, portent sur leur figure un certain air de famille qu'on retrouve toujours chez les gens qui font le même métier. » Horace de Vielcastel compare certains diplomates, solliciteurs sous tous les régimes, aux reposoirs élevés dans les campagnes pour la Fête-Dieu, et formés avec un drap de toile sur lequel sont accrochés tous les oripeaux de la bourgade et de tous les temps.

(1) Goncourt écrit assez méchamment : « ... Pendant les négociations de Belfort, le ministre prussien, connaissant l'habitude qu'avait Thiers de faire une sieste dans la journée, lui faisait envelopper les pieds avec un paletot, pour qu'il n'eût pas froid.. On doit se féliciter que cette attention n'ait pas coûté Belfort à la France. »

les diplomates prussiens : le comte de Goltz, Bernstorff, d'Arnim, sont drapés de main de maître ; bien peu trouvent grâce devant lui.

Au début de la bataille de Sadowa, il y eut un orage assez violent, avec accompagnement de coups de tonnerre : « Voilà déjà le Père éternel qui tire des salves pour annoncer notre victoire ! » s'écria Bismarck.

Il était, comme on pense, assommé de requêtes, de visites. Un solliciteur déclare dans l'antichambre que, si Bismarck ne le reçoit pas, il ira se pendre. Il répondit qu'en ce cas il ferait chercher la corde la plus neuve et la plus forte qu'on pourrait trouver. L'homme partit et ne se pendit point.

Est-il besoin d'ajouter que Bismarck goûtait les préceptes de Napoléon et de Wicquefort, et qu'il n'eût pas moins apprécié les maximes de Comines.

« Les princes, affirmait Napoléon Ier, ne doivent traiter que par des intermédiaires ; et en effet l'on peut prouver que les princes, même excellents, réussiront moins bien par eux-mêmes que par l'organe de ministres, même médiocres. »

« C'est toujours une marque de faiblesse des princes, dit Wicquefort, de donner leur confiance à des ambassadeurs étrangers, surtout s'ils ont des intérêts considérables à démêler avec leurs maîtres. Jean d'Albian, ambassadeur de Ferdinand et d'Isabelle à la Cour de France, était fort bien avec le roi Charles VIII ; de sorte qu'il avait ses audiences secrètes toutes les fois qu'il voulait, et il quittait sa gravité d'ambassadeur pour se faire donner audience aux heures indues. Ferdinand s'en trouvait bien, et le renvoyait souvent en France, parce qu'en ce temps on ne savait pas encore ce que c'était que des ambassadeurs ordinaires; mais cette familiarité de l'ambassadeur, et les artifices de Jean de Mauléon, coûtèrent le Roussillon à la France. »

Philippe de Comines, le premier, appelle les ambassadeurs « des espions sûrs et honorables. Aussi, il y a plus d'avantages à les envoyer qu'à les recevoir, et les ambassades les moins fréquentes et les plus courtes, sont toujours les meilleures pour celui qui les reçoit. » — « Pendant bien longtemps, remarque M. Émile Ollivier, les chefs d'États n'admirent que des ambassadeurs extraordinaires, chargés de traiter une affaire spéciale, et qui se retiraient après l'avoir conclue; ils refusaient d'accueillir des ambassadeurs résidants, chargés de guetter leurs pensées et de surveiller leurs actes. Même aujourd'hui, ils se réservent de refuser sans explication qui ne leur est pas agréable. En l'an 1625, le cardinal de Richelieu, ayant su que le duc de Buckingham devait venir en France en qualité d'ambassadeur d'Angleterre, lui fit dire, de la part du roi, son maître, qu'il ne s'en donnât pas la peine, parce que sa personne ne serait pas agréable. Le tsar Nicolas refusa de laisser accréditer Strafford de Redcliffe, *le sultan anglais,* son antagoniste heureux à Constantinople pendant tant d'années. Victor-Emmanuel n'admit pas le ministre envoyé par le roi de Prusse, le général Willisen, qui avait écrit contre l'Italie et combattu contre elle à Solférino. Pie IX refusa d'admettre comme ambassadeur de l'empire allemand auprès de lui le cardinal de Hohenlohe, etc., etc... »

Le comte Balny d'Avricourt, ministre plénipotentiaire, a bien voulu me communiquer un rapport confidentiel adressé en 1894 à M. Casimir-Périer, président du Conseil, ministre des Affaires étrangères, à la suite d'une conversation de deux heures qu'il eut avec le prince de Bismarck. Le diplomate français déjeunait à Friedrishsruhe avec la princesse, le prince déjà fort souffrant, et le secrétaire, M. Chrysander. Voici quelques extraits de cet intéressant document : « Je le trouvai cette fois fort changé, et quiconque n'eût connu son visage que par les portraits que l'on voit de lui un peu partout, eût été fort en peine de reconnaître, dans ce grand vieillard maigre, à l'aspect presque débonnaire, au regard caressant et doux, la figure de celui qui fut le chancelier de fer. Sa parole surtout se fait hésitante et sa langue semble comme légèrement contractée... En présence d'un tel spectacle, je ne pus m'empêcher de penser que l'Empereur peut maintenant se réconcilier avec son ancien chancelier; l'ombre du grand homme d'État peut encore le couvrir, mais lui-même physiquement est à terre, et Guillaume II n'a plus rien à craindre. »

... « Vous avez pu vous convaincre, dit Bismarck, qu'en « bien des côtés nos intérêts sont identiques, précisé« ment parce qu'ils n'ont que de rares points de con« tact... Et moi-même, n'ai-je pas suivi avec intérêt votre « intervention au Tonkin, où le nom de l'un des vôtres « est inscrit à la première page de la conquête? Mais le

« Tonkin, c'est bien loin, en face de la Chine qui n'est « peut-être qu'endormie : tandis que l'Afrique ! Quel « vaste champ ouvert aux entreprises de l'avenir ! L'Al- « gérie et la Tunisie réunies à travers le Sahara par une « ligne ferrée à vos possessions du Sénégal et du golfe « du Bénin, et plus tard au Congo français, quelle « conception plus grandiose de l'idée coloniale !...

« Ah ! laissez faire la bureaucratie prussienne, et « vous verrez ce qu'il en coûtera (des possessions alle- « mandes en Afrique). » Et le Prince s'animant, me représenta que ces gens-là avaient tenté de circonvenir le vieil empereur, et qu'ils n'avaient que trop réussi sous son successeur. « Nous leur devons déjà la perte de Zan- « zibar, dont la possession, aux mains de l'Angleterre, « est une menace pour nos possessions continentales de « l'Afrique orientale. En revanche, ils nous ont donné « les cent hectares de terre que vous connaissez sur le « rocher d'Héligoland. Comme intérêt géologique, passe « encore, mais comme valeur stratégique, c'est une pure « chimère, et l'on ne sait pas encore ce que cela coû- « tera. »

« Et comme le diplomate français faisait remarquer que le comte de Munster pensait de même que son interlocuteur au sujet d'Héligoland et du suffrage universel :

« Effectivement, répliqua l'ancien chancelier, en pré- « sence du flot montant du socialisme, le suffrage uni- « versel est un instrument dangereux, et, si je m'en suis « servi comme d'une arme qu'on ramasse, c'est qu'il « m'était nécessaire pour avoir raison des résistances « des princes allemands, et fonder l'Empire. Cette arme,

« j'aurais su l'utiliser plus tard au profit de ma politi- « que, si l'on m'en eût laissé le temps; *il suffisait pour* « *cela d'abolir le vote secret en rendant le scrutin public.* »

Dans chacune de ses entreprises, Bismarck s'est ménagé comme complice celui qui devait être sa victime dans l'entreprise suivante. Disciple de Machiavel, il n'a pas même pris la peine de nier ses doctrines, comme cet autre grand Prussien, Frédéric II, qui écrivait l'*Anti-Machiavel, crachant au plat pour en dégoûter les autres,* selon le mot de Voltaire. Et décidément, il lui a manqué quelque chose pour être tout à fait un grand homme universel; ce quelque chose pourrait s'appeler la grandeur d'âme, l'humanité, ce qui faisait dire au cardinal de Richelieu : « J'éprouve un contentement austère de voir tant d'honnêtes gens dormir sans crainte à l'ombre de mes veilles. »

On n'en finirait pas s'il fallait crayonner les salons des diplomates étrangers à Paris :

Celui de la comtesse Apponyi qui, donnant un bal sous la Restauration, eut une querelle retentissante avec les maréchaux du Premier Empire, qu'elle refusa de laisser annoncer avec leurs titres de ducs ou de princes, lorsque ces titres étaient ceux de villes ou de principautés rappelant les victoires des armées françaises sur les armées autrichiennes.

Sous la Monarchie de Juillet, elle fit aussi une sortie assez singulière :

« Nous avons une telle affluence dans nos salons, disait-elle à la comtesse Duchâtel, bien que nous cherchions à échelonner nos invitations, que nous sommes privés d'y recevoir des Français auxquels nous serions heureux d'en faire les honneurs ; ces derniers doivent plutôt nous plaindre que nous en vouloir. — Ces regrets ont aussi leur bon côté, reprit Mme Duchâtel, et ils prouvent que les étrangers ont le désir de se rapprocher de nous. — Dites plutôt, observa l'ambassadrice, que Paris est la ville de l'Europe où l'on peut le plus facilement s'instruire et s'amuser, et que les étrangers aiment les sciences et le plaisir. » Mme d'Apponyi se leva en achevant la phrase, fit la révérence, et se retira.

Les salons de la comtesse de Hatzfeld, du comte de Sales, de la princesse de Metternich (1) qui enlevait avec tant de verve les revues et charades à la cour de Napoléon III, de lady Dufferin, de la comtesse Tornielli qui réunit en sa personne les dons de la Russe, de la Française, de l'Italienne : elle appartient à ces trois pays par la naissance, la famille et le mariage, etc...

Il aurait fallu aussi — car ils représentent une des

---

(1) Après 1870, la princesse de Metternich, restée l'amie de la France, la défendait un jour à Vienne contre l'ambassadeur d'Allemagne. « Il n'y a de grâce, de bon goût, d'esprit qu'en France, s'écriait-elle avec enthousiasme : donnez aux Français n'importe quoi, mot ou objet, je gage que l'ingéniosité parisienne en saura faire quelque chose de charmant. — Princesse, j'ai bien envie de tenir votre pari, fit le diplomate; voici un cheveu, je serais curieux de savoir ce qu'il peut devenir entre les mains de vos amis. — Vous le verrez. » Un mois après, l'ambassadeur recevait un cadeau de la princesse : le cheveu, envoyé à Paris, s'était fait bijou; serti d'or et de diamants, il supportait deux petites balances dont l'une figurait l'Alsace, l'autre la Lorraine; et sur ce ruban, serpentant le long du léger support, on lisait ces mots : « Vous ne les tenez que par un cheveu. » Hélas!

gloires de la société française, — citer les salons de nos diplomates à l'étranger ; je me bornerai à rappeler qu'aujourd'hui encore une Française, la marquise de Montebello, brille au premier rang parmi les étoiles diplomatiques, incarne à merveille nos traditions de grâce, de courtoisie raffinée, l'art et la science de l'hospitalité.

Et j'imagine que cette pénétration, cette solidarité de plus en plus intense avec la société française, européenne, ont servi dans quelque mesure la grande cause de la civilisation et de l'humanité. Peut-être, en se mêlant davantage à notre vie sociale, à celle des autres pays, les diplomates français et étrangers ont-ils fait tomber quelques préjugés, rendu moins violent cet état d'âme qu'un disciple de Hobbes caractérise ainsi : « L'homme est un loup pour l'homme, la femme est deux fois louve pour la femme, les peuples sont trois fois loups les uns pour les autres (1). » Peut-être, après bien des luttes, et dans quelques siècles, le droit des gens ne sera-t-il plus celui qu'invoquent les vaincus, que nient les vainqueurs, ce droit des gens que la diplomatie a pour objet de développer en l'entourant de ces frêles abris qu'on appelle les Conférences, les Préliminaires, les Protocoles, les Traités, et qui ne se trouvera plus imprimé sur des parchemins, mais en pleine chair humaine, dans le cœur et la conscience des nations.

---

(1) Voici une autre version : *Homo homini lupus; femina feminæ lupior; sacerdos sacerdoti lupissimus; monachus monacho...* Ici il n'y a plus de superlatif, remarque un ironiste.

QUATRIÈME CONFÉRENCE

LES GRANDES DAMES DE LA FRONDE

MESDAMES, MESSIEURS,

Cette causerie devrait avoir pour sous-titre : les amours de Victor Cousin (1), philosophe spiritualiste, ancien ministre de la Monarchie de Juillet, membre de l'Académie française. Ces belles dames du XVIIe siècle, héroïnes de la Fronde, précieuses de l'hôtel de Rambouillet, reines de la galanterie coupable, ou chastes

---

(1) Victor COUSIN : *Le Connétable de Luynes*, dans *Journal des Savants*, 1862, 1863; *La Société française au XVIIe siècle*, 2 vol.; *Mme de Longueville*, 2 vol.; *Mme de Chevreuse*, 1 vol.; *Mme de Sablé*, 1 vol.; *Mme de Hautefort*, 1 vol. Perrin, éditeur. — VILLEFORT : *La Vie de Mme la duchesse de Longueville*. — Alfred RÉBELLIAU : *Anne de Gonzague*, dans *Revue de Paris*, 1er décembre 1896. — SAINTE-BEUVE : *Portraits de femmes*. — *Historiettes de Tallemant des Réaux*. — *Mémoires de la Grande Mademoiselle, de Mme de Motteville, du Cardinal de Retz, du Marquis de la Fare, de La Rochefoucauld, de Gourville, de Brienne, de la duchesse de Nemours, de Cosnac, de Monglat, de Mon-*

vestales des sentiments platoniques, il les a adorées d'une passion inextinguible qui s'est épanchée en dix volumes, et qui eut tous les enivrements, tous les fanatismes, tous les charmes aussi d'un amour de vingt ans. Inspiré par cette passion rétrospective, il goûta et fit revivre leurs grâces, leurs enchantements ; nouvel Amadis, Céladon cérébral de ces Arianes, de ces Astrées, il se jeta pour elles dans toutes les aventures de la pensée ; leur beauté n'eut pas de dévot plus tendre au XVIIe siècle, leurs vertus furent par lui magnifiées, leurs faiblesses les plus éclatantes excusées, les moindres niées ou réduites à rien ; avec l'éloquence de la conviction et du talent, il a plaidé pour elles devant ce tribunal de l'histoire qui parfois éprouve les engouements et montre les partialités d'un jury, cherchant à

---

trésor, de Saint-Simon. — LIVET : *Précieux et Précieuses.* — Duc D'AUMALE : *Histoire des Princes de Condé,* 7 vol. — SÉNAC DE MEILHAN : *Mémoires d'Anne de Gonzague,* 1789, Prault. — *Mémoires de Marguerite de Ribaumont,* par Miss YONGE, traduction de Mme DE WITT, née Guizot. — Pierre DE SÉGUR : *La Jeunesse de Luxembourg,* 1 vol. — BAZIN : *Histoire du ministère de Mazarin.* — DE SAINTE-AULAIRE : *Histoire de la Fronde.* — BUSSY-RABUTIN : *Histoire amoureuse des Gaules.* — Th. FROMENT : *Le Grand Condé à Chantilly,* dans *Correspondant,* 25 novembre 1896. — WALCKENAER : *Mémoires touchant la vie et les écrits de Mme de Sévigné,* 6 vol. — HANOTAUX : *Histoire de Richelieu.* — Vicomte D'AVENEL : *Histoire du cardinal de Richelieu.* — M. BERNARDIN : *Hommes et mœurs du XVIIe siècle,* Lecène et Oudin, 1 vol. — Charles-Julien JEANNEL : *Descartes et la Princesse Palatine,* dans *Correspondant,* 10 août 1860. — Édouard DE BARTHÉLEMY : *Histoire de la vie du duc de La Rochefoucauld,* Hachette, 1863 ; *La Comtesse de Maure, sa vie, sa correspondance,* 1 vol., 1863. — BOUILLÉ : *Histoire des ducs de Guise.* — FORNERON : *Histoire des ducs de Guise.* — Paul DE MUSSET : *Extravagants et originaux du XVIIe siècle,* etc...

pulvériser leurs ennemis, jaloux de leurs mourants, sévère à ceux qui les ont abandonnées, infidèle aux lois de l'histoire, mais communiquant à ses jugements cette vie, ce mouvement, cette flamme qui manque souvent aux ouvrages dont les auteurs cherchent à raconter plutôt qu'à peindre. Bien plus justement que La Rochefoucauld, il aurait eu le droit d'adresser à Mmes de Chevreuse, de Longueville, de Hautefort, de Sablé, ces deux vers célèbres :

Pour mériter son cœur, pour plaire à ses beaux yeux,
J'ai fait la guerre aux rois, je l'aurais faite aux dieux.

Et peut-être a-t-il regretté d'avoir vécu deux cents ans trop tard, de n'avoir pas joui de la présence réelle ! Mais il a mieux fait que de contempler et approcher ses héroïnes. De les avoir rêvées, de leur avoir parlé selon l'idéal même créé pour elles, d'avoir partagé leurs triomphes, leurs dangers, leurs retours de faveur, d'avoir vu se former leurs âmes et leurs corps, de leur avoir donné lui-même une seconde vie, — de telles voluptés d'imagination dépassent toutes les voluptés des sens. Dans ses *Reisebilder*, Henri Heine prête cette pensée charmante à un de ses personnages : « Il est bon, du moins, que nous soyons contemporains, et que nous nous soyons rencontrés dans le même coin de terre avec nos folles larmes. Ah ! quel malheur si par hasard vous aviez vécu deux cents ans plus tôt, comme cela m'est arrivé avec mon ami Michel Cervantès de Saavedra ; ou si vous étiez venu au monde un siècle plus tard que moi, comme un autre de mes amis intimes, dont je ne sais pas même le nom, par la raison qu'il n'en aura un qu'à sa naissance en l'an 1900. » Est-ce un bonheur ou un malheur pour Cousin qu'il n'ait pas connu ses héroïnes? En tout cas, c'est un bonheur pour nous qu'il soit devenu leur historien.

Leurs dangers, disais-je à l'instant. Lorsque l'on considère ces existences si tourmentées des femmes du XVIe siècle et de la première partie du XVIIe siècle, ces odyssées à travers les guerres civiles, ces amours interrompues quelquefois par le poison, ces fêtes superbes de la Cour où se nouent des complots qui vont aboutir à une prise d'armes, à la Saint-Barthélemy, à la Journée des Dupes, à la Fronde; — lorsqu'on se rappelle les fuites précipitées sous des déguisements romanesques, ces longs exils où les grandes dames apprennent combien il est dur de monter et de descendre l'escalier de l'étranger, tandis que les maris, les frères, les amis paient leurs fautes en prison ou sur l'échafaud, — on ne peut s'empêcher de se rappeler la destinée des femmes, plus tragique encore, à une autre époque de notre histoire, pendant la Révolution, et cette curieuse prophétie de Cazotte, imaginée en 1796 par La Harpe, et qui est le chef-d'œuvre de celui-ci. Vous savez le thème et je veux du moins résumer le récit. La scène se passe en 1787, chez un grand seigneur, dans un souper où gens de cour, gens de robe, gens de lettres font assaut d'esprit, de contes libertins, s'évertuent à prédire le prochain règne de la philosophie et de la raison. Un des convives, Jacques Cazotte, épris des rêveries des illuminés, prend la parole, prophétise successivement à Condorcet, Chamfort, Bailly, Malesherbes, tous présents, le sort qui les attend dans quelques années. — « Mais c'est une gageure, s'écrie-t-on, il a juré de tout exterminer ! — Non, ce n'est pas moi qui l'ai juré ! — Voilà bien des miracles, remarque alors La Harpe, et vous ne m'y mettez pour rien ? — Vous y serez pour un miracle tout aussi extraordinaire, vous serez alors chrétien. — Ah ! ricane Chamfort, je suis rassuré, si nous ne devons périr que quand La Harpe sera chrétien, nous sommes immortels. » La duchesse de Gramont sourit : « Nous sommes bien heureuses, nous autres femmes, de n'être pour rien dans les révolutions. Quand je dis pour rien, ce n'est pas que nous ne nous en mêlions un peu, mais il est reçu qu'on ne s'en prend pas à nous. Et notre sexe... — Votre sexe, Mesdames, ne vous en défendra pas cette fois, et vous aurez beau ne vous mêler de rien, vous serez traitées tout comme les hommes, sans aucune différence. — Vous verrez, reprend la duchesse, qu'il ne me laissera pas seulement un confesseur ! — Non, Madame, vous n'en aurez pas, ni vous, ni personne. Le dernier supplicié qui en aura un, par grâce, sera... — Qui donc ? — ... Le roi de France ! »

Le bourreau excepté, de 1550 à 1660, les femmes avaient enduré d'aussi âpres souffrances, et les Mémoires du temps attestent qu'elles déployèrent un courage égal à celui des femmes de la Révolution ; elles étaient même plus fortement trempées à cette époque, les guerres de religion, l'absence d'une foule de raffinements, la nécessité de franchir de grandes distances à cheval, ayant créé pour elles une atmosphère de vigueur physique et morale, de décision rapide, et comme une perpétuelle hantise de conspirations et de coups de main, d'appels à Sa Majesté le hasard.

Ces traits se retrouvent chez les héroïnes de la Fronde, Marie de Rohan, duchesse de Luynes, ensuite duchesse de Chevreuse, Mme de Longueville, sœur du grand Condé et du prince de Conti, la Grande Mademoiselle, fille du frère de Louis XIII, Anne de Gonzague, princesse Palatine, Isabelle de Montmorency-Boutteville, duchesse de Chatillon. Mais la Grande Mademoiselle, avec son rôle politique, sa carrière de grande amoureuse un peu ridicule, ses mémoires, son salon du Luxembourg, son cercle, comme on disait, est un personnage trop considérable pour ne pas faire l'objet d'une étude spéciale. Quant à Mme de Chevreuse, elle ne m'arrêtera pas longtemps, son existence, presque toute de politique et d'intrigue, étant bien plus liée au train de la Cour, et par conséquent au gouvernement, qu'à l'histoire même de la société française.

C'est une Circé, une enjôleuse, une impulsive aussi, qui se laisse piper elle-même par l'amour, sinon par les amoureux, tantôt reine et tantôt esclave de ceux-ci; mettant au service de ses propres passions, et de celles des autres, des facultés de premier ordre : coup d'œil prompt et sûr dans le détail, courage à toute épreuve, loyauté, dévouement à ses amis. Mais il lui manque cette partie divine de l'art de gouverner : un juste but, l'art d'y marcher par les voies les plus diverses. Le cardinal de Retz a fait d'elle un portrait un peu outré, vrai sur plus d'un point : « Je n'ai jamais vu qu'elle en qui la vivacité suppléât au jugement. Elle lui donnait même assez souvent des ouvertures si brillantes qu'elles paraissaient comme des éclairs, et si sages qu'elles n'auraient pas été désavouées par les plus grands hommes de tous les siècles... Si le prieur des Chartreux lui eût plu, elle eût été solitaire de bonne foi. M. de Lorraine la jeta dans les affaires, le duc de Buckingham et le comte de Holland l'y entretinrent, M. de Châteauneuf l'y amusa. Elle s'y abandonna parce qu'elle s'abandonnait à tout ce qui plaisait à celui qu'elle aimait, sans choix, et purement parce qu'il fallait qu'elle aimât quelqu'un. Il n'était pas même difficile de lui donner un amant de partie faite, mais dès qu'elle l'avait pris, elle l'aimait uniquement et fidèlement. Son dévouement à la passion qu'on pouvait dire éternelle, quoiqu'elle changeât d'objet, n'empêchait pas qu'une mouche lui donnât des distractions. Mais elle en revenait toujours avec des emportements qui les faisaient trouver agréables. Jamais personne n'a fait moins d'attention sur les périls, et jamais femme n'a eu plus de mépris pour les scrupules et pour les devoirs... »

Pour mettre au point le récit, et rentrer dans l'impartialité historique, rappelons-nous que Richelieu fit tout pour gagner Mme de Chevreuse, la traita comme une ennemie digne de lui en l'exilant à plusieurs reprises, qu'elle inspirait les plus grandes inquiétudes à Mazarin, qui se trouva fort bien de s'être réconcilié avec elle pendant la Fronde, car il comptait en France trois femmes capables, disait-il, de gouverner ou de bouleverser trois grands royaumes : la duchesse de Longueville, la princesse Palatine, la duchesse de Chevreuse.

Tandis que la plupart des hommes obéissent à la loi d'airain des circonstances, à cette fatalité illogique des événements qui les emportent dans leur tourbillon, la duchesse obéit surtout à la loi de son caractère et de sa beauté. Comme ses aïeules, héroïnes indomptables et charmantes, elle semble, de droit divin, née pour plaire et batailler, pour briller dans les dangers qu'elle amoncelle comme à plaisir sur sa tête afin de se donner l'orgueil de les conjurer ou de les braver, pour réaliser mieux que personne ce singulier mélange de galanterie et de politique qui demeure un des traits particuliers de l'aristocratie jusqu'en 1660. Belle à ravir, avec une taille de déesse, de grands yeux bleus, de fins et abondants cheveux d'un blond châtain (autrefois les blondes étaient préférées aux brunes), et dans toute sa personne une harmonie de délicatesse et de vivacité, de grâce et de passion, la fille d'Hercule de Rohan, duc de Montbazon, épouse en 1617, à l'âge de dix-sept ans, Charles d'Albert, le futur duc et connétable de Luynes, celui-là même qui, renversant Concini, tirant de leur disgrâce les vieux ministres du règne précédent, eut quelques velléités de continuer la politique de Henri IV. En 1618, elle devenait surintendante de la Maison de la reine, se liait avec elle d'une amitié qui résistera à bien des épreuves. Le duc de Luynes étant mort en 1621, elle épousa en 1622 Claude de Lorraine, duc de

Chevreuse, fils de Henri de Guise, personnage médiocre à tous égards, et d'une immoralité qui explique, sans les justifier, les torts de sa femme. Profondément dévouée à la reine Anne d'Autriche, elle favorise la passion de Buckingham pour celle-ci (1), ne se retient pas longtemps sur la pente savonnée des sentiments platoniques où sa maîtresse semble s'être cramponnée jusqu'à Mazarin ; en sa qualité d'Espagnole, la reine goûtait les maximes chevaleresques que ses compatriotes tenaient des Maures, et ne s'offensait pas d'être aimée à la manière de la marquise de Sablé : d'autant plus qu'elle ne jouissait d'aucun crédit, et se trouvait à peu près délaissée par Louis XIII, qui la croyait pleinement infidèle. On assure qu'elle reçut les hommages de Richelieu, — La Rochefoucauld, Brienne, Retz, Mme de Motteville, le disent sans détour, — et que le dédain avec lequel elle le traitait entraîna cette mésintelligence qui pesa si lourdement sur elle pendant toute la vie du cardinal. Brienne, fort sujet à caution, raconte même cette anecdote amusante, mais absolument indigne de créance. Un jour qu'Anne d'Autriche et sa confidente causaient du premier ministre : « Il est passionnément épris, Madame, dit la surintendante, je ne sache rien qu'il ne fît pour plaire à Votre Majesté. Voulez-vous que je vous l'envoie un

(1) L'histoire des amours de Buckingham et d'Anne d'Autriche semble un roman à la Dumas ; le romancier en a pris les détails dans un mauvais livre de Touchard-Lafosse : *Les Chroniques de l'Œil-de-Bœuf.*

soir dans votre chambre, vêtu en baladin, que je l'oblige à danser ainsi une sarabande? Le voulez-vous? Il y viendra. — Quelle folie! dit la princesse. » — Elle était jeune, elle était femme, elle était vive et gaie; l'idée d'un pareil spectacle lui parut divertissante. Elle prit au mot sa confidente qui fut, du même pas, trouver le cardinal. Ce grand ministre, quoiqu'il eût dans la tête toutes les affaires de l'Europe, ne laissait pas en même temps de livrer son cœur à l'amour. Il accepta ce singulier rendez-vous : il se croyait déjà maître de sa conquête; mais il en arriva autrement. Boccan, qui était le Baptiste d'alors et jouait admirablement du violon, fut appelé. On lui recommanda le secret : de tels secrets se gardent-ils? C'est donc de lui qu'on a tout su. Richelieu était vêtu d'un pantalon de velours vert; il avait à ses jarretières des sonnettes d'argent; il tenait en main des castagnettes, et dansa la sarabande que joua Boccan. Les spectateurs et le violon étaient cachés, avec Vautier et Beringhen, derrière un paravent, d'où l'on voyait les gestes du danseur. On riait à gorge déployée; et qui pourrait s'en empêcher, puisque, après cinquante ans, j'en ris encore moi-même?» Remémorons-nous les folies où la passion a pu entraîner les personnages les plus considérables, César, Antoine, Henri IV lorsqu'il risquait sa vie ou la paix du royaume pour suivre son amour, et tant d'autres grands événements, batailles, traités, haines et dissensions, déchaînés en l'honneur des émules de Cléopâtre; sans parler de la perte du paradis terrestre et de la guerre de Troie, de ces cardinaux romains qui donnaient alors le spectacle de bien autres scandales et d'aussi grands ridicules. Donc l'aventure ne paraîtrait pas impossible si un autre que Richelieu se trouvait en cause, si l'on ne savait à quelles injustices, à quelles calomnies ses ennemis recoururent contre lui. Sa dureté pour la reine s'explique parce que, dans cette première période de sa vie, elle ne se montre pas aussi Française qu'elle le devint plus tard, alors que, selon la remarque de Mignet, les deux meilleurs Français furent une Espagnole, Anne, et un Italien, Mazarin.

La lutte ne tarda pas à s'engager entre le ministre et la reine ; et dès lors la vie de la duchesse se confond presque avec l'histoire du gouvernement et des ressorts secrets qui le poussent : car, hélas ! l'intrigue, les complots jouent un rôle trop considérable à ce moment. Pendant ce duel politique entre Mme de Chevreuse et le grand ministre, on la voit, audacieuse, sans scrupules, déployer des ressources d'esprit extraordinaires en l'honneur d'une mauvaise cause, intrépide devant le danger, inaccessible à la fatigue physique, enlevant d'un regard des ministres comme Châteauneuf, fanatique d'imprévu, jouant sans cesse le tout pour le tout, souveraine des cœurs en exil comme à la Cour, séduisant des princes, des hommes d'État étrangers, aussi aisément qu'elle a ensorcelé les courtisans français. « C'est la cabale incarnée, c'est le diable ! » s'écrie Richelieu. Elle demeure jusqu'en 1642 le centre et le lien d'une correspondance mystérieuse entre la reine de France, le duc de Lorraine et le roi d'Espagne. Le sort de ceux qui complotent avec elle ne l'arrête pas plus qu'un général n'hésite à sacrifier un bataillon, un régiment, pour assurer le gain de la bataille : ils savent que leur tête est l'enjeu de la partie ; s'ils réussissent, les faveurs de la belle duchesse, le ministère ; tant pis s'ils perdent. Elle-même a tout risqué pour la reine, et à plusieurs reprises l'a tirée des plus grands embarras.

Après la mort du roi et du cardinal, elle rentre en France, forte des services rendus, d'une fidélité à toute épreuve, de mille secrets communs, convaincue qu'elle allait gouverner Anne d'Autriche comme par le passé. Elle se trompait, et crut pouvoir bientôt redire le mot de Strafford mourant sur l'ingratitude des grands : *Nolite confidere principibus, quia nec est spes nec salus in illis.* Avant d'être reconnaissants envers leurs amis, les rois et les reines ont le devoir d'être reconnaissants envers la France, et c'est en quelque sorte un lieu commun, une des premières leçons de la grammaire politique, d'oublier les injures reçues, de proportionner la récompense à l'intérêt général, de ne conserver que les rancunes et la reconnaissance utiles. Et puis la reine avait rencontré sur sa route Mazarin, grâce auquel elle était parvenue à la Régence, Mazarin qui lui avait prodigué les respects, les hommages, qui, remarque Cousin, *s'était mis à ses pieds pour arriver jusqu'à son cœur,* et réussit bien vite à miner le crédit de Mme de Chevreuse. Anne d'Autriche se rappelait avec émotion les paroles de Louis XIII, lorsque pour la première fois il lui présenta Mazarin « : Il vous plaira, Madame, parce qu'il ressemble à Buckingham. » Lorsqu'elle eut bien constaté qu'il était le maître absolu du cœur d'Anne d'Autriche, la duchesse revint à sa vieille tactique, les complots. Elle échoue contre Mazarin comme elle avait échoué contre Richelieu, remue ciel et terre dans les Pays-Bas, rentre en France (1649), essaie de fonder un gouvernement aristocratique par une coalition des grands du royaume, tire les princes de prison, oblige le premier ministre à prendre le chemin de l'exil; mais, blessée dans son orgueil, dans ses intérêts de mère et de chef de parti par la rupture du projet de mariage de sa fille avec le prince de Conti, elle abandonne les Condé, fait sa paix avec Mazarin, obtient enfin le rappel de Châteauneuf dans ce poste de Garde des Sceaux, que l'amour lui avait fait perdre, qu'une amitié fidèle lui rendit. Elle concourt au triomphe de la royauté, rétablit les affaires de sa maison, fait la fortune de tous les siens, parmi lesquels elle mit toujours au premier rang le marquis de Laigues, son dernier favori, avec lequel elle contracte, après la mort de son mari, un de ces mariages de conscience alors assez à la mode. Mazarin, une fois disparu, la duchesse travaille à perdre Fouquet, devine Colbert, contribue à son élévation, fait épouser la fille de celui-ci à son petit-fils le duc de Chevreuse, l'ami de Beauvilliers et de Fénelon. Puis elle se retire peu à peu du monde et, touchée enfin par la grâce, s'éteint à l'âge de soixante-dix-neuf ans. Point d'oraison funèbre, pas de solennelles funérailles; elle voulut être enterrée obscurément dans la petite église de Gagny. Sur le marbre noir qui renfermait ses restes, un ami fidèle grava cette épitaphe :

« Ci gist, Marie de Rohan, duchesse de Chevreuse, fille d'Hercule de Rohan, duc de Montbazon. Elle avait épousé, en premières noces, Charles d'Albert, duc de Luynes, et en secondes noces, Claude de Lorraine, duc de Chevreuse. L'humilité ayant fait mourir dans son cœur toute la grandeur du siècle, elle défendit que l'on fît revivre à sa mort la moindre marque de cette grandeur, qu'elle voulut achever d'ensevelir sous la simplicité de cette tombe, ayant ordonné qu'on l'enterrât dans la paroisse de Gagny où elle est morte à l'âge de 79 ans, le 12 août 1679. »

J'ai lu quelque part que la politique était l'art de gaspiller son temps gravement : pareil reproche ne saurait être adressé à Mme de Longueville, fille délicieusement belle d'une mère si belle, cette Charlotte de Montmorency qui fut aimée de Henri IV, et n'eût pas été insensible à l'amour royal, si le prince de Condé son mari ne s'était prudemment enfui avec elle à Bruxelles. Mme de Longueville fit de la politique, de la mauvaise politique, puisque c'était la politique de la Fronde, où elle s'engage pour plaire à Marsillac qu'elle aime, et qu'elle continue pour fuir son mari qu'elle n'aime pas ; cette politique est galante et tragique, vaine et théâtrale, on peut lui infliger toutes les épithètes du monde, sauf celle d'ennuyeuse. Mme de Chevreuse se consacre tout entière à la politique et à la passion, à la Cour et à l'intrigue ; Mme de Longueville appartient davantage à la coquetterie de l'esprit, à la vie de salon et de conversation ; on sent qu'elle a passé par l'hôtel de Rambouillet, par le cercle de sa mère, qu'elle a réuni aussi une compagnie d'élite : Nicole l'appelle la plus parfaite actrice du monde. Son caractère n'est viril et héroïque que par occasion ; il reste bien plus féminin que celui de son émule, et, dans les caprices d'une âme ambitieuse, inconsistante et tendre, où l'esprit et le cœur sont sans cesse dupes l'un de l'autre, elle conserve cette royauté de la grâce, cette dictature du goût et des élégances qui ont revêtu sa figure protéenne d'un enchantement immortel. C'est à elle qu'on peut appliquer ces réflexions de M. Anatole France : « Ce qui fait le monde, c'est la femme. Elle y est souveraine : rien ne s'y fait que par elle et pour elle. Or, la femme est la grande éducatrice de l'homme ; elle lui enseigne les vertus charmantes, la politesse, la discrétion, et cette fierté qui craint d'être importune. Elle montre à quelques-uns l'art de plaire ; à tous l'art de ne pas déplaire. On apprend d'elle que la société est plus complète et d'une ordonnance plus délicate qu'on ne l'imagine communément dans les cafés politiques. Enfin on se pénètre près d'elle de cette idée que les rêves du sentiment et les ombres de la foi sont invincibles, et que ce n'est pas la raison qui gouverne les hommes. »

Des cheveux blonds et argentés, d'une finesse et d'une longueur étonnantes, un teint d'une fraîcheur éblouissante qui résiste même à la petite vérole, des yeux d'un bleu admirable, pareil à celui des turquoises, pas très grands, mais qu'importe qu'un boulet de canon soit de 16 ou de 32, s'il vous enlève la tête ; taille, bras et mains irréprochables, un abandon plein de grâce, une langueur habituelle qui avait des réveils fulgurants, et touchait plus que le brillant de celles mêmes qui étaient plus belles, tant d'avantages, joints à la qualité de princesse du sang, pénétrèrent les hommes et les femmes du désir de lui plaire. Elle est paresseuse, nullement savante, n'a pas été instruite, comme Mmes de Sévigné et de La Fayette, par Ménage; elle ne sait pas écrire (écrire est un art, un art très difficile, et qu'il faut avoir appris), et Paul-Louis Courier va un peu bien loin quand il prononce qu'en fait de langue il n'est femmelette du siècle de Louis XIV qui n'en remontrât aux Rousseau et aux Buffon. D'autre part, il a cent fois raison de reconnaître à ces femmes du XVIIe siècle, fort ignorantes sans doute de l'orthographe, mais pas plus que les hommes, deux dons naturels qui valent tous les autres, — l'aisance, et ce je ne sais quoi qui ne s'acquiert pas, qui se transmet par l'hérédité comme le sang bleu et la finesse des extrémités, et s'appelle d'un mot : la race. Mais l'esprit de la duchesse, qui doit presque tout à la nature, est exquis, un peu précieux même ; Nicole la compare à l'un des causeurs les plus célèbres du XVIIe siècle, M. de Tréville, pour lequel on avait fait le mot : parler comme un livre. Que l'éloge fût ou non exagéré, cet esprit avait son franc parler et ne relevait que de lui-même ; ainsi, un jour qu'on voulait lui faire admirer la *Pucelle* de Chapelain, si prônée à l'hôtel de Rambouillet : « Oui, murmure-t-elle, cela est fort beau, mais bien ennuyeux ; » à peu près comme son frère, le grand Condé, prenait la défense de Corneille contre les règles, et ne pardonnait pas à ces mêmes règles de faire composer à l'abbé d'Aubignac de si piètres tragédies. On la proclamait la divinité tutélaire des Muses, et, en 1649, dans la querelle des deux sonnets de Benserade et de Voiture, toute la Cour ayant pris parti pour Benserade, Mme de Longueville, qui tenait pour Voiture, ramena l'opinion. Voici les sonnets, ils sont agréables, rien de plus, et l'on ne comprend guère, à distance, qu'ils aient eu l'honneur de partager les beaux esprits.

Sonnet d'Uranie.

Il faut finir mes jours en l'amour d'Uranie,
L'absence ni le temps ne m'en sauraient guérir,
Et je ne vois plus rien qui me pût secourir,
Ni qui sût rappeler ma liberté bannie.

Dès longtemps je connais sa rigueur infinie ;
Mais pensant aux beautés pour qui je dois périr,
Je bénis mon martyre, et content de mourir,
Je n'ose murmurer contre sa tyrannie.

Quelquefois ma raison, par de faibles discours,
M'invite à la révolte et me promet secours ;
Mais lorsqu'à mon besoin je me veux servir d'elle,

Après beaucoup de peine et d'efforts impuissants,
Elle dit qu'Uranie est seule aimable et belle,
Et m'y rengage plus que ne font tous mes sens.

VOITURE.

Sur Job.

Job, de mille tourments atteint,
Vous rendra sa douleur connue ;
Et raisonnablement il craint
Que vous n'en soyez point émue.

Vous verrez sa misère nue ;
Il s'est lui-même ici dépeint :
Accoutumez-vous à la vue
D'un homme qui souffre et se plaint.

Bien qu'il eût d'extrêmes souffrances,
On voit aller des patiences
Plus loin que la sienne n'alla.

Il souffrit des maux incroyables,
Il s'en plaignit, il en parla ;
J'en connais de plus misérables.

BENSERADE.

MM. Sully Prudhomme, J. M. de Heredia, Stéphen Liégeard, Paul Musurus, Mlle Hélène Vacaresco, j'en passe et des meilleurs, ont fait maints sonnets au prix desquels ceux de Voiture, Benserade et autres, sont des impromptus de salon, bons à amuser les oisifs d'une soirée mondaine, et à être oubliés en même temps que s'éteint l'écho des applaudissements. Longtemps le sonnet a eu mauvaise réputation, longtemps il a passé pour un genre aussi faux, aussi maniéré que le madrigal ; et, malgré le vers fameux de Boileau, le goût semblait s'en être à jamais détourné. « L'homme au sonnet » et le Trissotin de Molière jetaient une teinte plutôt ridicule sur un genre que Pétrarque en Italie, Ronsard en France, avaient élevé à la perfection même. Musset prouva que le vers de Boileau n'était point si sot ; un sonnet sans défaut n'est-il pas d'ailleurs un poème entier condensé en quatorze vers ? Arvers va à la postérité avec un seul sonnet. M. J. M. de Heredia ne montre-t-il pas toute la grandeur du genre lorsqu'il évoque la figure de Cellini penché sur l'établi, dans son étroit atelier du Ponte-Vecchio, à Florence, enserrant, dans un espace de quelques centimètres carrés, une de ces scènes pour lesquelles il a fallu à Jules Romain les amples murailles du palais du Té, à Mantoue :

Le Combat des Géants au pommeau d'une dague.

Il y a, dans la littérature comme dans l'art, des colosses qui sont petits, et des figurines qui sont colossales.

Mme de Longueville fut coquette avec Coligny et Miossens, au moins légère avec le duc de Nemours, un peu plus que légère avec le duc de La Rochefoucauld-Marsillac, l'égoïste transcendant qui, n'ayant eu d'autres mobiles que l'intérêt et l'amour-propre, réduisant en théorie son caractère et ses goûts, fit un des livres où il y a le plus de choses sous un moindre volume, un livre où se trouvent condensées d'avance la philosophie pessimiste de notre temps, la psychologie de la lutte pour la vie. Et j'avoue ne savoir comment qualifier le manège de la duchesse avec le prince de Conti qui s'était mis « sur le pied de lui plaire plutôt en qualité d'honnête homme que comme frère, » et qu'elle encouragea dans cette folie pour le retenir dans le parti de son ambition. Les sens, l'intérêt, elle-même l'a dit, n'entrèrent pour rien dans les démarches de son cœur, et, au lieu de donner la loi à ses adorateurs, elle se transformait si fort dans leurs sentiments qu'elle ne reconnaissait plus les siens propres. Devoirs, intérêts, famille, réputation, elle sacrifie tout à La Rochefoucauld, car à ses yeux ils ne valent pas une faute commise par tendresse; elle consent à n'être entre ses mains qu'un instrument héroïque. Accordons-lui toutefois le bénéfice des circonstances atténuantes : un mari plus âgé qu'elle de vingt-quatre ans, épousé à contre-cœur en 1642, occupé de la duchesse de Montbazon, l'exemple presque universel de la Cour, peut-être un besoin irrésistible d'aimer et d'être aimée; par-dessus tout cette longue pénitence dont il a été question ailleurs (1), le retour à la religion qui était alors le rendez-vous commun des nobles cœurs désabusés. J'essaie de confesser les belles dames d'antan, mais je ne pèse point leurs péchés, leurs vertus dans la même balance qu'un Père de l'Église.

Mlle de Bourbon et son frère fréquentaient assidûment l'hôtel de Rambouillet. Condé y avait appris à admirer Corneille, sa sœur préférait Voiture, et ce goût ne la quitta jamais; elle pensa, elle parla toujours de lui comme Mme de Rambouillet. Elle rencontrait chez la Marquise : Godeau, le Nain de Julie, qui, devenu évêque de Grasse et de Vence, entretint avec elle un commerce de lettres moitié dévotes, moitié galantes; — Mlle de Scudéry et son frère; — Jacques Esprit, membre de l'Académie française, tour à tour commensal du chan-

(1) *La Société et Port-Royal*, pages 298 et suiv., dans mon volume : *La Société française du XVIe au XXe siècle*, 1re série, in-18, Perrin.

celier Séguier, prêtre de l'Oratoire, homme du monde, père de famille, pensionnaire et familier de M. et Mme de Longueville, précepteur des jeunes princes de Conti, ami intime de la marquise de Sablé, auteur d'un volume de *Maximes* que les contemporains prisaient singulièrement. De telles relations fortifiaient chez la jeune princesse le culte des choses de l'esprit. Avant d'être mariée, au printemps de la vie, elle passe les hivers à Paris, à l'hôtel de Condé, au Louvre, au Palais Cardinal ; l'été, c'est à Fontainebleau avec la Cour, à Chantilly, demeure des Condé, à Rueil chez le cardinal de Richelieu et la duchesse d'Aiguillon, à Liancourt, séjour magnifique de la duchesse de Liancourt, à la Barre, chez la Marquise du Vigean dont une des filles inspira au vainqueur de Rocroy le seul amour vraiment profond qu'il ait jamais ressenti, amour chastement terminé par le cloître. A Chantilly, on avait Voiture, ou, à son défaut, Montreuil et Sarasin ; l'après-midi, on s'amusait à lire des romans sous les épaisses futaies et les charmilles, à l'abri du soleil et de la chaleur ; le soir se passait à se promener, converser, jouer la comédie. On vivait, dit Cousin, à la manière de l'Astrée, en attendant les aventures du Grand Cyrus. Même en 1650, en pleine captivité des princes, et pendant l'exil de Mme de Longueville, le séjour gardait son charme. « Les promenades étaient les plus agréables du monde, dit Lenet. Les soirées n'étaient pas moins divertissantes. On se retirait dans l'appartement de la princesse où l'on jouait à divers jeux. Il y avait de belles voix, et surtout des conversations agréables, et des récits d'intrigues de Cour et de galanterie qui faisaient passer la vie avec autant de douceur qu'il était possible... On voyait à tous moments arriver des visites et des messages, qui donnaient de grandes jalousies à celles qui n'en recevaient point, et tout cela nous attirait des chansons, des sonnets et des élégies qui ne divertissaient pas moins les indifférents que les intéressés. On faisait des bouts-rimés et des énigmes qui occupaient le temps aux heures perdues. On voyait les unes et les autres se promener sur les bords des étangs, dans les allées du jardin ou du parc, sur la terrasse ou sur la pelouse, seules ou en troupe, suivant l'humeur où elles étaient; pendant que d'autres chantaient un air ou récitaient des vers, ou lisaient des romans sur un balcon, ou en se promenant, ou couchées sur l'herbe. Jamais on n'a vu un si beau lieu, dans une si belle saison, rempli de meilleure ni de plus aimable compagnie. »

Autant et plus que Mlle de Bourbon, Isabelle de Boutteville exerce la verve des poètes amateurs ou professionnels : sa précoce coquetterie avive sa beauté, pronostique déjà le roman de sa vie. Charpy, dans un sonnet, compare les exploits de ses yeux aux exploits de son père.

Que je vois de rapport de votre père à vous,
Divinité mortelle, adorable Sylvie!
Il tenait dans ses mains et la mort et la vie :
Vos yeux se sont acquis les mêmes droits sur nous.

Mille vaillants héros éprouvèrent ses coups,
Et le Dieu de la guerre en fut touché d'envie.
De mille amants captifs votre beauté suivie,
Fait que de vos attraits l'amour même est jaloux.

Des rivières de sang coulèrent par ses armes ;
Vos rigueurs font couler des rivières de larmes.
Partout, comme vos yeux, il vainquit sans effort.

Votre gloire pourtant est moindre que sa gloire.
Il savait mieux que vous user de la victoire,
Car il donnait la vie, et vous donnez la mort.

M. Pierre de Ségur a raconté de la manière la plus agréable l'enlèvement d'Isabelle par Gaspard de Coligny-Chatillon, son mariage clandestin, l'opposition des deux familles, l'intervention d'Anne d'Autriche et Mazarin qui réconcilient celles-ci, le rôle de la duchesse de Chatillon pendant la Fronde, sa liaison avec Condé, son ascendant sur celui-ci, ses coquetteries avec l'abbé Fouquet, — l'habileté avec laquelle cette séduisante personne manœuvre au milieu des écueils, parvient à rentrer en grâce auprès de la Cour, sans se brouiller avec Condé, et marie avec Mlle de Clermont son frère Boutteville, le meilleur lieutenant de Condé, qui reçoit en dot le duché de Luxembourg, — le second mariage de la duchesse avec le duc de Mecklembourg, ses nouvelles aventures, son besoin inextinguible de se remuer, de s'entremettre, de dominer. Et, puisqu'elle aimait le bruit et la gloriole, elle en a joui pleinement : les poètes à la mode célébrèrent son odyssée piquante dans le domaine de la galanterie et de la politique, Sarasin chanta son début romanesque dans la vie conjugale.

Ce gentil jeu d'amours,
Chacun le pratique à sa guise,
Qui par rondeaux et beaux discours,
Chapeaux de fleurs, gente cointise,

Tournoi, bal, festin ou devise,
Pense les belles captiver.
Mais je pense, quoi qu'on en dise,
Qu'il n'est rien tel que d'enlever.

C'est bien des plus merveilleux tours
La passeroute et la maîtrise,
Au mal d'aimer, c'est bien toujours
Une prompte et souève crise ;
C'est au gâteau de friandise,
De Vénus la fève trouver.
L'amant est fol, qui ne s'avise
Qu'il n'est rien tel que d'enlever.

Je sais bien que les premiers jours
Que bécasse est bridée et prise,
Elle invoque Dieu au secours,
Et les parents à barbe grise.
Mais, si l'amant qui l'a conquise,
Sait bien la rose cultiver,
Elle chante en face d'église
Qu'il n'est rien tel que d'enlever.

Envoi.

Prince, ose toujours de main mise,
Et te souviens, pouvant trouver
Quelque jeune fille en ...
Qu'il n'est rien tel que d'enlever.

Avant la Fronde, qui divisa toute la société, Chantilly était une résidence plus délicieuse encore. Sarasin peint joliment ses déduits dans une lettre à Mme de Montausier, qui se trouvait alors en Saintonge. Après une tirade en vers où il compare Chantilly au pays de l'Astrée, au palais d'Armide, il raconte en style mythologique comment il rencontra dans la forêt, escortées de deux demi-dieux, les princes de Condé et de Conti, trois nymphes, Mme la Princesse, qui n'eut jamais tant de santé, accompagnée de Mme de Longueville, qui n'eut jamais tant de beauté, et de Mme de Saint-Loup, qui n'eut jamais tant de jeunesse. La princesse l'ayant aperçu, l'appela et lui dit : « Sarasin, je veux que vous alliez tout à cette heure écrire à Mme de Montausier que jamais Chantilly n'a été plus beau, que jamais on n'y a mieux passé le temps, qu'on ne l'y a jamais davantage souhaitée, et qu'elle se mocque d'être en Saintonge pendant que nous sommes ici. »

Mandez-lui ce que nous faisons,
Mandez-lui ce que nous disons.
J'obéis comme on me commande,
Et voici que je vous le mande.
Quand l'Aurore, sortant des portes d'Orient,
Fait voir aux Indiens son visage riant,
Que des petits oiseaux les troupes éveillées
Renouvellent leurs chants sous les vertes feuillées,
Que partout le travail commence avec effort,
A Chantilly l'on dort.
Aussi, lorsque la nuit étend ses sombres voiles,
Que la lune, brillant au milieu des étoiles,
D'une heure pour le moins a passé la minuit,
A Chantilly l'on veille...
Ici nous avons la musique
De luths, de violons et de voix ;
Nous goûtons les plaisirs des bois,
Et des chiens et du cor et du veneur qui pique.
Tantôt à cheval nous volons
Et brusquement nous enfilons

La bague au bout de la carrière ;
Nous combattons à la barrière,
Nous faisons de jolis tournois...
Conterai-je dans cet écrit
Les plaisirs innocents que goûte notre esprit ?
Dirai-je qu'Ablancourt, Calprenède et Corneille,
C'est-à-dire vulgairement,
Les vers, l'histoire, le romant,
Nous divertissent à merveille
Et que nos entretiens n'ont rien que de charmant ?...

Qu'on s'imagine, en ce merveilleux décor, le duc d'Enghien et ses compagnons d'armes : Nemours, Coligny, Dandelot, Guy de Laval, Saint-Évremond, la Moussaye, Chabot, les deux Vigean, Nangis, Tavanes, Montmorency-Boutteville, toute cette jeunesse se reposant de la gloire et des combats dans la galanterie, et, en face de cet admirable état-major, Mlle de Bourbon et ses belles amies, Mlles de Rambouillet, de Brienne, de Vigean, de Boutteville, éblouissantes de grâce et d'éclat, entourées d'hommages, de madrigaux, célébrées par tous les beaux esprits, par Voiture surtout qui écrivait à un ami que l'esprit de Mlle de Bourbon *peut seul faire douter si sa beauté est la plus parfaite chose du monde*. Tant de plaisirs, tant de gloire, tant de grâces réunis, créaient une atmosphère enivrante, dangereuse, où les sentiments tendres devaient éclore plus vite qu'ailleurs : ils n'y manquaient pas, ils étaient les bienvenus, mais ils ne tendaient alors qu'au triomphe de la vertu, et ce n'est pas à eux que songeait Mme de Longueville lorsque, dans l'ennui du gouvernement de Normandie, ennui compliqué par la présence de son mari, elle soupirait : « *Je n'aime pas les plaisirs innocents.* »

S'écrire en vers était devenu l'amusement de cette charmante jeunesse. Tantôt ce sont Mlles de Bourbon, de Rambouillet, de Boutteville, de Brienne, qui, installées à Liancourt, mandent dans une longue lettre à Mlles du Vigean, alors éloignées d'elles, leurs regrets et leurs consolations. Tantôt c'est Condé lui-même qui lance cette épigramme au comte de Maure, oncle de Mmes de Montespan, de Thianges, grand frondeur, et opinant toujours pour les résolutions les plus téméraires :

C'est un tigre affamé de sang
Que ce brave comte de Maure.
Quand il combat au premier rang,
C'est un tigre altéré de sang.
Mais il n'y combat pas souvent;
C'est pourquoi Condé vit encore.
C'est un tigre affamé de sang
Que ce brave comte de Maure.

Une autre fois, impatienté de voir sa sœur et ses amies rester trop longtemps à l'église le jour de la Toussaint, il leur décoche ce lardon :

Donnez-en à garder à d'autres,
Dites cent fois vos patenôtres,
Et marmottez en ce saint jour.
Nous vous estimons trop habiles :
Pour ouïr des propos d'amour,
Vous quitteriez bientôt vigiles.

Deux de ses amis, le marquis de Roussillon et La

Moussaye, ayant été forcés de s'en aller à Lyon, Condé leur écrivait ou faisait écrire une longue lettre, comme pour imiter celle de sa sœur à Mlles du Vigean. S'adjoignait-il un teinturier poétique, se contentait-il de lui fournir la matière? Je le croirais assez, car le titre porte : *Lettre pour Monseigneur le duc d'Anguien*, et les vers semblent un peu moins plats que d'ordinaire :

... Dans ce lieu, le plus beau qui soit en tout le monde,
Une troupe sans pair de jeunes demoiselles,
Vertueuses et belles,
A, pour son entretien, cent jeunes damoiseaux
Sages, adroits et beaux...
On leur dit sa langueur dedans les promenades,
A l'entour des cascades,
Et l'on s'estime heureux du seul contentement
De dire son tourment.
Douze des plus galants, dont les voix sont hardies,
Disent des comédies
Sur un riche théâtre, en habits somptueux,
D'un ton majestueux.
On donne tous les soirs de belles sérénades,
On fait des mascarades,
Mais surtout a brillé parmi nos passe-temps
Le *Ballet du Printemps*.

Pour cet essaim de beautés, Voiture tient un assortiment inépuisable de devises, de poésies galantes : devises, surnoms, anagrammes, emblèmes, étaient alors à la mode, comme plus tard la Grande Mademoiselle y mettra les portraits, Mme de Sablé les maximes et les pensées. On imaginait des devises, des emblèmes pour soi-même et pour les autres, on les faisait peindre, et ils devenaient de véritables œuvres d'art. Il y a à l'Arsenal un recueil in-folio, sur vélin de toute beauté, fait pour la duchesse de la Trémouille ; chaque devise occupe une feuille entière. Pour Mme du Vigean, après la mort de son fils aîné, voici un oranger ayant sa plus haute branche brisée, chargée de fleurs et de fruits, et ces mots : *Quis dolor !* Pour Mlle de Fors, sa fille aînée, une rose entre plusieurs fleurs : *Dat decor imperium;* pour Mlle de Rambouillet, une couronne avec cette inscription : *Me quieren todos;* pour Mlle de Bourbon, une hermine : *Intus candidior.* Plus tard, Mme de Longueville choisira d'autres devises, par exemple une touffe de lis sur une nichée de serpents, avec ces mots : *Meo moriuntur odore.*

Ce goût des arts, de l'esprit, devint une ressource précieuse pour Condé : en campagne, dans les heures difficiles, blessé ou bien portant, vainqueur ou abandonné par la fortune, il y trouvait distraction et réconfort. A l'exemple de César lisant Homère pendant le siège d'Alésia, de Napoléon emportant en Russie une bibliothèque de campagne, de Frédéric II passant les nuits, avant une défaite, à corriger des vers de J.-B. Rousseau, Condé, devant Lérida, expliquait à ses compagnons les *Commentaires* de César ; à Namur, entouré par l'ennemi, sans argent, presque sans soldats, il relisait ses auteurs latins favoris, et se désolait quand ses fournisseurs de livres manquaient de parole. L'ami de Bossuet, de Boileau, le protecteur de Molière, subissait la séduction de l'esprit au point de goûter les saillies du fou l'Angéli ; ce dernier, grâce à lui, mourut riche, ce qui fit dire à

Marigny : « De tous nous autres fous qui avons suivi M. le Prince, il n'y a que l'Angéli qui ait fait fortune. » Et après avoir ri de ses lazzis, il discutait les rêveries polythéistes de la Peyrère, courait les églises, les galeries de famille, achetait les toiles des maîtres ; plus tard, blessé, malade en Hollande, il voudra connaître et entendre ce Spinoza auquel notre cher grand poète Sully Prudhomme a consacré un de ses plus beaux sonnets :

C'était un homme doux, de chétive santé,
Qui, tout en polissant des verres de lunettes,
Mit l'essence divine en formules très nettes,
Si nettes que le monde en fut épouvanté.

Et, à son lit de mort, entouré de ses enfants dont il s'efforçait de ranimer le courage, Condé, d'une voix ferme, répondait en latin aux prières des prêtres.

Un an après le mariage de Mlle de Bourbon avec le duc de Longueville, le duel de Coligny et du duc de Guise mettait le sceau à la célébrité de la jeune princesse. Elle traîne dès lors tous les cœurs après soi, règne dans tous les cercles de Paris, sa ruelle est le centre de toutes les intrigues, et ceux qu'elle protège, dit Mme de Motteville, deviennent aussitôt *les mignons* de la fortune. Toute grandeur, toute gloire, toute galanterie, semblaient le privilège de cette famille, et il n'était bien qui fût de prix s'il ne venait d'elle. Pendant un temps, Mme de Longueville a tout pouvoir sur ses frères, affecte de dédaigner la Cour, de haïr la faveur, de mépriser tout ce qui n'est pas à ses pieds : elle ne fait pas état de sa mère parce qu'elle la sait attachée à la Cour. Ainsi que Condé, elle considère comme dettes payées toutes les grâces qu'on accorde à sa personne, à sa maison, à ses parents, à ses amis ; elle croit qu'on voudrait bien les leur refuser, mais qu'on ne l'ose, de peur de la mécontenter. Elle a un grand commerce d'amitié avec la marquise de Sablé et la duchesse de Lesdiguières : dans la maison de la première, viennent sans cesse Arnauld d'Andilly, la princesse de Guémené, Enghien, Nemours, et on y parle de tout le monde fort librement. Tous les salons gémissent de son séjour à Munster, où elle avait rejoint en 1646 M. de Longueville envoyé comme ambassadeur et ministre plénipotentiaire, non sans avoir eu soin d'emmener avec elle plusieurs hommes d'esprit et gens de lettres, Courtin, Claude Joly, l'académicien Esprit. Son voyage prend les proportions d'une apothéose : Belges, Hollandais, Espagnols, Impériaux, chacun se pique de galanterie; les gouverneurs de places sortent pour la recevoir à la tête de leurs garnisons ; on lui offre les clefs des villes ; Turenne, qui commandait sur le Rhin, lui donne le spectacle d'une armée rangée en bataille, qu'il fait manœuvrer sous ses yeux. Elle fait à Munster une entrée triomphale ; les lettres du comte d'Avaux à Voiture s'occupent d'elle exclusivement, ont grand succès à l'hôtel de Condé et à l'hôtel de Rambouillet ; diplomates et guerriers, Hollandais et Allemands sont sous le charme. Pendant une fugue en Hollande, on lui présente une savante universelle, Marie Schurman, jeune encore, modeste, raisonnable, qui peint, sculpte et sait toutes les langues.

Dans une petite ville de ce pays protestant, il advint qu'un bourgmestre fanatique ne lui permit pas de laisser célébrer la messe chez elle, le jour d'une des grandes fêtes de l'Église. Sans hésiter, elle sort de la ville avec toute sa suite, fait dresser en rase campagne une table sur laquelle on place une pierre consacrée, et, autour de cet autel improvisé, elle assiste au sacrifice divin.

Sa passion pour La Rochefoucauld, son rôle pendant la Fronde, sont trop connus pour qu'il soit besoin d'y insister. Mme de Longueville demeure un exemple éclatant de cette vérité, que la vie privée est bien souvent le fond même de la vie publique, puisque ce qui s'agite dans l'âme est le principe même de ce qui éclate au dehors.

Voici encore Anne de Gonzague, princesse Palatine, fille de Charles, duc de Mantoue, et de Catherine de Lorraine, une des personnes les plus rares de son temps, d'une admirable beauté qui servait en quelque sorte de parure à l'esprit le plus ferme, galante et politique, inébranlable dans ses amitiés, la femme d'État de la Fronde, à laquelle Retz, peu flatteur de son naturel, a décerné cet hommage : « Mme la Palatine estimait autant la galanterie qu'elle en aimait le solide... Je l'ai vue dans la faction, je l'ai vue dans le cabinet, et je lui ai trouvé partout de la sincérité. Je ne crois pas que la reine Élisabeth ait eu plus de capacité pour conduire un État. » La Palatine n'est point une frondeuse : elle donne d'excellents conseils à tous, à Anne d'Autriche, à Retz, à Condé, reste fidèle à la royauté, demeure en bon accord avec Mazarin, s'associe justement à son triomphe.

La sincérité, a-t-on dit assez précieusement, fut le fil d'Ariane qui la fit sortir toujours du labyrinthe de l'intrigue. Avec cela, elle se montrait aussi éloquente et décisive dans une thèse de galanterie que dans ces délibérations politiques où elle indiquait toujours le meilleur parti à prendre, et le faisait souvent prévaloir.

En voici un assez piquant exemple, emprunté aux *Mémoires* que Sénac de Meilhan a écrits sous son nom. Mlle de Scudéry parla un jour, chez Mme de Rambouillet, d'un homme très épris qui, dit-elle, lui avait peint d'une manière ravissante le bonheur d'être aimé. Le duc d'Enghien objecta soudain que cet homme n'aimait pas bien sûrement, qu'il n'était que personnel; ajoutant qu'un véritable amant doit être plus occupé de son amour que des sentiments qu'il inspire. Chapelain et Voiture s'élevèrent contre cette distinction, M. de Montausier et Mlle d'Angennes applaudirent; l'abbé de Boisrobert fit des plaisanteries à sa manière, et Anne de Gonzague dit au jeune prince « : Votre esprit fait en vous l'office du cœur, il vous tient lieu de tout, et vous devinez ce qu'on doit sentir. » Richelieu, ayant eu connaissance de cette belle joute, offrit un grand dîner à Rueil à tous ceux qui avaient disputé pour et contre à l'hôtel de Rambouillet : on apporta ensuite de grands fauteuils, le cardinal fit asseoir la princesse Marie, sœur de la Palatine, comme présidente de l'assemblée, et tout le monde se mit en rang avec la gravité qu'on pourrait apporter dans un conseil où serait agité le destin d'un empire. Le duc d'Enghien exposa son sentiment; Mlle de Bourbon, sa sœur, combattit son opinion, et Mlle de Scudéry plaida ensuite comme avocat général. Le cardinal recueillit les voix; quand vint le tour d'Anne de Gonzague, elle se déclara pour le sentiment du prince qu'elle appuya de distinctions fort ingénieuses sur la tendresse. Son opinion l'emporta; Enghien parut aussi ravi de son triomphe que de la plus brillante victoire, Anne de Gonzague fut infiniment complimentée par Richelieu.

Troisième fille de Charles de Gonzague, duc de Nevers, et de Catherine de Lorraine, Française de naissance, Italienne, Allemande et même un peu Grecque d'origine, elle rassemble en sa personne les qualités et défauts multiples d'une race tumultueuse et passionnée, romanesque et subtile, armée de tous les dons pour l'intrigue, la séduction et l'ambition, bien décidée à les mettre en œuvre, et à violenter au besoin le destin. Tout d'abord elle faillit, elle aussi, devenir victime de l'orgueil du nom.

Pour marier un enfant richement
Deux ou trois sont mis au couvent.

On l'enferme donc, ainsi qu'une autre sœur, dans un monastère; elle se résigne d'abord, semble même aimer la vie claustrale. Tout d'un coup sa vraie nature éclate; son cousin Henri de Guise, archevêque de Reims, dans le diocèse duquel se trouvait son couvent, s'éprend d'elle, et va jusqu'à l'épouser secrètement

(1638), après lui avoir remis un papier contenant ces lignes qui peignent une époque (1) :

Moi, soussigné, Henri de Lorraine, dans l'extrême passion que j'ai d'honorer et servir très généreuse et très vertueuse princesse Mme Anne de Gonzague, jure et proteste de n'aimer ni épouser jamais autre personne qu'elle. Et pour la plus grande sûreté de la foi du mariage que je lui ai promis, je lui ai envoyé la présente promesse écrite et signée de mon seing.

Fait à Reims, le 29 juin 1836.

Signé : HENRI DE LORRAINE.

---

(1) M. Bernardin a raconté les extravagances de l'ancien archevêque, ses amours avec la belle Suzanne de Pons, son aventure héroïque à Naples. Dans ses voyages, il emportait un livre de prières où le miniaturiste Louis du Guernier « avait représenté en saintes toutes les plus belles dames de la cour peintes au naturel ». C'est pour Suzanne de Pons qu'il fit composer par le poète Tristan L'Hermitte ce joli madrigal :

Un petit oiseau parle.

Passant plus vite qu'un éclair,
Par les vagues plaines de l'air,
J'ai vu tout le monde habitable ;
Mais Elise est incomparable :
La nature n'a point formé
Ni d'objet qui soit plus aimable,
Ni d'objet qui soit plus aimé.

A la fin, La Mesnardière le range parmi les *amants illustres*, ceux qui donnent le ton aux beaux esprits, vers lesquels va toute l'admiration dans les ballets de la Cour. En 1663, le cardinal de Retz, voyant s'avancer l'un vers l'autre le prince de Condé et le duc de Guise, qui conduisaient deux quadrilles de Turcs et de sauvages, observa fort justement : « Voilà le héros de l'histoire et voici le héros de la fable. »

Mais hélas ! si ce grand seigneur mitré se montre le plus inflammable des hommes, il en est encore le plus inconstant ; comme son oncle Louis de Lorraine, archevêque de Reims avant lui, il prend pour règle cette belle sentence, qu'il n'y a que deux choses dans la vie, la guerre et les femmes, ou les femmes et la guerre, « l'ordre important peu, pourvu que les deux s'y trouvent ». Remarquons d'ailleurs qu'Henri de Lorraine n'est ni évêque ni prêtre ; seulement il jouissait de l'archevêché de Reims, c'est-à-dire du revenu. Devenu, par la mort du duc de Guise et du prince de Joinville, chef de la maison et héritier des biens, il quitte son état (1), et, au lieu de publier son mariage, conspire contre Richelieu, puis gagne Bruxelles, où il épouse en 1641 une riche veuve, la comtesse de Bossut.

Anne, qui se faisait appeler duchesse de Guise, lance un manifeste contre cette seconde union, « contraire à toutes les constitutions de l'Église, » et, de guerre lasse, épouse presque secrètement encore un muet de l'histoire, personnage fort insignifiant, le prince Édouard de Bavière, quatrième fils de Frédéric V, électeur Palatin, roi de Bohême. Elle eut quelque peine à faire reconnaître son mariage, Anne d'Autriche sa marraine ayant fort peu goûté cette nouvelle imprudence

(1) Comme il négociait avec Richelieu la remise de ses bénéfices ecclésiastiques, pour que ceux-ci ne sortissent pas de la famille, le cardinal lui dit plaisamment : « Vous avez quatre cent mille livres de rentes en bénéfices, et les voulez quitter pour épouser une femme ; j'en connais qui donneraient quatre cent mille femmes pour les avoir. »

de cœur. A l'amour succéda une indifférence décente, et, le pauvre prince ayant consenti à ce qu'elle vît le grand monde, elle devint, en un clin d'œil, « la reine de toutes les intrigues ; » semblable en cela à beaucoup d'autres dames du temps, elle ne haïssait pas les conquêtes de ses yeux, dit Mme de Motteville, et ses yeux étaient aussi beaux que le reste de sa personne. On sait ce que parler veut dire. La Palatine excella bien vite dans l'art de mener de front le sentiment et la politique ; à peine entrée dans les cabales de la Fronde, elle gagne la confiance de tous les partis, devient dépositaire de mille « engagements et secrets opposés » et, par un miracle de sincérité habile, joue cartes sur table, ne trompe presque personne, se montre énergique quand il le faut, *sait se fixer*. Retz raconte plusieurs conversations qu'il eut avec elle, et qui font honneur au génie politique des femmes. Il ne tint qu'à lui de prévenir son arrestation, s'il l'eût écoutée. Pour qu'il quitte de bon gré Paris, elle lui offre, de la part de la reine, l'ambassade de Rome, de riches bénéfices, le paiement de ses dettes. Il refuse. « Où peut donc aller enfin ce que j'ai à craindre? » demande-t-il, un peu inquiet. Et elle répond avec une brusque franchise : « A tout, jusqu'à la mort. » En effet, l'abbé Fouquet proposa à la reine de le faire tuer et saler par les coupe-jarrets qu'il avait à ses ordres.

Nullement désintéressée par exemple, et entendant bien toucher le prix de ses services ; fort médiocrement apanagée en qualité de cadette, elle a connu la gêne, la tristesse de se sentir à la merci de sa sœur aînée,

Marie, reine de Pologne (1), et elle s'est promis de devenir riche. Aussi demande-t-elle trois cent mille francs à la Grande Mademoiselle pour la marier avec le roi. Ayant compris qu'il faut s'attacher au gros de l'arbre, elle s'unit à la Cour, et rend mille services signalés. Mazarin les paya assez chichement, selon sa coutume, ne lui offrit qu'une pension annuelle de vingt mille livres, et un brevet garantissant le poste de surintendante auprès de la future femme de Louis XIV : elle fut surintendante en effet, mais on la força bientôt de donner sa démission pour mettre à sa place la comtesse de Soissons, nièce de Mazarin.

Cependant, le destin lui réservait de flatteuses revanches. A force de négocier, de cabaler, de faire des marchés politiques ou autres, elle avait ramassé plusieurs millions ; elle maria brillamment sa fille aînée au fils du grand Condé, qui reçut la promesse écrite d'être adopté comme héritier et successeur par le roi Jean-Casimir, époux de Marie de Gonzague ; ses autres filles épousèrent des princes allemands. Elle conclut aussi (1671) le mariage de Monsieur, frère du roi, avec sa nièce Charlotte-Élisabeth de Bavière. Elle habitait le Raincy, Asnières, ou Chantilly dont elle faisait les honneurs en place de la princesse de Condé exilée ; protectrice des beaux esprits, elle fit représenter au Raincy, pour amuser Condé, le *Tartufe* interdit !

---

(1) Sur Marie de Gonzague, femme de Ladislas IV et de Jean-Casimir, rois de Pologne, voir le volume attrayant de M. K. Waliszewski : *Marysienka, Marie de la Grange d'Arquien, reine de Pologne, femme de Sobieski*, 1 vol. Plon.

Vers 1671, elle songea enfin à se convertir : entreprise assez ardue, non seulement à cause de ses péchés aimables, mais surtout à cause de son incrédulité foncière ; elle était *fort peu touchée de religion*. Pendant longtemps les mystères du catholicisme la faisaient sourire, et un jour qu'elle se trouvait avec Condé et Bourdelot, son médecin, celui-là même qui avait appris à Christine de Suède l'art de jurer, ils convinrent de jeter au feu un morceau de la vraie Croix, pour voir s'il brûlerait. Comme il ne brûlait point, Bourdelot furieux (1) leur dit « que la vieillesse de ce bois avait acquis de la dureté, » et il fut leur chercher en son beau et curieux laboratoire tout ce qu'il eut de

---

(1) Bourdelot ayant lancé quelque boutade contre l'espérance, Anne de Gonzague lui répondit de sa bonne encre (mars 1672)... « Que vous fait le genre humain pour le priver d'un trésor que les tyrans et la mauvaise fortune n'ont jamais pu ôter aux malheureux ? Qu'elle soit sèche ou non (c'étaient les expressions du docteur), le mérite en est égal, et, quoi que vous puissiez en dire, une espérance maigre vaudra toujours mieux qu'un gros désespoir. Cette injure qu'on lui donna hier, au milieu des plus illustres *maigreurs* de France, n'a rien fait contre sa réputation, et le désespoir, tout gros et tout gras qu'on nous le représente, n'a fait nulle impression sur mon cœur. Je ne sais si Judas était maigre ou replet ; l'Ecriture, qui parle de son désespoir, ne dit rien de son embonpoint ; quoi qu'il en soit, il est sûr qu'il se pendit, faute d'un peu d'espérance. Cet exemple n'est pas beau. Ainsi, malgré tous vos raisonnements, j'espérerai toute ma vie, et ne me pendrai jamais. » Il y a un proverbe arabe qui dit que le désespoir est un homme libre, que l'espérance est un esclave. Voltaire allait bientôt célébrer l'espérance :

> Elle anime nos cœurs, enflamme nos désirs,
> Et, même en nous trompant, donne de vrais plaisirs.

Les illusions, filles de l'espérance, ne sont-elles pas, en effet, la meilleure de nos propriétés ?

plus propre à le bien faire brûler. Il échoua, et cette aventure les troubla beaucoup, si l'on en croit Saint-Simon; ce qui n'est guère le fait d'esprits forts. Une autre Palatine, mère du Régent, qui n'était point impie, jeta un jour au feu, devant le jésuite Linières, un morceau de certain bois de Mésopotamie qui devint fort rouge, mais demeura intact. « Si je n'avais vu ce bois, dit-elle, vous me soutiendriez que c'est un miracle. » Le Père l'avoua en riant. Donc libertine, incrédule, si l'on veut, mais nullement athée, Anne de Gonzague déclare elle-même qu'elle a toujours été persuadée « qu'il y avait un premier être. » Un songe mystique, que Bossuet qualifie « un de ces songes que Dieu fait venir du ciel par le ministère des anges, » laissa une impression si profonde dans son esprit qu'il précipita la métamorphose. Son biographe, M. Alfred Rébelliau, indique finement d'autres causes probables : regrets mal guéris, amertumes ineffacées, exemples de sa sœur Marie et de Mme de Longueville, conseils délicats et éclairés de sa belle-sœur l'abbesse de Maubuisson, héritage moral d'une mère ascète, imagination mystique des Gonzague d'Italie.

Avant de quitter la Cour, elle eut le courage de s'y montrer avec la simplicité et la discrétion dont sa conversion faisait un devoir. Elle ne ressemble pas à ces grandes dames qui, pour expier leurs péchés, font jeûner leurs gens le vendredi; elle paya ses dettes, ce qui, observe M. Rébelliau, « était le plus grand effort de la vertu aristocratique au XVIIe siècle. » Point de pénitence fastueuse; autant de tact devant

Dieu que dans les affaires de l'État et de Cour. Renonçant insensiblement au jeu, au fard, à la parure, aux assemblées, elle fait de sa maison une espèce de cloître, et, de 1672 à 1685, époque de sa mort, mène une vie modeste et retirée, toute consacrée aux bonnes œuvres, à la charité, s'échappant parfois, elle si mondaine jadis, si politique, en paroles dignes d'un saint François de Sales, d'un saint Vincent de Paul : « Depuis qu'il a plu à Dieu de me mettre dans l'esprit que son amour est la cause de tout ce que nous croyons, cette réponse me persuade plus que tous les livres... J'appréhendais à chaque instant ma damnation, et d'être éternellement sans aimer Dieu, éternellement haïe de lui... Mais je sentais, comme je crois, ce déplaisir entièrement détaché des autres peines de l'enfer. »

Bossuet, dans l'Oraison funèbre de la princesse, a tout dit, tout indiqué du moins, fautes et vertus. Il suffira de rappeler cette page immortelle qu'on ne peut relire sans voir défiler devant soi la Fronde, la Cour, le cortège habituel des illusions et des ingratitudes, des grandeurs et des misères humaines : « Pour la plonger entièrement dans l'amour du monde, il fallait ce dernier malheur : quoi? la faveur de la Cour.

« La Cour veut toujours unir les plaisirs avec les affaires. Par un mélange étonnant, il n'y a rien de plus sérieux, ni ensemble de plus enjoué. Enfoncez : vous trouvez partout des intérêts cachés, des jalousies délicates qui causent une extrême sensibilité, et, dans une ardente ambition, des soins et un sérieux aussi triste qu'il est vain. Tout est couvert d'un air gai, et vous diriez qu'on ne songe qu'à s'y divertir. Le génie de la princesse Palatine se trouva également propre aux divertissements et aux affaires. La Cour ne vit jamais rien de plus engageant : et, sans parler de sa pénétration, ni de la fertilité infinie de ses expédients, tout cédait au charme secret de ses entretiens. Que vois-je durant ce temps ? Quel trouble ! Quel affreux spectacle se présente ici à mes yeux ! La monarchie ébranlée jusqu'aux fondements, la guerre civile, la guerre étrangère, le feu au dedans et au dehors ; les remèdes de tous côtés plus dangereux que les maux : les princes arrêtés avec grand péril, et délivrés avec un péril encore plus grand : ce prince que l'on regardait comme le héros de son siècle, rendu inutile à sa patrie, dont il avait été le soutien ; et ensuite, je ne sais comment, contre sa propre inclination, armé contre elle : un ministre persécuté, et devenu nécessaire, non seulement par l'importance de ses services, mais encore par ses malheurs, où l'autorité souveraine était engagée. Que dirai-je ? Était-ce là de ces tempêtes par où le ciel a besoin de se décharger quelquefois ? Et le calme profond de nos jours devait-il être précédé par de tels orages ? Ou bien étaient-ce les derniers efforts d'une liberté remuante, qui allait céder la place à l'autorité légitime ? Ou bien était-ce comme un travail de la France, prête à enfanter le règne miraculeux de Louis ? Non, non, c'est Dieu, qui voulait montrer qu'il donne la mort et qu'il ressuscite ; qu'il plonge jusqu'aux enfers et qu'il en retire ; qu'il secoue la terre et la brise, et qu'il guérit en un moment toutes ses brisures.

Ce fut là que la princesse Palatine signala sa fidélité, et fit paraître toutes les richesses de son esprit. Je ne dis rien qui ne soit connu. Toujours fidèle à l'État et à la grande reine Anne d'Autriche, on sait qu'avec le secret de cette princesse, elle eut encore celui de tous les partis : tant elle était pénétrante, tant elle s'attirait de confiance, tant il lui était naturel de gagner les cœurs ! Elle déclarait aux chefs des partis jusqu'où elle pouvait s'engager ; et on la croyait incapable, ni de tromper ni d'être trompée. Mais son caractère particulier était de concilier les intérêts opposés, et, en s'élevant au dessus, de trouver le secret endroit, et comme le nœud par où on peut les réunir !

« Que lui servirent ses rares talents ? Que lui servit d'avoir mérité la confiance intime de la Cour ? D'en soutenir le ministre deux fois éloigné, contre sa mauvaise fortune, contre ses propres frayeurs, contre la malignité de ses ennemis ; et enfin contre ses amis, ou partagés, ou irrésolus, ou infidèles ? Que ne lui promit-on pas dans ses besoins ? Mais quel fruit lui en revint-il, sinon de connaître par expérience le faible des grands politiques ; la diverse face des temps ; les amusements des promesses ; l'illusion des amitiés de la terre, qui s'en vont avec les années et les intérêts ; et la profonde obscurité du cœur de l'homme, qui ne sait jamais ce qu'il voudra, qui souvent ne sait pas bien ce qu'il veut, et qui n'est pas moins caché ni moins trompeur à lui-même qu'aux autres. O éternel roi des siècles, qui possédez seul l'immortalité ! Voilà ce qu'on vous préfère, voilà ce qui éblouit les âmes qu'on appelle grandes ! »

La société, l'âme du XVIIe siècle, se reflètent dans l'œuvre de Bossuet, de Bourdaloue (1) et des autres sermonnaires, d'une manière plus abstraite, moins précise sans doute, que dans La Bruyère, Sévigné, Retz, Molière, Saint-Simon, mais avec des couleurs aussi fortes, avec un sentiment non moins profond de l'humanité et des conditions mêmes de son existence : ces grands analystes du cœur humain se complètent, et en quelque sorte s'illustrent les uns par les autres.

Quant à la Fronde, cette coalition d'égoïsmes, concertée pour rétablir l'hérédité des charges et des gouvernements, dernier effort de l'esprit féodal pour ramener en arrière la monarchie vers un passé mal défini, triste couronnement des révoltes aristocratiques de 1620, 1626, 1632, 1641, 1642, et rendez-vous des factieux de tous les temps, elle mérite les sévérités et les mépris de l'histoire. La misère du peuple, la lourdeur des impôts, les griefs du parlement et de la noblesse l'expliquaient peut-être dans une certaine mesure, mais ils ne justifient rien; d'ailleurs ce ne furent que des prétextes, et le seul résultat fut d'aggraver les maux dont on se plaignait. La politique extérieure de Mazarin compromise dans son magnifique essor, la résistance de l'Espagne encouragée, le traité des Pyrénées retardé de dix ans, l'alliance avec l'étranger, nos plus illustres capitaines mis aux prises les uns contre les autres, le sang des Français versé par des Français, la liberté confon-

(1) Voir mon étude sur les *Prédicateurs du XIIIe au XVIIIe siècle*, dans le précédent volume, page 1 à 112.

duc avec l'anarchie, devenue un objet de dégoût et d'effroi, le Parlement avili, voilà le crime de la Fronde que rien ne saurait excuser.

Il faut toutefois distinguer entre les deux Frondes. Dans la première, la Fronde parlementaire, on démêle aisément quelque sentiment confus d'un meilleur état : la pensée d'une limitation constitutionnelle du pouvoir royal s'était éveillée au spectacle de la lutte engagée en ce moment même entre les Communes d'Angleterre et Charles Ier. Mais l'analogie de ce nom, Parlement, entre deux institutions si différentes, séduisit étrangement les gens de robe français. Quelle chimère en effet de s'imaginer qu'une compagnie de magistrats, ayant acheté leurs charges, et constituant une aristocratie qui ne s'appuyait, ni sur une tradition immémoriale, ni sur le consentement populaire, saurait jouer en France le rôle des libres Communes anglaises, ou même de l'antique et respectée Chambre des Lords ! Aussi le mouvement n'eut-il pas même la grandeur de celui de 1358, et c'était en vérité une singulière prétention au Parlement de Paris de vouloir remplacer les États-Généraux.

Mais que dire de la seconde Fronde, celle des seigneurs, à laquelle s'associe le Parlement, comparse cette fois et non plus pouvoir dirigeant ? La noblesse française achève de se suicider comme corps politique, elle tourne le dos à son intérêt propre et à l'intérêt national. Son châtiment d'ailleurs est proche : ne pouvant, ne voulant peut-être pas en faire une aristocratie, Louis XIV en fera une noblesse de Cour, à laquelle il restera l'esprit militaire qui sauve encore sa mémoire. Mais *la partie imposante du gouvernement*, comme on dit en Angleterre, appartiendra dorénavant au Tiers-État. Ce sont les intendants, les secrétaires d'État, les maîtres des requêtes qui vont gouverner la France, ce dont s'indigne Saint-Simon réduit au rôle d'ambassadeur d'apparat pour conclure un mariage de famille.

La Fronde ne fut donc pas, et Cousin l'a bien compris, une révolution avortée, et elle ne mérite d'être comparée, ni à la Révolution d'Angleterre, ni surtout à la Révolution française. Si elle eût triomphé, la France rétrogradait de deux siècles, l'œuvre de Louis XI, de Henri IV et de Richelieu était détruite, et nous en revenions au temps des grands vassaux indisciplinés, rebelles, souvent traîtres, égoïstes presque toujours.

On a aussi comparé la France à la Ligue. Certes, dans cette fin du XVIe siècle, nos préférences sont tout entières du côté de la royauté, même quand le roi s'appelle Henri III. Quelles que soient les misères du dernier Valois, brillant lettré, pauvre politique, le seul fait qu'il est le roi lui confère encore la supériorité sur ses adversaires. Et puis, dans ce chaos de passions contraires qui fait de la fin du XVIe siècle une des époques les plus sombres de notre histoire, il y eut encore une vraie grandeur des caractères et des esprits : ces anciens ligueurs devinrent, comme Jeannin, les collaborateurs utiles de Henri IV dans son œuvre de paix et d'amour ; les Frondeurs désarmés ne furent plus en général que des courtisans.

CINQUIÈME CONFÉRENCE

LA COUR, LES COURTISANS, LES FAVORIS

MESDAMES, MESSIEURS,

Depuis que le monde est monde, il y a eu des courtisans et des favoris. On est toujours le courtisan de quelqu'un, on est souvent le courtisan de soi-même, de ses propres défauts, de ses passions, de ses préjugés. Puisqu'un peuple ne saurait se passer de chefs, rois, empereurs, premiers ministres, présidents de République, fatalement se multiplieront autour d'eux des personnages, sortes d'immeubles par destination du palais, qui exploitent l'art de plaire en faveur de leur mérite ou de leur nullité, pour lesquels ce talent est tantôt le principal et tantôt l'accessoire. Talent plus difficile qu'on ne croit, car il n'implique rien moins que science profonde du cœur humain, divination instinctive des écueils de toute sorte qui se dressent devant l'ambitieux de cour, promptitude à démêler les goûts, les fantaisies du maître, à savoir profiter de l'occasion, cette *première dame d'honneur de la fortune;* souplesse infinie, patience à toute épreuve : sans compter qu'il ne suffit pas de bien jouer, il faut encore obtenir la collaboration de la fortune, ne pas être arrêté par un de ces coups du destin qui rejettent dans le néant les projets les mieux liés. L'histoire des courtisans, des favoris, est pleine de ces coups de théâtre qui confondent l'imagination et scandalisent la raison humaine; elle nous conduit dans le royaume de l'invraisemblable, de l'absurde, dans un pays déconcertant pour le penseur, où des événements tragiques, énormes parfois, naissent de causes minimes : un sourire, un compliment fait à propos, une figure avenante, l'éternelle illusion de la confiance. Et vous avez présents à la mémoire les favoris des Césars romains et des sultans, le maréchal d'Ancre et Marie de Médicis, les amis d'Élisabeth d'Angleterre et de Catherine II. Le 13 juillet 1762, un officier aux gardes prête à Catherine II l'uniforme qu'elle revêt pour conspirer contre son mari, mais comme il a oublié un accessoire de l'équipement, un jeune officier, Patiomkine ou Potemkine, fait agréer à la tsarine l'offre de sa propre dragonne : quelques jours après, le voilà lieutenant en second, puis chambellan, avec ses entrées à la Cour, où il amuse Catherine par son art à contrefaire la voix de n'importe quelle personne. Plus tard, lieutenant général, général aide de camp, il succède à Orlof, à Vassiltchikof, et, dans l'escalier du palais, Orlof jette ce mot légendaire à Potemkine qui lui demande : « Que dit-on à la Cour ? — Rien, sinon que vous montez, et que je descends. » Il se flatte un instant d'épouser l'impératrice, ambitionne le trône de Courlande, le trône de Pologne ; et, s'il cesse d'être le favori du cœur, pendant de longues années du moins restera-t-il le favori politique, l'homme le plus puissant de l'empire, l'ordonnateur des plaisirs secrets de la tsarine. Élisabeth d'Angleterre, sur le point de monter dans une embarcation, s'arrête un instant devant un endroit boueux, un courtisan s'aperçoit de son hésitation, enlève rapidement son manteau et l'étend sur cette boue : et voilà Walter Raleigh distingué par la reine (1).

Comment donc s'étonner des critiques que moralistes, prédicateurs, satiriques, dirigent contre l'homme de cour, mignons, petits-maîtres, marquis, — critiques souvent exagérées, où l'envie, l'ignorance, ont leur part auprès de l'indignation et du mépris, auxquelles la manie de généraliser, de fixer des traits universels, enlève

---

(1) Comte d'Haussonville : *La Duchesse de Bourgogne*, 2 vol. in-8°. — Armand Baschet : *Le Roi chez la reine*, 1 vol. — Ernest Bertin : *Les Mariages dans l'ancienne France*. — Abbé Hurel : *Les Orateurs sacrés à la Cour de Louis XIV*. — *Mémoires d'Agrippa d'Aubigné*, librairie des Bibliophiles. — Paul de Saint-Victor : *Hommes et dieux*. — Vicomte d'Avenel : *Histoire du Cardinal de Richelieu*, 4 vol. ; *La Noblesse française sous Richelieu*, 1 vol. ; *Le Mécanisme de la vie moderne*, dans *Revue des Deux-Mondes*, 15 mars, 15 avril 1897. — *Mémoires de Saint-Simon, de l'abbé de Choisy, de Gramont, de Gourville, de La Fare, de la Grande Mademoiselle*. — G. Hanotaux : *Le Cardinal de Richelieu*. — Combes : *Mme de Sévigné historien*. — Sainte-Beuve : *Causeries du Lundi*, t. V. — *Correspondance, Lettres inédites de Madame* (La Palatine). — Bussy-

une partie de leur précision et de leur autorité, car il n'y a pas un seul type, il y a mille variétés. On s'explique mal que les écrivains du règne de Louis XIV aient exalté sa Cour comme le séjour des grâces et du goût, tout en déchirant à belles dents les gens qui la composaient; à moins que ce ne fût encore un moyen de rapporter toute gloire au roi, la Cour demeurant le paradis du monde par lui seul et en dépit des courtisans, — ou bien à moins que ces censeurs n'eussent entrevu les lois, encore obscures malgré les belles études de M. Tarde, qui gouvernent les assemblées, car il est certain que la mentalité d'une foule est autre que celle des mentalités individuelles, supérieure parfois, plus souvent inférieure; et cette foule se montrera en général impressionnable, nerveuse, féminine, peu accessible au raisonnement, impulsive comme une héroïne de roman de chevalerie, par cela même prête à toutes les cruautés, à tous les crimes, aussi bien qu'aux plus nobles élans du cœur.

RABUTIN : *Histoire amoureuse des Gaules.* — DUC DE NOAILLES : *Mme de Maintenon*, 4 vol. — *Souvenirs de Mme de Caylus.* — E. FOURNIER : *Variétés littéraires et historiques.* — WALCKENAER : *Mémoires sur Mme de Sévigné*, 6 vol.; *Vie de Jean de la Fontaine*, 2 vol. — *Œuvres de Segrais*, tome Ier. — *Historiettes de Tallemant des Réaux.* — *Menagiana.* — ROUX : *Le Duc de Montausier, sa vie et son temps.* — SÉNAC DE MEILHAN : *Considérations sur l'esprit et les mœurs.* — Pierre CLÉMENT : *Une abbesse de Fontevrault au XVIIe siècle; Mme de Montespan et Louis XIV.* — FABRE : *La Jeunesse de Fléchier.* — Fernand GIRAUDEAU : *Les Vices du jour et les vertus d'autrefois*, 1 vol. Perrin. — Dr CABANÈS : *Le Cabinet secret de l'histoire.* — J.-J. JUSSERAND : *Les sports et jeux d'exercices dans l'ancienne France*, 1 vol. Plon.

Sans remonter plus haut que le XVIe siècle, rappelons-nous les invectives d'Agrippa d'Aubigné, poète, soldat, diplomate de l'âge héroïque du protestantisme, un *homme de fer* qui ne peut supporter les *hommes de velours*, les mignons de la Cour. Ceux-ci ne laissent pas d'être fort braves et hardis duellistes, comme on sait, mais d'Aubigné est de la race des prophètes d'Israël, « ayant comme eux l'anathème à la bouche et reproduisant leur exagération formidable. » Et cependant il composa des ballets, des mascarades pour ces princes qu'il maudira plus tard dans ses *Tragiques* : comme ce détail fait comprendre une époque tourmentée, tiraillée entre mille passions contraires !

Jugez un peu de la fureur d'un tel homme, lorsqu'il entendait dire qu'Henri III avait fait peindre ses mignons et ses maîtresses, travestis en saints et en vierges, dans un livre d'heures qu'il lisait à l'église, — lorsque ces mignons apparaissaient dans leurs costumes étranges, fardés, « fraisés et frisés, dit *L'Estoile*, peignés, diaprés et pulvérisés de senteurs odoriférantes qui aromatisaient les rues, places et maisons qu'ils fréquentaient. » Et ces mignons pillaient la France, à l'instar d'une Diane de Poitiers ; ils coûtaient aussi cher qu'un sérail. Henri III dépense plusieurs millions aux noces du duc de Joyeuse. « Un banquet de dix-sept jours, dit Paul de Saint-Victor, toute la Cour habillée de drap d'or et de toile d'argent, des profusions de perles, des pluies de bijoux, des mascarades et des cavalcades... On ne sait si on lit Suétone ou L'Estoile. »

Mais écoutez ce dialogue entre un vieux courtisan et un nouveau venu :

Notre nouveau venu s'accoste d'un vieillard,
Et pour en prendre langue il le tire à l'écart.
Là, il apprit des noms dont l'histoire de France
Ne lui avait donné ni vent ni connaissance.
Ce courtisan grison, s'émerveillant de quoi
Quelqu'un méconnaissait les mignons de son roi,
Raconte leurs grandeurs, comment la France entière,
Escabeau de leurs pieds, leur était tributaire.
A l'enfant qui disait : « Sont-ils grands terriens,
Que leur nom est sans nom par les historiens ? »
Il répond : « Rien du tout ; ils sont mignons du prince.
— Ont-ils sur l'Espagnol conquis quelque province ?
Ont-ils, par leurs conseils, relevé d'un malheur,
Délivré leur pays par extrême valeur ?
Ont-ils sauvé le roi, commandé quelque armée,
Et par elle gagné quelque heureuse journée ? »
A tout fut répondu : « Mon jeune homme, je croi
Que vous êtes bien neuf : ce sont mignons du roi. »

Vous reconnaissez l'ami trop sincère, le rude conseiller de Henri IV qui ne se gêne nullement pour traiter d'apostasie sa conversion, demande s'il veut payer ses services en bon prince ou en tyran, l'avertit au sujet du coup de couteau de Châtel : « Sire, vous n'avez encore renoncé Dieu que des lèvres, il s'est contenté de les percer ; mais quand vous le renoncerez du cœur, il vous percera le cœur. » D'Aubigné va jusqu'à lui reprocher une nature envieuse, et son ingratitude envers ses plus fidèles serviteurs ; ainsi garde-t-il en pleine Cour les familiarités de la tente, ne pouvant se résigner à tenir le langage d'un sujet après avoir été compagnon d'armes. Un singulier courtisan, comme on voit, qui ne sacrifie pas un atome de ses convictions.

Pendant le règne de Louis XIII, la Cour offre un tout autre aspect : s'il n'a point de favorites, s'il dédaigne les astrologues, les bouffons, les fous en titre, son règne est celui des favoris : Concini, Baradas, Luynes, Saint-Simon, Cinq-Mars, favoris ou demi-favoris, inégaux par le crédit, le prestige, le mérite, et qu'il sacrifiera d'ailleurs, s'il le faut, à la raison d'État, représentée par le cardinal de Richelieu, protégé lui-même de Marie de Médicis. Richelieu se méfie justement de ces favoris qui cherchent à lui aliéner l'esprit de son maître : « Le petit coucher du roi, gronde-t-il, me fait plus de peine que toute l'Europe. » Aussi les envoie-t-il quelquefois à l'échafaud. Et c'est merveille de voir comme ces *cadets de haut appétit*, riches en tout de la cape et de l'épée, viennent fondre sur la Cour, et, lorsqu'ils ont réussi, font la courte échelle à une innombrable clientèle ; ou bien, quand il n'y a plus de places auprès du roi, de quelle ardeur ils cherchent fortune à la Cour de Marie de Médicis avant son exil, de Gaston d'Orléans, d'Anne d'Autriche, de Richelieu. Car la Cour se compose de plusieurs Cours qui naturellement se détestent, se jalousent, se poursuivent de mille perfidies, et ce n'est pas une petite affaire de naviguer entre tant de récifs.

Pasquils, satires, pamphlets, vont leur train contre les quémandeurs en habit de soie que d'Esternod apostrophe en ces termes dans son *Espadon :*

Mais vous, guêpes de Cour, gloutonnes sans pareilles,
Vous mangez le travail et le miel des abeilles,
Et ne ruchez jamais, ni d'été ni d'hiver.

La Fontaine, Regnard, Boursault, ne se montrent pas moins sévères; Boursault fait applaudir par les intéressés eux-mêmes son *Ésope à la Cour*.

Tout se farde à la Cour, même la vérité...
Tels voudraient s'étouffer que l'on voit qui s'embrassent...
Quel Dieu, hors la Fortune, à la Cour est connu?

« Quand je dîne à Versailles, écrit brutalement Duclos, je crois manger à l'office; je n'entends que des valets qui parlent incessamment de leur maître. » — « Qu'il y a de peuple à la Cour! observe la marquise de Lambert. J'appelle peuple tout ce qui pense bas et communément; la Cour en est remplie. »

Molière est peut-être le plus impartial de tous; à deux reprises différentes, dans la *Critique de l'École des femmes* et dans les *Femmes savantes*, il a vanté en excellents termes l'esprit, le goût et le bon sens de la Cour.

... Vous en voulez beaucoup à cette pauvre Cour,
Et son malheur est grand de voir que chaque jour
Vous autres beaux esprits vous déclamiez contre elle,
Que de tous vos chagrins vous lui fassiez querelle,
Et, sur son méchant goût lui faisant son procès,
N'accusiez que lui seul de vos méchants succès.
Permettez-moi, Monsieur Trissotin, de vous dire,
Avec tout le respect que votre nom m'inspire,

Que vous feriez fort bien, vos confrères et vous,
De parler de la Cour d'un ton un peu plus doux ;
Qu'à le bien prendre, au fond, elle n'est pas si bête
Que vous autres Messieurs vous vous mettez en tête ;
Qu'elle a du sens commun pour se connaître à tout ;
Que chez elle on se peut former quelque bon goût ;
Et que l'esprit du monde y vaut, sans flatterie,
Tout le savoir obscur de la pédanterie... (1)

... « Sachez, s'il vous plaît, Monsieur Lysidas, que les courtisans ont d'aussi bons yeux que d'autres ; qu'on peut être habile avec un point de Venise aussi bien qu'avec une perruque courte et un petit rabat uni ; que la grande épreuve de toutes vos comédies, c'est la Cour ; que c'est son goût qu'il faut étudier pour trouver l'art de réussir ; qu'il n'y a point de lieu où les décisions soient si justes ; et, sans mettre en ligne de compte tous les gens savants qui y sont, que, du simple bon sens naturel et du commerce de tout le beau monde, on s'y fait une manière d'esprit qui, sans comparaison, juge plus finement les choses que tout le savoir enrouillé des pédants... »

J'essaie de résumer le pour et le contre. D'ailleurs, dans ses comédies, Molière a souvent immolé la Cour au parterre. Après tout, pour être moraliste on n'en est pas moins homme, et qui, plus ou moins inconsciemment, ne transforme pas en principes généraux ses préjugés de naissance, d'esprit et d'éducation ?

La Bruyère nous ramène bien vite à la critique dans

---

(1) Les *Femmes savantes,* acte IV, scène III. — La *Critique de l'Ecole des Femmes,* scène VI.

ce fameux chapitre où, entre autres passages, il raconte de quelle façon les courtisans se comportaient dans la chapelle en présence du roi.

« Les grands de la nation s'assemblent tous les jours, à une certaine heure, dans un temple qu'ils nomment église. Il y a, au fond de ce temple, un autel consacré à leur dieu, où un prêtre célèbre des mystères qu'ils appellent saints, sacrés et redoutables. Les grands forment un vaste cercle au pied de cet autel, et paraissent debout, le dos tourné directement au prêtre et aux saints mystères, et les faces élevées vers le roi, que l'on voit à genoux sur une tribune, et à qui ils semblent avoir tout l'esprit et tout le cœur appliqués...

« Qui considèrera que le visage du prince fait toute la félicité du courtisan, qu'il s'occupe et se remplit pendant toute sa vie de le voir et d'en être vu, comprendra un peu comment voir Dieu peut faire toute la gloire et tout le bonheur des saints. »

Bourdaloue, Bossuet, Massillon, parlent comme les laïques, comme ce Saint-Simon qui, sur la mort de la duchesse de Bourgogne, du grand Dauphin et de tant d'autres personnages, a écrit des pages immortelles qu'il faut relire si l'on veut se former une idée exacte de cette Cour de Louis XIV, « pièce centrale du décor monarchique, » la Cour la mieux ordonnée, la plus complète et la plus solennelle qu'on ait jamais vue, et qui, avec la maison militaire et la maison des princes, ne comprenait guère moins de dix mille personnes. « Y a-t-il esclave plus esclave que tout ce qui s'appelle gens de la Cour? » demande Bourdaloue. « Que de bassesses pour parvenir! gémit Massillon dans son discours sur les *Tentations des grands.* Il faut paraître, non pas tel qu'on est, mais tel qu'on nous souhaite. Bassesse d'adulation... bassesse de lâcheté... bassesse de dissimulation... bassesse de dérèglement... Enfin bassesse même d'hypocrisie... Ce n'est point là une peinture imaginée; ce sont les mœurs des cours et l'histoire de la plupart de ceux qui y vivent. »

Écoutons encore sur ce chapitre, que l'on pourrait allonger sans fin, Mme de Motteville, si modérée, et en général si raisonnable dans ses jugements.

« La maison des rois est comme un grand marché, où il faut nécessairement aller trafiquer pour le soutien de la vie, et pour les intérêts de ceux auxquels nous sommes attachés par devoir ou par amitié. Les sages doivent aller quand la raison les y convie, et je ne crois pas qu'il soit impossible d'y faire un cabinet en soi-même, propre à examiner et à chercher les moyens de vaincre et de fuir ses propres faiblesses. — Quoiqu'à dire le vrai, quand le détrompement du monde se trouve en nous à un certain degré, c'est pour l'ordinaire une grande fatigue que d'y demeurer; et l'âme qui connaît le bien et qui ne le suit pas, en souffre beaucoup... Tout ce que peut la force de l'esprit humain en ceux qui ont réussi à contenter leur ambition par les grâces qu'ils y ont reçues, est d'y souffrir courageusement le martyre que leur raison, quand ils en ont, leur fait rencontrer dans l'assujettissement des charges, l'embarras des rangs, le soutien de la dignité, et l'opposition des envieux et des ennemis qu'on y trouve... »

La rigueur de cette étiquette est si formidable qu'elle absorbe toutes les heures du jour : lever et coucher du roi, promenades, chasses, spectacles, ballets, grandes entrées, jeux, appartements, Marlys, les plus fiers seigneurs tiennent à honneur d'être de tout. « Il n'y a point dans les couvents, gémit Mme de Maintenon, d'austérités pareilles à celles auxquelles l'étiquette de la Cour assujettit les grands. » Et ailleurs : « Comptez, Monseigneur, que presque tous les hommes noient leurs parents et leurs amis pour dire un mot de plus au roi, et pour lui montrer qu'ils lui sacrifient tout. » Ces nobles ont quitté leur somptueuse vie de château, portant souvent leurs prés et leurs bois sur leurs épaules ; ceux que la toilette n'a pas ruinés, ou bien leur équipement de campagne, le jeu les achève. Aussi quelle erreur que celle de ce moraliste qui prétend que les Espagnols vivent avec le passé, les Italiens avec l'avenir, les Français avec le présent ! Comme si les gens de Cour ne vivaient pas avec l'avenir, c'est-à-dire avec l'espérance ! Ils savent que Louis XIV voit, remarque tout le monde, et, à force d'assiduité, ils se flattent qu'ils attraperont un régiment, un bénéfice, que le prince les inscrira quelque jour au chapitre des pensions, ce grand livre de la fidélité de la noblesse, qui finira par s'élever au chiffre, énorme pour l'époque, de huit millions employés, selon le mot de Richelieu, à « étourdir la grosse faim de l'avarice et de l'ambition des seigneurs. » Ne nous scandalisons pas : monarchies parlementaires, représentatives, démocraties pures, ont aussi leur budget de favoritisme et de sinécures, leur grand livre de la fidélité électorale ;

et les faiseurs de statistiques se vantent de nous démontrer, chiffres en mains, que ces budgets, toujours croissants, dépassent de beaucoup ceux d'autrefois. Le principe n'a pas changé : vivre aux dépens de l'impôt; seulement ce ne sont pas les mêmes qui y mordent. Un traitement fixe, un bout de ruban, voilà l'idéal des deux tiers des Français ; on regarde de plus en plus comme des dogmes fondamentaux ces axiomes : Le trésor public est une mer ; qui n'y boit pas est un sot. — Le budget est un grand gâteau ; y mord qui peut. — « Pour arriver à la fortune, conseille Talleyrand, prenez à droite, prenez à gauche, prenez de tous les côtés ! »

Et l'on attend dix ans, quinze ans, vingt ans à la Cour avant d'obtenir un de ces sourires qui se changent en pluie d'or, comme dans la fable de Danaé. Mais voici encore un correctif : ces courtisans, qui semblent si avides, se ruinent le plus galamment du monde pour soutenir la dignité de leur rang, augmenter le prestige de la France et du roi, lorsque celui-ci les envoie comme gouverneurs dans ses provinces, ou comme ambassadeurs à l'étranger. Petit à petit, ils ont pris l'habitude de considérer qu'ils ont droit aux bienfaits de cette royauté pour laquelle ils sacrifient généreusement leur sang et leur fortune; et ils sollicitent sans scrupule, ayant donné sans réserve.

Tel vieux courtisan se targue d'avoir passé vingt-cinq ans (?) de sa vie sur ses pieds dans les antichambres du roi et des ministres. Aussi un vétéran de la carrière résume-t-il ses conseils à un débutant en ces trois points : « Dites du bien de tout le monde, demandez tout ce qui vaquera, et asseyez-vous quand vous le pourrez. » Mais on ne le pouvait pas souvent, et les experts enseignaient l'art de répartir la fatigue dans les différentes parties du corps, de s'appuyer tantôt sur une jambe, tantôt sur l'autre. Quelques-uns même parvenaient à sommeiller debout, en attendant l'heure de contempler le maître. Ne nous étonnons plus s'ils revendiquent âprement les moindres prérogatives de leurs charges. Louis XIV étant allé examiner ses plantations dans les jardins de Marly, il tomba une pluie si forte que son chapeau en fut percé, et qu'il en fallait un autre. Or, il advint que le porte-manteau du roi donna le chapeau au duc de Tresmes qui, tout aussitôt, le présenta au roi. Et voilà le duc de La Rochefoucauld au désespoir, tout près de se brouiller avec son ami de Tresmes, qui avait empiété sur sa charge de grand maître de la garde-robe : on eut toutes les peines du monde à les raccommoder. Ce fils de l'auteur des *Maximes,* qui fut le confident et le consolateur des favorites, eut toujours la confiance entière de Louis XIV, et, son salaire, pour avoir tardé, n'en fut que plus éclatant. On raconta que, seul, un manteau sur le nez, il suivait à distance le roi allant à ses premiers rendez-vous, et, qu'en récompense des services qu'il rendit à Mme de Montespan, il obtint la charge de grand veneur; là-dessus courut une chanson qui disait que, pour avoir mis la bête dans les toiles, le roi l'avait fait son grand veneur.

Ainsi, à l'égard du prince, les lois de la morale et de l'honneur sont abolies. Voltaire observe plaisamment que le plus grand honneur que le roi puisse faire à un gentilhomme, c'est de lui prendre sa femme ou sa fille. Certes tous ne pensent pas de la sorte, mais beaucoup acceptent fort bien le résultat, d'aucuns même le provoquent, et les incroyables faiblesses de Henri IV, de Louis XIV en faveur de leurs enfants adultérins, expliquent ces perversions du sens moral. Sur ce terrain, les femmes de la Cour ne le cèdent en rien aux hommes, et voici, sous forme de décalogue, une série de préceptes ironiques qui ne manquèrent point de croyantes.

Le Décalogue de la Femme de Cour.

De ton roi ton Dieu tu feras
Et le flatteras finement.
Les dimanches la messe ouïras,
Pour montrer ton ajustement.
Quand ton profit tu trouveras
Tu communieras souvent.
Père et mère tu ne verras
Que tout le plus une fois l'an.
La nuit et le jour passeras
Au bal, à la chasse, au brelan.
Ton mari ... tu feras
Et ton bon ami mêmement.
A table en soudard tu boiras
De tous vins généralement.
Ton crédit à tous tu vendras,
Quoique tu n'en aies nullement.
Réflexions point ne feras,
De peur de penser tristement :
Mais quand mourante tu seras,
Tu recourras au sacrement.

Voici encore quelques traits et remarques sur ce sujet inépuisable.

« Les grands noms abaissent, au lieu d'élever, ceux qui ne savent pas les soutenir. »

« Se tenir toujours au gros de l'arbre, suivre, non le meilleur et le plus juste parti, mais celui où la personne du roi se trouve, et où il y a le sceau et la cire. » (Bassompierre).

« Le plus honnête homme de la Cour n'est pas toujours le plus honnête homme du monde. » (D'Alembert.)

Ménage raconte que la reine Marie de Médicis, ayant donné audience à des ambassadeurs suisses, demanda à l'interprète Meslon ce qu'ils avaient dit, afin d'être en mesure de répondre. Celui-ci, ignorant aussi leur langue, répondit hardiment : « Madame, ces ambassadeurs disent que Votre Majesté est la plus grande princesse, la plus belle et la plus aimable qui soit dans l'Europe. » Et il paraphrasa encore le compliment. D'autres personnes ayant remarqué que les Suisses n'avaient soufflé mot de tout ceci, l'interprète reprit tranquillement : « Oh ! s'ils ne l'ont pas dit, ils ont dû le dire ! »

Louis XIV ayant désigné d'Artagnan, capitaine des mousquetaires, pour arrêter Fouquet, le marquis de Gesvres, capitaine des gardes du corps, jette feu et flammes : « Qu'ai-je fait, criait-il, pour recevoir un tel affront ? Ne l'aurais-je pas arrêté aussi bien que d'Artagnan ? »

A ceux qui seraient tentés de s'indigner des courbettes de nos gens de Cour, on peut opposer les flatteries des courtisans de tous les temps ; ce trait d'un concile de

Constantinople qui, d'après Ménage, dispensa un empereur des commandements de Dieu ; le mot de Catherine II à ses courtisans : « Si je vous croyais, il n'y a aucun de vous qui ne méritât d'avoir la tête tranchée. » Si bien qu'en y regardant de près, on est tenté de conclure que, non seulement la Cour de Louis XIV, imitée par l'Europe entière, est encore la plus policée de l'univers, et que, dans l'ensemble, Louis XIV fait son métier de roi avec une dignité, une autorité, un tact incomparables, mais que, dans le fond et dans la forme, les autres habitants de la Cour l'emportent sur ceux de toutes les Cours d'Europe. Ne prenons pas non plus au sérieux cette boutade de Scudéry : « Il n'y a plus de galanterie, écrit-il le 18 mars 1673 ; rien que de la débauche, hormis le roi qui seul est galant à la Cour. »

Et comment refuser quelque chose à un roi qu'on représentait comme un Dieu, ou tout au moins comme l'image vivante de Dieu sur la terre ; auprès duquel une jolie femme pouvait d'un mot obtenir tout ce qui a du prix aux yeux des faibles humains ? « On ne se maintient à la Cour que par une glorieuse résistance ou par d'illustres faiblesses, » opine Gramont. Lisez cet étincelant *Neveu de Rameau* de Diderot, vous y verrez quelle leçon de choses ce bohême de génie répète à son fils : il lui montre une pièce d'or, le fait agenouiller devant elle, lui indique ce qu'on peut se procurer avec ce joujou merveilleux, des gâteaux du pâtissier en renom, un costume élégant. Et les espérances que ce cynique fondait sur la beauté de sa femme : « Elle aurait eu un fermier général, au moins ! » Diderot se contente de transposer la leçon que certains parents donnent à une fille de qualité, qu'elle se dicte à elle-même, le démon de l'ambition aidant. Par exemple, on racontera comment Mme de Montespan enlève le bâton de maréchal pour son frère le duc de Vivonne. Le roi ayant dressé avec Louvois la liste des prochains maréchaux, va chez la favorite qui, fouillant dans ses poches, s'en empare, et, n'y voyant pas son frère, éclate en fureur. Louis XIV, qui ne savait guère lui résister en face, répond que sans doute Louvois a oublié de l'y mettre. *Envoyez-le quérir sur l'heure,* dit-elle de son ton le plus Mortemart, et non sans avoir tancé d'importance son amoureux. Il obéit, Louvois arrive, comprend à demi-mot, avoue la faute et met Vivonne sur la liste. Mme de Montespan n'avait garde d'imiter La Vallière que les courtisans accusaient de gâter le métier par son désintéressement, et qui, se plaignant à Gramont qu'on s'éloignât d'elle, n'en eut que cette sentence : « Pendant qu'elle avait sujet de rire, elle aurait dû avoir soin de faire rire les autres avec elle, si, pendant qu'elle avait sujet de pleurer, elle voulait que les autres pleurassent aussi. » Faire participer ses amis à sa faveur, *avoir le sens de la clientèle,* voilà un principe fort important, pas toujours très moral ni très juste dans ses applications, mais aussi nécessaire en monarchie qu'en république : je pourrais citer des hommes politiques qui se sont maintenus au pouvoir, surtout parce qu'ils ont su faire un emploi judicieux ou même excessif des moyens de gouvernement, — et d'autres au contraire, qui, avec de grandes qualités, sont tombés pour toujours parce qu'ils n'ont pas su entretenir l'espérance et la reconnaissance de leurs partisans. Il y a trois catégories d'hommes : les saints, les êtres de boue et de corruption; entre les deux, une masse de braves gens qui veulent bien se dévouer, qui sont capables de bonnes actions, mais qui entendent que ces bonnes actions reçoivent leur récompense. Et c'est cette humanité moyenne que les conducteurs des nations doivent s'efforcer de satisfaire. On ne saura jamais l'influence que peut exercer sur l'opinion publique cette vérité consacrée, qu'un prince, un ministre fait beaucoup, ou ne fait rien pour ses amis. Hélas! la politique n'a jamais été une œuvre de saints, ni même de demi-saints.

Il semble, en vérité, qu'à certain moment, toutes les professions, soit à la Cour, soit en France, se métamorphosent en celle de courtisan; généraux, magistrats et municipalités, écrivains, nobles et bourgeois, étrangers eux-mêmes, enveloppent le roi d'un nuage d'encens, comme s'ils avaient à cœur de pousser par-delà les dernières limites l'hypertrophie du moi royal. La Fontaine, Molière, pour plaire au roi, et parce que c'est là un thème de plaisanterie immémoriale en France, tournent en ridicule les maris trompés. A l'Académie française, le panégyrique du roi devient le texte invariable, et, comme un écho indéfiniment prolongé, il continuera de retentir jusqu'en 1751.

Ceci encore explique certains mots, certaines actions qui sont en quelque sorte l'Himalaya de l'idolâtrie monarchique; le cardinal d'Estrées répondant à Louis XIV, comme il se plaignait de ne plus pouvoir mâcher : « Sire, qui est-ce qui a des dents? » — le duc d'Uzès à la reine qui lui demande l'heure : « Madame, l'heure qu'il plaira à Votre Majesté ; » — l'abbé de Polignac déclarant que la pluie de Marly ne mouille pas ; — ceux qui se consolent des défaites de Hochstedt, Ramillies, Audenarde, Malplaquet, en constatant que le roi se porte bien ; — d'autres qui, après l'opération de la fistule, se déclarent atteints de la même maladie, et se fâchent lorsque le chirurgien Dionis les rassure ; — ceux qui prétendent que leurs enfants naissent à sept mois, parce que pareil accident était advenu à la duchesse de Berry, fille du duc d'Orléans ; — le duc de Montbazon faisant asseoir à sa table un valet de la Cour qui lui apporte une dépêche de la part du roi ; longtemps après, celui-ci racontait le trait avec complaisance ; — Villeroy, commandant l'armée des Pays-Bas, acceptant la responsabilité d'une fausse manœuvre qui sauve l'ennemi d'un désastre complet, afin de ne pas incriminer le duc du Maine qui, ayant reçu plusieurs fois l'ordre d'attaquer, n'en avait rien fait.

Biron, fils de Roquelaure, épouse Mlle de Laval, fille d'honneur de la Dauphine, et qui passait pour être favorite du roi. Une fille lui arrive en avance : « Mademoiselle, dit-il, soyez la bienvenue, je ne vous attendais pas si tôt. »

Pendant le règne de Louis XIV, les choses, les personnes, les costumes ont un air de grandeur et en même temps de raison ; tout à la surface semble calme, majestueux, solennel, harmonieux ; la guerre elle-même présente un caractère ordonné, méthodique, qui la fait ressembler à une partie d'échecs; ministres, intendants, ambassadeurs, dans les actes de leur vie publique, écrivains, artistes de cette époque, portent dans leurs œuvres ce même souci de régularité qu'on remarque dans les monuments ou l'étiquette ; des repentirs magnifiques, des pénitences grandioses expient des fautes éclatantes, et les historiens n'ont pas manqué pour nous enseigner que tout ou presque tout est parfait alors, que la France a trouvé sa pierre philosophale politique, son gouvernement idéal.

Ce règne respire la grandeur, la majesté : il est tout de dignité et de noblesse grave à la surface ; mais regardez les dessous. Des monstres de perversité y coudoient des héros de vertu, et l'affaire des Poisons, bien connue aujourd'hui par la divulgation des Papiers de la Bastille, révèle dans la société de Cour des abîmes de superstition et de crimes, insoupçonnés de Saint-Simon lui-même. Dans le même homme, alors aussi, se heurtent parfois cent personnages contradictoires. D'ailleurs le temps habille, embellit bien des choses, y compris peut-être la morale, et le XVIIe siècle bénéficie de l'éloignement, de l'oubli ; ainsi la petite ville qui, de loin, apparaît rayonnante de poésie, de rêve, de pittoresque, de près étale les plus laides réalités. Et puis chaque siècle produit des sentiments, des défauts et des beautés qui lui sont propres.

Un historien de grand talent, homme de beau caractère et d'un esprit infiniment pénétrant, le duc Albert de Broglie, a dit un jour : « M. Taine a ramassé vingt mille faits contre la Révolution française ; je pourrais en relever vingt mille qui la réhabilitent. » La remarque s'applique au XVIIe siècle, au règne de Louis XIV ; il n'y a jamais dans l'humanité que des à peu près.

Toutes ces princesses qui habitent Versailles, et qui tiennent chacune une petite Cour, tantôt parmi la grande Cour, tantôt à Chantilly, à Meudon, à Paris, au Luxembourg, se détestent, se jalousent, tant et si bien que le roi est souvent obligé d'intervenir, d'empêcher ces haines d'éclater trop bruyamment, d'épuiser tout leur fiel. S'il s'en était tenu là ! Mais considérant qu'il a le droit de gouverner les consciences aussi bien que les actions extérieures, Louis XIV impose aux membres de sa famille des confesseurs choisis par lui, parmi les Jésuites, avec l'obligation de communier en cérémonie au moins cinq fois par an, comme il faisait lui-même. La duchesse de Bourgogne, femme de son petit-fils, et son enfant de prédilection, aurait eu mauvaise grâce à ne pas communier plus souvent, mais elle prit sa revanche quand elle se sentit au moment suprême. On lui avait donné pour confesseur le P. de La Rue, elle refusa de l'appeler, et cela fit grand bruit. — Dans cet affolement d'omnipotence, le roi descendit aux bassesses de la police des corridors et alcôves, aux délations de valets de bas étage, chargés de lui rendre compte de leurs moindres découvertes, même d'espionner les gens qui mangeaient gras en carême.

Se montrer en carrosse avec la reine Marie-Thérèse, Mlle de La Vallière, Mme de Montespan, les deux vicereines, reconnaître des enfants doublement adultérins, n'aimer le bruit que quand on le fait soi-même, perpétuer, renouveler sans cesse le scandale, même après qu'on est tombé dans la dévotion, en attribuant aux *demi-Louis* les droits et les prérogatives des enfants légitimes, de telles fantaisies d'un homme qui se mit au-dessus des lois divines et humaines enlevaient peut-être à leur auteur quelque autorité morale, lorsqu'il reprochait à son frère, à ses belles-filles et petites-filles leurs légèretés, lorsqu'il s'indignait que la duchesse du Maine entretînt avec son frère une correspondance suspecte, et lui écrivît tout crûment :

Ce qui chez les mortels est une effronterie,
Entre nous autres demi-dieux
N'est qu'honnête galanterie.

Faut-il rappeler que le mot qui sert à Molière pour qualifier les maris *minotaurisés* (1), *au front chargé d'un sombre nuage,* était fort couramment employé dans la meilleure société, à la Cour, jusqu'à l'avènement de Mme de Maintenon dont la délicatesse ne s'accommodait guère de semblables termes? Et quant à la propreté de tout ce beau monde, on me pardonnera de répéter avec Saint-Simon que le duc de Vendôme donnait des audiences sur sa chaise percée, qu'on se servait de ce meuble intime comme d'un fauteuil, que des princes et princesses admettaient leurs familiers pendant la séance.

---

(1) C'est l'euphémisme dont se servira Balzac un siècle et demi plus tard.

« La dauphine est fort sale, écrit la Palatine, parfois elle s'est fait donner un lavement dans le cabinet du roi, où il y avait beaucoup de monde; elle se tenait debout, devant le feu, derrière un petit écran, et la femme qui le lui donnait se tenait à genoux ; cela passait pour une gentillesse. »

Mérimée affirme dans sa correspondance qu'il n'est pas certain que Louis XIV ait jamais pris un bain. C'est une légende : il prend des bains l'été, — et ses médecins ordonnent souvent des cures d'hydrothérapie pour calmer ses humeurs. On connaît l'*appartement des bains du roi* à Versailles. Louis XIV, jeune, fréquentait beaucoup, trop même chez le baigneur Lavienne.

On sait aussi que l'histoire a enregistré les purgations du grand roi, qu'elles ont eu leurs chantres officiels, les médecins Vallot, Daquin, Fagon, comme les fêtes de la Cour, ses divertissements, son train ordinaire, avaient leur Dangeau (1).

L'étiquette, la sacro-sainte étiquette, recevait parfois, assurent certains médisants, de rudes atteintes. Un jour, par exemple, le roi s'amuse à jeter des boules de pain aux dames, permet qu'elles lui ripostent, l'on en vient aux pommes, aux oranges, et une fille d'honneur de la princesse de Conti, à qui Sa Majesté avait fait un peu mal, lui décoche en pleine poi-

(1) Voir dans Saint-Simon les plaisanteries que l'on faisait à la princesse d'Harcourt, et à une vieille folle, Mme Panache. Un critique sévère m'écrit que cela est à peu près digne de Coupeau, de *Mes Bottes*, et de la société choisie qui embellit l'*Assommoir*.

trine une salade tout assaisonnée. Ayant remarqué que Mme de Montespan et sa sœur, Mme de Thianges, étaient fort délicates à table, Louis XIV trouve charmant de faire mettre des cheveux dans le beurre et les tourtes qui leur étaient destinées ; elles de crier, lui de rire, Mme de Thianges d'entrer en fureur, de menacer le roi de lui lancer au visage les objets de cette mystification.

Quant à l'hygiène et à la décence, les *Mémoires* du temps abondent en détails tout aussi édifiants. Les gens soigneux se bornaient à passer sur leur visage un petit tampon de coton imbibé d'alcool aromatisé. Un manuel de savoir-vivre, de 1673, qui eut grand succès, conseille aux personnes de la Cour de « se tenir la tête nette, les yeux et les dents, les mains aussi, et même les pieds, particulièrement l'été, pour ne pas faire mal au cœur aux gens avec qui nous conversons ». Un autre manuel du bon ton, publié en 1640, à l'usage des petits-maîtres, recommandait de se laver les mains tous les jours, et le visage *presque* aussi souvent.

Signalons toutefois une sorte de renaissance des étuves, assez florissantes au XIIe siècle à Paris (il y avait alors vingt-huit établissements de bains), abandonnées ou interdites au XVIe siècle, parce qu'il s'y passait des choses contraires à la décence. La vasque de Versailles, la salle de bains honoraires, les 274 chaises percées en activité, d'autres détails en disent long sur les habitudes d'hygiène et de confortable. Le vicomte d'Avenel semble admettre qu'on se lavait plus sous Philippe-Auguste que sous Louis XIV ; le XIIIe siècle fut, à bien des points de vue, un siècle de renaissance, un siècle de gloire et de prospérité pour la France; et cette ère se prolongea pendant une partie du XIVe siècle. Le XVe siècle inaugure le long règne du luxe sans propreté ; les Réformés firent chorus.

« Les femmes de ce temps me sont insupportables, écrit Mme de Maintenon en 1709 ; leur habillement insensé et immodeste, leur tabac, leur vin, leur gourmandise, leur grossièreté, leur paresse, tout cela est si opposé à mon goût et à la raison que je ne puis le souffrir... » Saint-Simon, la Palatine, Duclos, fourmillent d'histoires où des femmes de qualité, des princesses même, telle la duchesse de Berry, s'enivrent comme des portefaix : à Marly, deux filles de Louis XIV empruntent des pipes au corps de garde et les fument avec délices.

« L'ivrognerie, dit la Palatine, n'est que trop à la mode parmi les jeunes femmes ; les cavaliers boivent aussi volontiers avec la femme de chambre qu'avec sa maîtresse, lorsque celle-ci est coquette ; mais à vrai dire, ce n'est pas tant ces filles qui boivent ici que des personnes de bien plus grande qualité. »

Le roi, sortant de table, s'était un jour moqué de la mine austère de la princesse de Conti ; celle-ci laissa passer le roi, puis, se tournant vers Mme de Châtillon, remarqua qu'elle aimait mieux être grave que sac à vin (faisant allusion à quelques repas un peu prolongés que ses sœurs avaient faits depuis peu ensemble). Ce mot fut saisi au vol par la duchesse de Chartres, qui riposta qu'elle aimait mieux être sac à vin que sac à guenilles, « par où elle entendait Clermont, et des officiers des gardes du corps éloignés ou chassés à cause d'elle. »

A la Cour de Louis XIV, des gens fort considérables trafiquent presque ouvertement de leur influence : mainte grande dame fait des affaires de toutes mains, court autant pour cent livres que pour cent mille ; la duchesse de Noailles, la duchesse de Guiche, ont même obtenu un « ordre du roi au contrôleur général de faire toutes les affaires qu'elles protégeraient, et de chercher à leur donner part dans le plus qu'il pourrait. » On vend jusqu'aux menues faveurs des grands avec leur agrément : la duchesse de Ventadour avoue par exemple à Madame que la surintendante de Bullion lui a offert deux mille pistoles pour être admise un jour dans son carrosse : et la princesse s'y prête de la meilleure grâce du monde. Quant aux concussions des gens en place, rappelons-nous les exactions de Villars en Allemagne (1), Mazarin laissant plus de quarante millions, spéculant sur tout, même sur la nourriture des soldats, vendant jusqu'à l'emploi de dame d'honneur de la reine ; — Fouquet, qui fut condamné, sans être plus coupable que d'autres restés impunis, Fouquet servait des pensions à une foule de grands seigneurs et de dames de la Cour. — Desmarest, ancien surintendant des finances, révoqué avec éclat, rentra en grâce sur la demande de Chamillart.

Avant eux, Sully, le grand Sully, leur avait donné

---

(1) « Sire, disait un courtisan à Louis XIV, M. le maréchal de Villars fait bien ses affaires en Allemagne. — Je n'en sais rien, répondit le roi, mais il fait bien les miennes. »

l'exemple ; un jour qu'il avait trébuché en prenant congé de Henri IV, celui-ci s'écria plaisamment « qu'il ne s'en étonnait pas, que si le plus fort de ses Suisses avait autant de pots-de-vin dans la tête, il serait tombé tout de son long. » Mais une plaisanterie ne fait pas l'histoire. Observons aussi qu'en ce temps-là, on n'avait guère de saines notions en économie politique, et que, de bonne foi, on se croyait presque tout permis.

Longtemps Louis XIV aima les ballets avec passion : dans les compositions de Lulli, Benserade, Molière, il figure en personne, débite des vers, danse, joue cinq rôles du ballet de *Thétis et Pélée,* et, pendant tout un hiver, il donne trois représentations de son ballet favori par semaine. A partir de 1670, il ne se montre plus sur la scène, mais ne renonce pas au théâtre, et le cultive beaucoup comme spectateur.

Il aima aussi les courses, les jeux de bagues, les carrousels, les bals masqués ; pendant le carnaval de 1666, il se divertit à courir par la ville avec son frère sous divers déguisements, et à s'affranchir de toute étiquette. Le colin-maillard ne lui plaisait pas moins : un jour qu'il y jouait chez Mme de Puisieux, pour mieux se déguiser il mit son cordon bleu à Puisieux ; et plus tard, il le fit chevalier de ses ordres, en souvenir de cette fantaisie.

Presque tous les jours il allait tirer dans son parc, ou bien visiter les travaux qu'il faisait exécuter ; car il avait comme Henri IV, comme plus tard Louis-Philippe, *il mal di pietra,* la maladie du bâtiment. Quelques chasses au cerf ou au loup avec Monseigneur, les promenades à pied, en carrosse ou à cheval, ou dans des gondoles suivies de musique, la collation qu'il offrait aux dames dans la forêt de Marly ou à Fontainebleau, à Trianon ou à la Ménagerie, les voyages aux armées, voilà pour la vie extérieure. Promenades ou voyages, malade ou non, il fallait accompagner ce géant d'égoïsme, se plier à ses caprices, à ses goûts. Saint-Simon a là-dessus des pages d'une ironie terrible. Plus d'une fois sans doute cette insouciance de la vie des autres entraîne des accidents, des maladies, pour la reine, les princesses de sa famille, les femmes de son entourage : il le sait, c'est à peine s'il leur pardonne ces disgrâces dont il est l'auteur responsable, et il recommence avec la tranquillité de l'idole de Djaggernat qui écrase, impassible, sous les roues de son char, les membres de ses dévots. « Le roi, écrivait Mme Henriette d'Angleterre, n'est point de ces gens à rendre heureux ceux qu'il veut le mieux traiter. Ses maîtresses, à ce que nous voyons, ont plus de trois dégoûts à la semaine. Voyez à quoi ses amis se doivent attendre. » Bref il aime ceux qu'il aime à travers lui-même, non à travers eux : on connaît ses rancunes éternelles, comme il traitait la duchesse de Navailles coupable d'avoir mis un obstacle à sa passion pour la Vallière. Moralité : Quand un prince peut faire tout ce qu'il veut, il veut trop souvent tout ce qu'il peut.

« On l'eût adoré comme un dieu, dit Saint-Simon, qu'il se serait laissé faire ; la crainte du diable, qu'il eut toujours, le retint... Encore était-ce une bonne chose, lorsqu'il y a tant de ministres et de rois qui ne craignent ni Dieu ni diable. »

A Versailles, pendant l'hiver, il y a tous les soirs, à tour de rôle, bal, comédie, opéra ou appartement. Ce qu'on appelle appartement, c'est la réunion de toute la Cour, depuis sept heures du soir jusqu'à dix, dans le grand appartement. Cela commençait par un concert, puis on jouait ; tables pour toutes sortes de jeux, liberté entière de causer, de faire des parties avec qui on voulait, salle de billard, salon destiné au buffet ; quelquefois l'appartement se termine par des danses.

« Le roi va tantôt à un jeu, tantôt à un autre, écrit l'abbé Bourdelot. Il ne veut ni qu'on se lève ni qu'on interrompe le jeu quand il approche. On dirait d'un particulier chez qui l'on serait, qui fait les honneurs de chez lui en galant homme... Dans la salle de bal, il y avait des dames fort belles et fort jeunes, toutes brillantes de pierreries. Mme la princesse de Conti, la belle, emporta le prix de la danse, mais le grand objet où était le charme, c'était le roi. Il y avait trois carreaux sur le bord de l'estrade ; je fus étonné qu'il se fût assis là sans façon. Il ordonnait la danse et la musique, parlant souvent à Madame la dauphine qui lui répondait agréablement. J'admirais les vers que Sa Majesté commandait que l'on chantât ; ils étaient touchants et bien choisis.... Le duc de Nevers me fit part de ses poésies ; on prit des rafraîchissements. J'eus l'honneur d'être du même écot avec les princes, et MM. les ducs de Créqui, Saint-Aignan, La Feuillade, Roquelaure, et MM. les maréchaux d'Humières et de Lorges... En un mot, j'en sortis l'âme étourdie, enlevée, émerveillée... »

Louis XIV donnait à dîner ou à souper aux dames, mais cela se passait alors dans ses cabinets. D'après l'étiquette, il mangeait en public et seul ; son frère eut quelquefois l'honneur de s'asseoir à sa table : à l'armée, il tenait table ouverte aux officiers.

Les jeux les plus usités à la Cour étaient : le piquet, le brelan, le biribi, le portique, l'hombre, le trou-madame, la grande et la petite prime, le hoca, le reversi, le lansquenet, la bassette. Cette passion, devenue un véritable fléau, a gagné tout le monde, la reine elle-même, qui perd des sommes considérables, parce qu'elle ne sait pas bien jouer. « La reine, écrit Mme de Sévigné, perdit la messe l'autre jour et 20,000 écus avant midi. Le roi lui dit : « Madame, supputons un peu combien « c'est par an ; » et M. de Montausier lui dit le lendemain : « Eh bien ! Madame, perdrez-vous encore aujourd'hui la messe pour le hoca ? » Elle se mit en colère. »

Mais qu'est-ce que cela à côté de Mme de Montespan ? Le jour de Noël 1678, elle perdait 700,000 écus ; elle joua sur trois cartes 150,000 pistoles, et les gagna. Une autre fois, elle perdit 400,000 pistoles contre la banque, et finit par les rattraper. Monsieur, frère du roi, se voyait réduit à mettre ses pierreries en gage... A la suite de ces débauches, le roi renonça à la bassette et la proscrivit. Mais le démon du jeu n'y perdit rien.

Pour tenir de telles banques, il faut des Crésus ; aussi fait-on grand accueil aux riches financiers comme Langlée, un homme de rien, dit Saint-Simon, qui avait su gagner un bien immense au jeu, sans être jamais soupçonné de la moindre tricherie.

« Avec très peu ou point d'esprit, mais une grande connaissance du monde, il sut prêter de bonne grâce, attendre de meilleure grâce encore, se faire beaucoup d'amis et de la réputation, à force de bons procédés. Il fut donc de tous les voyages, de toutes les parties, de toutes les fêtes de la Cour, ensuite de tous les Marlys, et lié avec toutes les maîtresses, puis avec toutes les filles du roi... Il fut des plus grosses parties du roi du temps de ses maîtresses. Sa conformité de goût l'attacha particulièrement à Monsieur, mais sans dépendance et sans perdre le roi de vue, et il se trouva insensiblement de tout à la Cour de ce qui n'était qu'agréments et futile, et qui n'est pas une des moindres parties à qui sait bien en profiter. Il était fort bien avec tous les princes du sang qui mangeaient très souvent à Paris chez lui, où abondait la plus grande et la meilleure compagnie. Il régentait au Palais-Royal, chez Monsieur le Grand et chez ses frères, chez le maréchal de Villeroy, enfin chez tous les gens de première place. Il s'était rendu maître des modes, des goûts, à tel point que personne ne donnait de fêtes que sous sa direction, à commencer par les princes et les princesses du sang... Point de mariage dont les habits et les présents n'eussent son choix, ou au moins son approbation... Il abusait souvent de l'empire qu'il usurpait. A Monsieur, aux filles du roi, à quantité de femmes, il disait des ordures horribles, et cela, chez elles, à Saint-Cloud, dans le salon de Marly. Il entrait encore, et était entré toute sa vie dans quantité de secrets de galanterie. »

Langlée cependant trouva son maître, le comte de Gramont, qui le rappela fort joliment... à l'ordre : « Monsieur de Langlée, gardez ces familiarités-là pour quand vous jouerez... chez le roi. » Et Langlée embourse sans souffler mot la leçon, car Gramont avait l'oreille du roi, et son esprit sarcastique le rendait redoutable à tous, ses mots faisaient les délices des Cours de France et d'Angleterre, et la terreur des sots. Par exemple, assistant à un dîner où Charles II, selon l'étiquette, était servi à genoux : « Sire, dit-il, j'ai cru que vos gens vous demandaient pardon de la mauvaise chère qu'ils vous font faire. » Après avoir contemplé une dame dont la figure, correctement belle, n'avait aucune expression : « On dirait, observe-t-il, qu'elle tire le matin son visage d'un étui pour l'y remettre en se couchant, sans s'en être servie durant la journée. »

Un jour, le roi qui jouait au trictrac l'appelle pour juger un coup contesté. « Sire, prononce-t-il sans se déranger, vous avez perdu. — Comment? Vous ne savez rien encore! — Eh! ne voyez-vous pas, Sire, que si le coup eût été seulement douteux, ces Messieurs n'auraient pas manqué de vous donner gain de cause? »

« A notre âge, soupirait Louis XIV en sa présence, on n'a pas longtemps à jouir de sa gloire. — Sire, les rois n'ont point d'âge; on compte leurs belles actions, non point leurs années. »

Un jeune courtisan, anobli d'assez fraîche date, l'interpelle sans façon : « Bonjour, vieux comte. — Bonjour, jeune marquis. »

C'est le même Gramont qui, indigné de l'âpre violence avec laquelle le chancelier Le Tellier poussait à la révocation de l'Édit de Nantes, s'écria devant vingt personnes « qu'il ressemble à une fouine qui vient d'égorger des poulets et se lèche le museau plein de sang. »

Gramont représente l'idéal du courtisan français, le type de ce personnage léger, brillant, souple, alerte, infatigable, « réparant, dit Sainte-Beuve, toutes les fautes et les folies par un coup d'épée ou par un bon mot. »

On passait tout à Gramont, même de corriger la chance au jeu : son beau-frère Hamilton raconte le plus tranquillement du monde avec quel cynisme il fait des dupes en tout lieu. Et il n'est pas le seul, hélas ! Rien de plus fréquent que ces piperies, ces fraudes, même à Versailles, sous les yeux du roi. Pour un Dangeau qui fait loyalement fortune au jeu, combien d'escrocs de haute volée ! Tel ce seigneur qui, surpris en flagrant délit par Boisseuil, en demandait raison, et comme celui-ci reprenait : « Je n'ai pas de raison à vous faire, vous êtes un fripon. — C'est possible, répondit l'autre, mais je n'aime pas qu'on me le dise. »

Tant et si bien qu'il aurait fallu souvent recourir au Prévôt de l'Hôtel, chargé de juger les délits qui se commettaient à la Cour.

« A cette heure, dit Tallemant des Réaux, tout le monde apprend à piper, sous prétexte que ce n'est que pour se défendre des pipeurs ; tous les grands seigneurs s'en escriment ; ils disent que c'est pour s'empêcher d'être trompés. »

Le duc d'Antin, le duc de Créqui, sont plus que soupçonnés d'aider la fortune, le prince de Conti en accusa le grand prieur de Vendôme chez Monseigneur à Meudon, et cela fit un esclandre effroyable. La hardiesse à voler au jeu de certaine grande dame était inconcevable, et cela ouvertement. On l'y surprenait, « elle chantait pouille et empochait, » et cela en plein salon de Marly.

Le marquis de Seissac, grand maître de la garde-robe, gagne cinq cent mille écus au roi en deux mois, et l'on se méfiait beaucoup de son adresse au jeu. Un jour qu'il était de la partie du roi, Louvois vint prendre les ordres de celui-ci pour une affaire urgente : Louis XIV sortit, confia un instant ses cartes au maréchal de Lorges, qui prit Seissac sur le fait dans un fort gros coup, et avertit Sa Majesté le soir même. On arrêta sans bruit le garçon qui tenait le panier des cartes, et le cartier; les cartes se trouvèrent pipées, le cartier confessa qu'il les avait préparées et qu'il était complice. Seissac en fut quitte pour vendre sa charge, et s'en aller chez lui, obtint la permission de passer en Angleterre « où il gagna extrêmement, » s'établit ensuite à Paris où il tint grand jeu chez lui. Monsieur, frère du roi, « à qui tout était bon pour le jeu, et Monseigneur, demandèrent qu'il pût jouer avec eux à Paris, Saint-Cloud et Meudon, et se le firent enfin accorder pour jouer à Versailles, et de là à Marly, où, sur le pied de joueur, il était à la fin de presque tous les voyages. » Encore un qui n'avait pas fait son profit du conseil de Mme Deshoulières :

Souvent quoique l'esprit, quoique le cœur soit bon,
On commence par être dupe,
On finit par être fripon.

A côté du jeu proprement dit, il y avait les loteries. On a ouvert, conte Mme de Scudéry, chez Mme de Montespan, une loterie dont le gros lot sera de cent mille francs; et il y en aura cent autres de chacun cent pistoles : les billets sont d'un louis. A l'exemple des Césars, des Consuls, des patriciens romains qui offraient des loteries au peuple et à leurs amis, le roi, les grands personnages faisaient tirer des loteries gratuites de bijoux ou d'étoffes, où tous les billets étaient gagnants. Mme de Maintenon tirait comme les autres et donnait sur le champ ce qu'elle avait gagné. Le cardinal Mazarin avait inauguré ces loteries, naturellement fort goûtées, où chacun, sans avoir rien risqué, recevait un présent de la fortune; la sienne fut tellement magnifique que le roi, la reine-mère, voulurent en être : elle lui coûta cent mille écus.

Sans parler des tontines (1), de la blanque royale, les loteries étaient fort à la mode au XVIIe siècle, servaient à toutes fins, à la charité, aux plaisirs de l'esprit, même au libertinage. Les servantes, les laquais, les pâtissiers, l'exécuteur des hautes œuvres lui-même, en faisaient comme les gens du monde. Sous le nom de quelques religieuses, d'aucuns tirèrent une blanque des instruments de la Passion, et distribuèrent les fouets, la corde,

(1) Les tontines furent inventées par le Napolitain Laurent Tonti. La tontine royale est une espèce de blanque et de jeu de hasard, où il y a un certain nombre de billets blancs et de billets marqués dont le sort dispose comme il veut : aussi porte-t-elle le nom de blanque dans les lettres du roi.

l'échelle aux gens de la Cour qu'ils jugeaient dignes de ces peines.

D'autres imaginèrent une loterie où les billets ordonnaient aux gagnants de divertir la compagnie par un madrigal, une épigramme, un sonnet : la duchesse du Maine à Sceaux, par exemple.

Pendant le carnaval, Louis XIV donnait des bals masqués, où il se promenait sous un domino transparent qui le laissait deviner en indiquant qu'il ne voulait pas être abordé. Parfois ils avaient lieu chez Mme de Montespan ou sa sœur, Mme de Thianges; alors on ajoutait à leur appartement ceux du duc du Maine et du cardinal de Bouillon. Le dauphin, la dauphine, les princes, les princesses et la jeunesse de la Cour représentaient une noce de village. Mme de Thianges, pour égayer la soirée, avait composé un impromptu, *Les appartements*, critique assez fine des originaux qui étalaient leurs ridicules dans les salons de Versailles, représentés sous les traits et avec le costume des personnages de Molière : le Bourgeois Gentilhomme dupé par le marquis emprunteur, le Misanthrope gourmandant les courtisans ingrats, le Malade imaginaire disputant avec M. Purgon pour un verre d'eau de Grenade, Trissotin récitant un sonnet qui se terminait par ces vers :

Toutefois, quelque éclat qui brille en ces beaux lieux,
Un coin dans votre cœur, Iris, vaut, à mes yeux,
Tous les appartements du monde.

Paroles, gestes, habits, attitudes, tout était allusion facile à saisir par les spectateurs, et les moqués eux-mêmes se moquaient des non moqués qu'ils croyaient mis en scène par l'auteur.

A travers toutes ses faiblesses, son égoïsme, son ignorance déplorable des questions religieuses, Louis XIV mérite le suffrage de la postérité et de l'histoire, parce qu'il aima la France, qu'il eut la passion de l'État comme Henri IV et Louis XI. Il fit bien son métier de roi, il parla et agit haut au nom de la France : admirable dans la mauvaise fortune, dans sa fameuse lettre à Villars, admirable à son lit de mort, lorsqu'il disait doucement à son entourage en larmes : « Vous m'aviez donc cru immortel ! » Après la mort du roi on peut tout croire, se lamentait un courtisan.

Ajoutons en passant que Louis XIV posséda au plus haut degré le sens des paroles vraiment royales, l'esprit de justesse et d'à-propos. Le prince de Condé était allé le complimenter après une victoire ; ayant quelque peine à monter à cause de sa goutte, il s'écria du milieu de l'escalier : « Sire, je demande pardon à Votre Majesté si je la fais attendre. » Le roi répondit avec grâce : « Mon cousin, ne vous pressez pas ; on ne peut pas monter très vite, quand on est chargé comme vous de tant de lauriers. »

Dans ses portraits touffus, poussés au noir, dans ses virevoltes de haine et d'admiration, Saint-Simon ne laisse pas de rendre justice à Louis XIV : « ... Il parlait bien, en bons termes, avec justesse. Il faisait un conte mieux qu'homme du monde, et aussi bien un récit. Ses discours les plus communs n'étaient jamais dépourvus d'une naturelle et sensible majesté. Il retenait tout ce qu'il entendait, tout ce qu'il voyait, avec une facilité admirable ; doué d'une mémoire prodigieuse, reconnaissant les gens au bout de vingt ans, les nommant aussitôt et ne confondant rien, voyant tout et tout le monde, au milieu des plaisirs et des fêtes, aux voyages et aux promenades, et remarquant la tenue, les costumes, les absents... Son éducation avait souffert pendant les longs troubles de la Fronde ; on le gardait si peu, qu'un soir on le trouva tombé dans le bassin du Palais-Royal, à Paris, où la Cour demeurait alors ; mais il suppléa à ce qui lui manquait par la lecture et la conversation... Il aimait l'ordre et la règle... Voulant tout voir par lui-même, il travaillait avec ses ministres huit heures par jour ; il l'a fait pendant cinquante-cinq ans qu'il régna en personne, tenant toujours son conseil, aux fêtes, au camp, partout où il se trouvait... Il était né sage, modéré, secret, maître de ses mouvements et de sa langue, jaloux de son pouvoir, toutes qualités qui se développèrent à l'école du malheur... Tout le mal lui vint d'ailleurs. » Vous entendez que le mal, c'est le bourgeois, le robin, l'homme de roture, devenu intendant, ministre, à la porte duquel les grands seigneurs, les hommes de haut château sont forcés de faire antichambre.

« Prince heureux, et heureusement doué s'il en fut jamais, ajoute Saint-Simon, unique en figure, en force corporelle, en santé égale et ferme et presque jamais interrompue ; unique en un siècle si fécond et si libéral pour lui en tous genres, qu'il a pu en ce sens être comparé au siècle d'Auguste ; unique en sujets adorateurs et lui prodiguant leurs biens, leur sang, leurs talents, la plupart leur réputation, quelques-uns même leur honneur, leur conscience, leur religion, pour le servir, souvent même seulement pour lui plaire ;... d'une fermeté d'âme incroyable dans ses revers de 1708, 1709, 1710, au milieu d'une invasion étrangère formidable ; espérant contre toute espérance, et cela par courage, sagesse, par confiance dans son peuple et dans son droit, et non par aveuglement, et ramenant à lui tous les cœurs par l'attrait de l'admiration, de la constance, de la grandeur ; méritant alors le nom de *Grand*, qu'on lui avait donné trop tôt... Sauf cette indigne et ténébreuse épouse, (Mme de Maintenon), entre les bras de laquelle il expira, on peut dire qu'alors mourut un des plus grands rois de la terre. »

Louis XIV n'a pas de favoris déclarés (1), mais comme les maîtresses engendrent fatalement les favoris, ne fût-ce que pour préparer et conduire les intrigues qui amènent l'avènement des premières, il a des manières de favoris, qu'il comble de richesses, d'honneurs, que les ministres ménagent, qui ne ressemblent en rien à ceux de Monsieur, son frère, à ce chevalier de Lorraine, à ce d'Effiat, deux débauchés de la pire espèce, qui gouvernent ce prince à la baguette. On les soupçonna même d'avoir empoisonné Mme Henriette

(1) Un lettré de mes amis, M. Henri Chabeuf, président de l'Académie de Dijon, me rappelait à ce propos un mot dit à Louis XVIII au sujet du duc de Blacas : « Sire, la France a supporté maintes favorites, jamais un favori. »

d'Angleterre, mais la preuve d'une mort naturelle est acquise aujourd'hui. A ses demi-favoris cependant le roi ne livre point le secret de l'empire, car il se souvient des leçons d'antan, il écarte les grands seigneurs, les prélats du gouvernement direct, et c'est dans ce sens que Saint-Simon a osé appeler son règne : un long règne de vile bourgeoisie. Tel le maréchal de Bellefond qui s'attacha à lui dès le vizirat de Mazarin, qu'il envoyait prendre des nouvelles du Cardinal pendant sa dernière maladie, auquel il demanda plusieurs fois : « Est-ce fait? » Tels Saint-Aignan et Dangeau, si essentiels pour l'organisation des fêtes, les petits vers, les riens agréables, ce qu'on pourrait appeler : le département des niaiseries. Tels encore Lauzun dont on connait l'aventure éclatante avec la Grande Mademoiselle, Louis de Lorraine, comte d'Armagnac, Monsieur le Grand, comme on l'appelait, qui conserva toujours la charge de Grand Écuyer; Villeroy, La Rochefoucauld, d'Antin, La Feuillade.

Ce ne sont ni les talents ni l'esprit qui manquèrent à d'Antin, fils légitime de Mme de Montespan, le plus habile, le plus raffiné courtisan de son temps, « sans humeur comme sans honneur, » disait le Régent. Il en a, et de plus d'une sorte; mais son caractère n'est point au niveau de son mérite. Lui-même le sent et le confesse curieusement dans ses *Mémoires;* mais quoi! la Cour l'enivre; il croit voir les cieux entr'ouverts quand il y arrive en 1683. « Je sentais tout son fumier, dira énergiquement Saint-Simon, mais je n'en pouvais ignorer les perles qui y étaient semées. »

Son plus beau trait peut-être est celui de l'allée de marronniers de Petit-Bourg, où, le 12 septembre 1707, le roi, accompagné de Mme de Maintenon et d'une cour nombreuse, vint passer la nuit en se rendant à Fontainebleau. Louis XIV avait tout approuvé, sauf une admirable allée de marronniers qui décorait le parc, mais elle obstruait, masquait un peu la vue de la chambre où il couchait. Le lendemain matin, il regarde à la fenêtre, plus d'allée, aucune trace de travail, non plus que si elle n'avait jamais existé ; personne n'avait rien vu, rien entendu ; on aurait pu croire qu'une fée, un enchanteur, l'avaient enlevée d'un coup de baguette. « Sire, dit-il, comment voulez-vous qu'elle osât encore paraître devant Votre Majesté ? Elle vous avait déplu ! » Les applaudissements unanimes récompensèrent ce chef-d'œuvre de galanterie, et chacun sentit que d'Antin pointait vers la fortune. Il était dégelé, suivant son expression. Cependant Mme de Maintenon ne put se tenir de remarquer, devant témoins, qu'elle se trouvait tout heureuse de n'avoir pas déplu au roi la veille, parce que d'Antin l'eût envoyée coucher sur la grand' route. Mais d'Antin ne restait jamais quinaud, et la boutade ne le désarçonna nullement. Il sut charmer Montausier lui-même, qui lui donna sa petite-fille, Mlle d'Uzès ; et les mauvais plaisants d'observer que c'était la faire poissonnière le jour de Pâques : car le crédit de Mme de Montespan était tombé au moment de ce mariage.

Un autre favori, La Feuillade, mérite quelque attention. Fort brave, galant et spirituel, cherchant avec fureur l'éclat, la célébrité, il se lance dans toutes sortes d'aventures chevaleresques, jusqu'à faire campagne en Hongrie, conduire à ses dépens, en Candie, deux cents volontaires appartenant aux meilleures familles du royaume. Surtout il se signale par son adoration fastueuse pour le roi. Par exemple, il va en Espagne, pour appeler en combat singulier Saint-Aunai, qui, disait-on, avait peu irrespectueusement parlé de Louis XIV. Puis il achète l'hôtel de La Ferté, le rase ainsi que d'autres maisons, en fait une place, la Place des Victoires, où il élève au roi une statue en bronze. Le jour de l'inauguration, il tourne trois fois à cheval autour de la statue, suivi de son régiment des gardes, le tout accompagné des cérémonies par lesquelles les Romains consacraient les statues de leurs empereurs. Le plus beau, c'est que dans son testament il se préoccupe d'assurer à son œuvre l'éternité. On affirme aussi qu'il se présenta un jour tout botté devant le roi, et lui dit : « Sire, les autres viennent en France pour voir leur famille, leurs amis, leurs châteaux ; moi, j'arrive d'Allemagne à franc étrier, je suis venu passer deux heures à Versailles afin de constater par moi-même que Votre Majesté se porte bien ; je l'ai contemplée, je suis heureux, je repars sans avoir vu personne autre. » Tout cela plut fort au roi qui fit La Feuillade duc, maréchal de France, colonel des gardes, gouverneur du Dauphiné ; et là-dessus il perdit la bataille de Turin, ce qui mit fin à sa faveur.

Chamillart est de ceux que Louis XIV paraît avoir le mieux aimés. Conseiller au parlement, il commence à lui plaire par son adresse au billard, cultive si à propos

Mme de Maintenon, qu'elle le choisit pour administrer les affaires temporelles de Saint-Cyr, est nommé contrôleur général des Finances en 1699, secrétaire d'État à la Guerre en 1701, cumule les deux charges, se fait aimer de la Cour par son affabilité et la grâce de son obligeance. Il sentait sa faiblesse et demandait souvent au roi de le décharger d'un si rude fardeau; mais le ressort de son crédit et la cause de sa durée se trouvèrent dans son incapacité même. Louis XIV se complaisait à le diriger et à l'instruire, en sorte qu'il désirait son succès comme le sien propre, excusait tout de ce ministre, et regardait comme des critiques personnelles les reproches adressés à Chamillart. Un jour que Chamillart le suppliait par lettre de le remplacer, invoquant sa santé, la ruine imminente de toutes choses, la lettre lui fut renvoyée avec cette apostille : « Eh bien! nous périrons ensemble! » J'imagine que ce ministre exagérait encore son néant, et se donnait l'attitude modeste de l'élève en face du professeur, afin de flatter davantage la vanité du roi; un peu à la façon de Mansart, surintendant des bâtiments, qui avait l'art d'apporter à ce prince des plans si informes, que celui-ci ne pouvait pas ne pas voir le défaut à corriger, la rectification à opérer. Et Mansart de se pâmer d'admiration, et de s'écrier qu'il n'était qu'un écolier auprès de Sa Majesté, que celle-ci savait le fin du fin en matière d'architecture et de jardins, aussi bien qu'en matière de gouvernement. Chamillart, tout honnête homme et modeste en son particulier qu'il fût, ne laissa point d'établir fort bien sa famille dans la plus haute noblesse; ses filles devinrent, l'une duchesse de La

Feuillade, l'autre duchesse de Lorges, son fils épousa la fille du duc de Mortemart ; le roi, qui l'aima toujours, même après sa disgrâce, lui accorda une pension de 60,000 livres, lui permit de le revoir, « par les derrières d'abord, » puis publiquement, et lui donna ensuite un appartement à Versailles.

Saint-Simon fait un portrait saisissant (tome XIV, p. 397) d'un autre favori du roi, le comte d'Armagnac... « Monsieur Le Grand... fut un des exemples également long et sensible du mauvais goût de ce prince en favoris, dont il n'eut aucun qui ait joui d'une si constante et parfaite faveur... Une très noble et très belle figure, toute la galanterie, la danse, les exercices, les modes de son temps ; une assiduité infatigable ; la plus basse, la plus puante, la plus continuelle flatterie ; toutes les manières et la plus splendide magnificence du plus grand seigneur, avec un air de grandeur naturelle qu'il ne déposait jamais avec personne, le roi excepté, devant lequel il savait ramper comme par accablement de ses rayons, furent les grâces qui charmèrent ce monarque et qui acquirent, quarante ans durant, à ce favori toutes les distinctions et les privautés, toutes les usurpations qu'il lui plut de tenter, toutes les grâces pour soi et pour les siens, qu'il prit la peine de désirer, qui réduisirent tous les ministres, je dis les plus audacieux, les Seignelay, les Louvois et tous leurs successeurs, à se faire un mérite d'aller chez lui et au-devant de tout ce qui lui pouvait plaire... Il avait su ployer les princes du sang même, bien plus, jusqu'aux bâtards et bâtardes du roi, à la même considération pour lui, et à une sorte d'égalité de maintien avec eux chez lui-même. La goutte, qui lui fut d'abord un prétexte, puis une nécessité de ne point sortir de chez lui, une grande et excellente table, soir et matin, et le plus gros jeu du monde, toute la journée, où abondait une grande partie de la Cour, lui furent d'un grand secours pour maintenir un air de supériorité si marquée...

« Jamais homme si court d'esprit ni si ignorant, autre raison d'avoir mis le roi à son aise avec lui, instruit pourtant de ce qui intéressait sa maison et des choses de la Ligue, dont, avec plus d'esprit, il aurait eu l'âme fort digne. L'usage continuel du plus grand monde et de la Cour suppléait à ce peu d'esprit, pour le langage, l'art et la conduite, avec la plus grande politesse, mais la plus choisie, la plus mesurée, la moins prodiguée, et l'entregent de captiver, quoique avec un mélange de bassesse et de hauteur, tout l'intérieur des principaux valets du roi ; d'ailleurs brutal, sans contrainte avec hommes et femmes, surtout au jeu, où il était très fâcheux et lâchait tout plein d'ordures, sur le rare pied que personne ne se fâchait de ses sorties, et que les dames, je dis les princesses du sang, baissaient les yeux, et les hommes riaient de ses ordures. Jamais encore homme si gourmand... C'était de plus un homme tellement personnel, qu'il ne se soucia jamais de pas un de sa famille, à la grandeur près, et qu'à la mort de sa femme et de ses enfants, il ne garda aucune bienséance ni sur le deuil, ni sur le jeu, ni sur le grand monde. Au fond, il était bon homme, avait de l'honneur, aimait à servir et avait, en affaires d'intérêts, les plus nobles et les plus grands procédés qu'il fût possible. Avec tout cela il ne fut regretté de personne... Il ne découchait presque jamais des lieux où le roi était, et c'était auprès de lui un autre grand mérite. »

On le voit, il y a courtisan et courtisan ; comment donc juger ici d'après une formule absolue, géométrique ? N'est-ce pas tout à fait injuste de condamner quelqu'un pour un mot, un trait isolé ? Quoi qu'en disent les moralistes d'alors, cet homme ne sera pas toujours égal ou inférieur à lui-même, il sera père, époux, ami, capable de belles actions ; sa courtisanerie va jusqu'ici et ne va pas jusque-là ; il y a des degrés de platitude qu'elle ne franchit pas toujours, et Montaigne a raison : à la Cour aussi, l'homme se montre ondoyant et divers. Quoi de plus contraire à une psychologie clairvoyante, à une véritable philosophie de l'histoire, que d'examiner une centaine de personnages avec plus ou moins d'attention, et de bâtir là-dessus un système, d'édicter des lois générales, de flétrir toute une classe, une institution pour la faute de quelques-uns ? Saint-Simon, si sévère aux contemporains, si hérissé d'indignation et de vertu agressive, cite lui-même mille traits charmants de ces gens de Cour, qu'il condamne en gros, et réhabilite en détail ; et la force de sa sincérité le contraint à découvrir le bien chez les courtisans les plus convaincus de courtisanerie.

Et si Louis XIV se laisse enivrer de flatteries, son bon sens et son esprit de justice savent cependant réagir. Il permet quelquefois qu'on lui tienne tête, qu'on lui réponde librement ; il supporte que le duc de Saint-Aignan revienne fréquemment à la charge en faveur de Bussy-Rabutin disgracié, exilé pour ses intempérances de langue et surtout de plume. On sait l'audace de Lauzun lui reprochant d'avoir manqué à sa parole, brisant son épée devant lui, et Louis XIV se contentant de jeter sa canne par la fenêtre pour n'être pas tenté de l'en frapper.

La Fare raconte qu'on jouait fort gros jeu chez le cardinal Mazarin, et que le chevalier de Rohan, après avoir beaucoup perdu, se trouva devoir au Roi une somme considérable. On était convenu qu'on ne paierait qu'en louis d'or, et, après en avoir compté au roi 7 ou 800, il lui compta 200 pistoles d'Espagne ou environ. Le Roi ne voulut pas les recevoir, et dit qu'il fallait des louis. Alors le chevalier de Rohan prit brusquement les deux cents pistoles d'Espagne, et les jeta par la fenêtre, disant : « Puisque Votre Majesté ne les veut pas, elles ne sont bonnes à rien. » Le roi, piqué, se plaignit à Mazarin de cette insolence, et le Cardinal prononça spirituellement : « Sire, le chevalier de Rohan a joué en roi, et vous en chevalier de Rohan. » Et il n'en fut que cela. Mais un joli geste ne tient pas lieu de tout, et le chevalier n'était en somme qu'un assez pauvre sire; le roi ne l'aima jamais, et, de dépit, il se lança dans une conspiration insensée où il laissa sa tête.

Boileau jeta cette courageuse réflexion à propos du siège de la ville de Gand, auquel Racine et lui avaient assisté en qualité d'historiographes du roi : « Sire, nous ne sommes plus si étonnés de la valeur extraordinaire de vos soldats; ils ont raison de souhaiter d'être tués, pour finir une vie si épouvantable. »

Mme de Thianges faisait partie de la société intime du roi, avec ses deux sœurs, Mme de Montespan et l'abbesse de Fontevrault, quand celle-ci venait à la Cour. Mme de Caylus affirme qu'elle était folle sur deux chapitres : celui de sa naissance pour laquelle elle disputait, non d'illustration, mais d'ancienneté avec celle du roi ; et celui de sa personne, qu'elle regardait comme un chef-d'œuvre de la nature, non pas tant par la beauté extérieure que par la délicatesse de ses organes, ce qu'elle attribuait encore à la différence que sa naissance mettait entre elle et le commun des hommes. Avec cela l'esprit des Mortemart, l'air et les manières d'une reine, demeurant avec le roi et sa famille, *assise dans un fauteuil,* depuis la fin du souper jusqu'au coucher, tenant le dé de la conversation, disputant sans cesse et souvent aigrement avec Louis XIV qui ne pouvait se passer d'elle, et aimait à l'agacer. Un jour il lui dit, qu'avec toutes ses grandeurs, sa famille n'avait ni connétables, ni grands maîtres, comme la maison de Montmorency : « Cela est plaisant ! répondit-elle ; c'est que ces Messieurs-là d'auprès de Paris étaient trop heureux d'être à vous autres rois, tandis que nous, rois dans nos provinces, nous avions aussi nos grands officiers, nos gentilshommes. »

Elle donna dans le bel air de la dévotion, sans renoncer toutefois à ses grandeurs, mais en surveillant un peu son esprit si redouté. « Elle ne met plus de rouge et cache sa gorge, écrit Mme de Sévigné. Elle est souvent avec Mme de Longueville, mais elle est toujours de très bonne compagnie. J'étais l'autre jour à côté d'elle à dîner ; un laquais lui présenta un grand verre de vin de liqueur ; elle me dit : « Madame, ce garçon ne sait donc pas que je suis dévote ? » Cela nous fit rire. » Fénelon n'avait pas encore donné cet excellent conseil au duc de Bourgogne qui lui demandait son avis sur un cas de conscience, une rupture de jeûne pendant une marche militaire : « Mangez du veau et soyez chrétien ! »

Le roi refusant à Montausier une abbaye pour un ami : « Il n'y a, s'écrie-t-il, que les ministres et les maîtresses qui aient du pouvoir en ce pays ! » Et Louis XIV se venge en nommant dame du palais la fille de Montausier, Mme de Crussol.

Si le roi embourse quelques boutades, on peut croire que les princes du sang ne furent pas épargnés non plus. Je ne rappellerai point les semonces du duc de Montausier (1) au Dauphin, mais voici deux traits moins connus peut-être.

Cosnac, évêque de Valence, premier gentilhomme du prince de Conti, encourt la disgrâce de celui-ci pour avoir pris la défense de M. de Pile, intendant de sa maison, dont il voulait se défaire. Et il lui fait les adieux que voici : « Monseigneur, dit-il, en prenant M. de Pile par une main, et en tenant sa croix d'évêque par une autre, cet homme a bien conduit vos finances, il a le malheur comme moi de sortir de votre maison ; aussi laissons-nous votre maison *sans croix ni pile.* » Cosnac entre ensuite au service de Monsieur comme premier

---

(1) Voir sur Montausier mon volume : *La Société française au XVIe et au XVIIe siècle*, pages 217 et s.

aumônier, gagne la confiance de Madame, et, peut-être pour cette cause, finit par déplaire au prince qui lui envoie quelqu'un pour l'avertir que, s'il ne se retire dans son diocèse, lui, Monsieur, demandera au roi une lettre de cachet pour l'exiler : « Je n'ai point d'emplâtre à ce malheur, riposte l'évêque de Valence : j'obéirai quand cela sera, parce que je ne pourrai faire mieux ; mais puisque Monsieur me pousse à bout, je vous supplie de lui dire de ma part qu'il obtiendra plutôt une lettre de cachet qu'un gouvernement. » Louis XIV avait refusé à son frère le gouvernement du Languedoc.

Le duc de Mortemart et M. de Liancourt avaient à se plaindre de ce favori illustre qui s'appelle Mazarin, et ils ne lui rendaient aucun devoir. Néanmoins, à la mort du père du Cardinal, M. de Liancourt proposa à son ami de faire une visite au premier ministre : « Il est fort affligé, appuyait-il. — Il a raison, reprit Mortemart ; son père est peut-être le seul homme qui pouvait mourir sans qu'il en héritât. »

Le duc de Bourgogne interrogeant l'abbé de Choisy qui avait entrepris une histoire de France : « Comment vous y prendrez-vous pour dire que Charles VI était fou ? — Monseigneur, réplique l'abbé, je dirai qu'il était fou ; la seule vertu distingue les hommes dès qu'ils sont morts. »

Un simple financier, Turménies, fils d'un garde du Trésor royal, faisait la leçon à M. le Duc, arrière-petit-fils du grand Condé, qui, devant une nombreuse assemblée, se félicitait d'avoir obtenu beaucoup d'actions de la Compagnie du Mississipi : « Fi, Monsieur ! votre bisaïeul n'en a jamais eu que cinq ou six, mais qui valaient mieux que toutes les vôtres. » Turménies d'ailleurs avait son franc parler, estimé, accrédité auprès des ministres, fort bien avec le Régent, et sur un pied de telle familiarité avec M. le Duc, et les princes de Condé, qu'ils trouvaient tout bon de lui. Le comte de Charolais rentrant à Chantilly après un long voyage, M. le Duc lui présente ses amis accourus pour fêter son retour. M. de Charolais promène un regard indifférent, reste silencieux. A la fin Turménies, ennuyé de cette attitude, se tourne vers la compagnie : « Messieurs, dit-il froidement, faites voyager vos enfants, et dépensez-y bien de l'argent. »

Il y a à la Cour des personnages vertueux, qui remplissent leurs charges avec droiture, sans flatterie envers leur roi : le duc de Beauvilliers, le duc de Chevreuse qui joue le rôle de ministre d'État incognito, que le roi consulte avec confiance, et cependant il sait bien qu'ils font partie du petit troupeau de Fénelon, disgracié, tenu dans un véritable exil à Cambrai ; — le duc de Saint-Simon qui reste courageusement l'ami du duc d'Orléans, même après 1707, alors que l'on s'écartait de lui comme d'un pestiféré ; — le duc et la duchesse de Navailles, le duc de Lorges, bien d'autres encore. Mais, comme les peuples heureux, les gens vertueux n'ont point ou guère d'histoire. N'oublions pas non plus que chaque fonction, chaque institution a ses rites, ses traditions auxquels il convient de se conformer dans une certaine mesure. Entrez dans un salon, dans un ministère, dans une église, montez à la tribune, vous devez répéter certaines formules, prendre certaines précautions, afin de ne pas froisser les habitudes de vos auditeurs. Ces mêmes moralistes qui font les gestes de la politesse dans toutes les circonstances, s'étonnent, s'indignent que les courtisans fassent les gestes d'une politesse spéciale. Et pourquoi donc la Cour n'aurait-elle pas son Code de la civilité puérile et honnête ? Que beaucoup aient exagéré le protocole, je le veux, mais combien de choses ne faudrait-il pas condamner si l'on prétendait ne conserver que celles qui ne donnent pas lieu à de nombreux abus ? Les amoureux n'exagèrent-ils pas aussi le protocole dans leurs adulations à la personne aimée? Est-ce que les courtisans du vieux Démos, dans *Les Chevaliers* d'Aristophane, ne dépassent pas en platitude tout ce qu'ont pu faire et dire les courtisans de Louis XIV ? Il me souvient d'un candidat à la députation qui mouchait les enfants des électeurs, et qui, rencontrant une vieille femme pendant une tournée électorale, descend soudain de voiture, l'embrasse sur les deux joues en s'écriant : « Je n'ai pu me contenir ; vous ressemblez tellement à ma pauvre mère ! » Du coup, il eut la majorité dans le village. Va-t'on pour cela proscrire le régime représentatif, la liberté, le bulletin de vote, choses excellentes, mais sujettes à maints inconvénients, comme toutes les créations de notre faible humanité ?

La Cour est morte en France, mais l'esprit de courtisanerie est immortel, parce qu'il répond à un besoin, pas très noble, de la nature humaine, et qu'il faut souvent, pour obtenir justice, paraître demander grâce. Sans doute aussi la vie de Cour offre cet inconvénient qu'elle tend à effacer les caractères, à rendre tout le monde pareil à tout le monde, ainsi qu'on le voit dans les portraits des temps de Cour. Sous Louis XIV, les portraits de Rigaud et de Largillière nous montrent partout le même air de noblesse un peu théâtrale, fait à l'image du roi. Au XVIIIe siècle, les portraits d'hommes et de femmes se ressemblent singulièrement. En somme les courtisans ont le droit de plaider les circonstances atténuantes, d'invoquer la grâce, l'urbanité, l'esprit de sociabilité et le goût que la Cour a répandus dans notre nation ; l'agrément joue aussi son rôle, à côté des principes, dans les affaires humaines, et ce sont peut-être les jolies choses qu'il représente, qui ont permis à l'homme de conserver des raisons d'aimer ses semblables, d'aimer aussi la vie et la courte promenade qu'il nous a été accordé de faire sur cette planète.

ERRATA

Page 41, lignes 21, 22. Guillemets après : *garçon athée pour vous servir* et avant : *Et moi, j'ai l'honneur.*

Page 102, ligne 25. *Ainsi donc une foule d'étrangers*, l'*n* de *une* manque.

Page 161, ligne 16. Guillemets après : *et à mon point.*

Page 176, ligne 9. Entre guillemets, *l'ambassadeur* jusqu'à : *Le monde s'amusait...*

Page 176, ligne 20. Pas de trait d'union.

Page 204. Un point d'exclamation dans la note, après : *l'étiquette des Cours d'Allemagne,* et quatre lignes plus bas : *Camarera mayor* au lieu de : *Camerera major.*

Page 224. 3e avant-dernière ligne : *il vous plaira, Madame, il ressemble à Buckingham,* au lieu de : *parce qu'il ressemble à Buckingham.*

Page 231, ligne 7. *Le Combat des Titans au pommeau d'une dague,* au lieu de : *Le Combat des Géants.*

Page 247, ligne 10. *1636,* au lieu de : *1836.*

TABLE DES MATIÈRES

II. — Les Diplomates au XVIIIe siècle.

III. — Diplomates français et étrangers.

IV. — Les Grandes Dames de la Fronde.

V. — La Cour, les Courtisans, les Favoris.

La Chapelle-Montligeon (Orne). — Imp. de N.-D. de Montligeon.

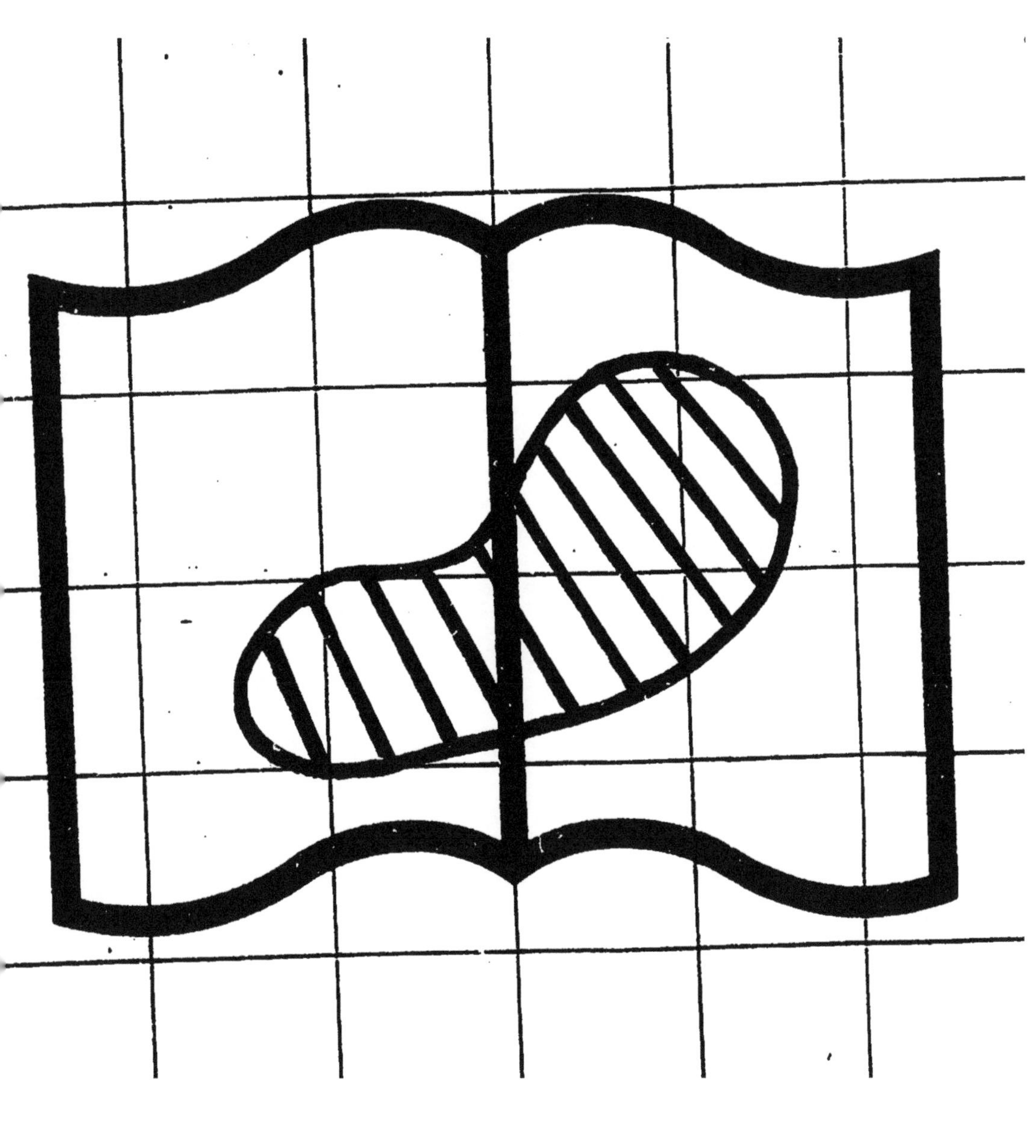

www.ingramcontent.com/pod-product-compliance
Ingram Content Group UK Ltd.
Pitfield, Milton Keynes, MK11 3LW, UK
UKHW031044260726
13965UKWH00006B/260